普通高等教育规划教材

消费者权益保护法

主　编：刘建民　段宝玫
副主编：沈　全　林沈节

知识产权出版社
全国百佳图书出版单位

图书在版编目（CIP）数据

消费者权益保护法/刘建民，段宝玫主编 —北京：知识产权出版社，2014.6
ISBN 978 - 7 - 5130 - 2783 - 0

Ⅰ.①消… Ⅱ.①刘…②段… Ⅲ.①消费者权益保护法—基本知识—中国 Ⅳ.①D923.8

中国版本图书馆 CIP 数据核字（2014）第 123740 号

内容提要

新修订的《消费者权益保护法》于 2014 年 3 月 15 日起施行，这是 20 年来《消费者权益保护法》的首次全面修改。本书依据消费者权益保护法最新修订的主要内容编写而成，增加了"后悔权"制度、举证责任倒置制度、惩罚性赔偿额度的提升、公益诉讼等。在编写体例上更注重务实性和创新性，一方面类比其他国家的消费者权益保护立法，综合分析，力求准确、及时反映最新学术研究成果；另一方面又附以典型案例解读，注重实用性，将法律理论研究和实际运用结合起来。重点难点突出，深入浅出。

责任编辑：李 瑾　　　　　　　　　　责任出版：谷 洋

消费者权益保护法
XIAOFEIZHE QUANYI BAOHUFA
主　编：刘建民 段宝玫
副主编：沈　全 林沈节

出版发行：知识产权出版社 有限责任公司	网　　址：http：//www.ipph.cn
社　　址：北京市海淀区马甸南村 1 号	邮　　编：100088
责编电话：010 - 82000860 转 8392	责编邮箱：lijin.cn@163.com
发行电话：010 - 82000860 转 8101/8102	发行传真：010 - 82000893/82005070/82000270
印　　刷：北京中献拓方科技发展有限公司	经　　销：各大网上书店、新华书店及相关专业书店
开　　本：787mm×1092mm　1/16	印　　张：14.5
版　　次：2014 年 7 月第 1 版	印　　次：2014 年 7 月第 1 次印刷
字　　数：340 千字	定　　价：38.00 元

ISBN 978-7-5130-2783-0

前　言

　　《中华人民共和国消费者权益保护法》（简称《消费者权益保护法》）自 1994 年 1 月 1 日起施行以来，对保护消费者权益、培育广大消费者和经营者的法治意识、净化市场交易秩序、弘扬诚实守信的商业文化、增强企业核心竞争力、推动国民经济稳定增长都发挥了积极的作用。但随着我国市场经济体制的建立和健全，消费活动对国民经济增长的拉动作用不断增强，消费者保护事业出现了很多新情况、新问题，《消费者权益保护法》也亟待修订。2014 年 3 月 15 日，经十二届全国人大常委会修订的《消费者权益保护法》正式施行，这是该法 20 年来的首次全面修改。修订后的《消费者权益保护法》有许多亮点，如，非现场购物将被赋予"后悔权"；冲动网购后不满意可在 7 天内退货；购买汽车、电脑、冰箱等耐用商品出现问题，实行举证责任倒置；欺诈消费的惩罚性赔偿额度由原来的双倍提升到 3 倍，等等。修改后的《消费者权益保护法》不仅更加注重保护民事主体的权利，也兼顾了公共利益，这对构建和谐的经营环境和社会环境是有益的。

　　本书依据相关理论和消费者权益保护法最新修订的主要内容编写而成，附以典型案例解读，类比其他国家的消费者权益保护立法，综合分析，重点难点突出，深入浅出。本书既注重理论的研究，又重视结合实例进行分析，是一本具有较高实用价值的著作，也可供高等院校作教材使用。本书共七章，由刘建民、陈龙跃、段宝玫、黄亚东、姚志鹏、沈全、徐文捷、林沈节共同撰写而成。主编：刘建民、段宝玫；副主编：沈全、林沈节。

　　修订后的《消费者权益保护法》还有许多问题有待进一步研究，由于笔者水平有限、经验不足，书中疏漏、错误之处在所难免，衷心希望学界同人和广大读者批评指正。

目　录

第一章 绪 论

本 章 导 读

　　消费者运动的兴起与发展推动了消费者权益保护法律制度的建立。国家与社会对于消费者权益保护亦高度重视和扶持，通过立法、行政、司法的手段加强对消费者合法权益的保护。《消费者权益保护法》的制定使我国消费者权益得到了切实的保护，其他领域专门立法也对消费者权益保护起到了间接作用。本章主要介绍消费者运动和立法的发展过程以及消费者权益保护的基础理论。通过本章学习了解消费与消费者的概念和特征、消费者运动的概念和特征以及各国消费者运动的发展过程，掌握消费者权益的立法保护、行政保护、司法保护的主要概况，使学生系统、全面地掌握消费者权益保护的基本精神，为更好地学习这门课程打下良好的基础。

第一节　消费与消费者

一、消费

（一）消费的定义

　　消费（comsuming）是社会再生产的一个重要环节，也是最终环节，与生产相辅相成。生产是社会生产过程的起点和前提，其目的是满足人们不断增长的物质文化需要。有生产就有消费，消费是指利用社会产品来满足人们各种需要的过程。消费从广义上分为生产消费和生活消费：前者指物质资料生产过程中的生产资料和活劳动的使用与消耗；后者是指为个人或者家庭生活需要而消费物质资料或精神资料的行为，是"生产过程以外执行生活职能"，是恢复人们劳动力和劳动力再生产必不可少的条件。而狭义的消费就是指生活消费。通常人们所指的消费除了有特殊说明外，一般都是指生活消费。消费者权益保护法中所指的消费是消费者通过市场而获得消费资料和消费服务，用以满足个人或家庭生活需要的活动。

（二）消费的特征与内涵

消费一般是指生活消费。而生活消费的内涵是丰富的，不能将其仅仅理解为吃穿的消费，它既包括衣食住行等生存型消费，也包括职业培训等发展型消费，还包括文化旅游等精神或休闲型消费；同时，生活消费的范围也随着经济社会的发展而发展，内容也将更加丰富充实。❶

生活消费具有以下特征：❷

（1）生活消费的主体是自然人。生产消费的主体具有广泛性：可以是自然人，也可以是法人，还可以是其他经济组织。而生活消费的主体却只能是自然人，具有唯一性。除自然人之外，任何组织、单位都不可能成为生活消费的主体。马克思在《〈政治经济学批判〉导言》中，将社会再生产划分为生产、分配、交换、消费四个互相关联的环节，并指出："生产创造出适合需要的对象；分配依照社会规律把它分配；交换依照个人需要把已经分配的东西再分配；最后，在消费中，产品脱离这种社会运动，直接变成个人需要的对象和仆役，被享受而满足个人需要。"从马克思的这一论述中可以看出，马克思在这里不仅将消费明确为生活消费，而且以"满足个人需要"为标准；将消费主体确定为"个人"即自然人。因此，生活消费的主体是自然人，这不仅符合马克思主义消费观，而且具有客观规定性。

（2）生活消费的消费客体是商品和服务。这里的商品和服务不是所有的商品和服务，而是指那些可以用于生活消费的任何种类的商品和服务。专门用于生产消费的商品和服务，除法律有特别规定的以外，不在此列。关于商品和服务，由于其种类复杂繁多，有的国家的消费者权益保护法律规范中对其不加区分。例如芬兰《消费者保护法》规定，商品包括消费性商品和消费性服务。作为生活消费客体的商品和服务，其范围极为广泛，并且随着生产力的发展和社会的进步，其外延将会进一步扩大。它包括人们生活中的衣、食、住、行、用、文化、教育、体育、医疗、美容、金融、保险、旅游、娱乐等方方面面。但是，法律禁止消费的商品和服务不在其内。

（3）生活消费的消费方式包括购买、使用和接受。商品的购买和使用以及服务的接受是消费者进行生活消费的确定方式，这几种方式包含了消费者全部的消费行为和过程。购买是消费者直接取得商品的手段，使用是消费者将其取得的商品进行消耗的过程，二者都是生活消费的具体体现。在现实生活中，大多数情况下商品的购买及商品的使用是同一个消费者所做的连续行为，即购买的人就是使用的人，这时生活消费的主体为同一人；但有时候购买和使用是分离的，即购买者和使用者不是同一主体，如一个消费者购买了商品以后赠予他人使用，这时购买的人和使用的人都是消费者，二者以不同的方式所实施的行为都是生活消费。因此，在这里，为生活消费需要而购

---

❶ 李昌麒、许月明：《消费者保护法》（第三版），法律出版社 2012 年版，第 58 页。
❷ 吴景明：《消费者权益保护法》（第二版），中国政法大学出版社 2007 年版，第 2 页。

买并使用商品当然是生活消费，不以生产经营为目的而为生活消费需要而购买但不使用商品也是生活消费，使用他人购买的商品同样是生活消费。这是我国《消费者权益保护法》明确规定的。

同时，《消费者权益保护法》关于服务的消费是以"接受"作为其消费方式的。关于服务也存在自己付费自己接受、自己付费他人接受或者他人付费自己接受的情况。同样，付费行为和接受行为只要为生活消费所需要，就都应当被认定为生活消费。

判断人们的行为是不是法律意义上的生活消费，首先看其消费性质。只要其购买的商品或接受的服务是用于满足物质和文化生活需要的，那么不论商品是自己购买自己使用还是自己购买他人使用，服务是自己付费自己接受还是自己付费他人接受，商品的购买行为、使用行为以及服务的接受行为都是法律意义上的生活消费；反之亦然。

但需要注意的是，不论商品还是服务，其原始取得必须是合法的，并且是有偿的。如果购买、使用的商品或者接受的服务不是为生活需要，或者商品与服务的来源不合法，或者是无偿的，那么这种行为就不是《消费者权益保护法》中所称的生活消费。

（4）生活消费的内容包括物质产品和精神产品。物质产品是人们消耗在衣食住行中的物质资料，主要是商品。精神产品是人们为了获得身心愉悦而有偿接受的各种服务，包括旅游、欣赏影视音乐作品、美容、医疗、体育、娱乐活动等。精神产品随生产力的发展和社会的进步将不断多样化，有永无穷尽的可能。人们消耗物质产品和精神产品的结果是劳动力的生产和再生产。

在 2013 年的《消费者权益保护法》修改中，更进一步明确了"为生活消费需要"的表述，同时认为对生活消费范围的规定应遵循三个原则：一是要有利于正确划分《消费者权益保护法》与其他法律的界限；二是要有利于法院和有关行政机关正确适用法律；三是要有利于强化对消费者权益的保护。所以"为生活消费需要"的表述可以较为科学地反映《消费者权益保护法》的调整范围，体现该法特点，也基本可以划清该法与其他法律的界限。同时，"为生活消费需要"的内涵丰富，涵盖范围较宽，可以为法律适用留有余地。❶

本次《消费者权益保护法》修改中对于金融、医疗等服务是否纳入该法的调整范围也有新的规定。从实践中来看，金融领域中存在消费者在交易中处于弱势地位的情形，有的问题还比较严重，如金融理财产品销售过程中的格式条款、虚假陈述，所以有必要对这些领域的消费者加强保护。同时，金融机构提供金融服务实际上是一种市场交易活动，作为个人接受金融服务也主要是为了个人或家庭财产的保值增值需要，属于金融消费范围。因此，金融服务原则上应纳入《消费者权益保护法》的调整范围，不宜排除。修改后的《消费者权益保护法》其第 28 条规定，提供证券、保险、银行等金融服务的经营者，应当向消费者提供经营地址、联系方式、商品或者服务的数量和

---

❶　李适时：《中华人民共和国消费者权益保护法释义》，法律出版社 2013 年版，第 8 页。

质量、价款或者费用、履行期限和方式、安全注意事项和风险警示、售后服务、民事责任等信息。该规定明确了金融消费适用《消费者权益保护法》。而医疗、教育服务的情况比较复杂，有医疗救治、义务教育等不属于交易关系的情形，也有医疗美容、培训教育等按市场化运作的情形，因而一概规定这些领域是否适用《消费者权益保护法》都不妥当。所以应当根据具体情况，判断是否属于《消费者权益保护法》规定的"为生活消费需要"的交易行为，符合这个条件的，原则上就应当纳入调整范围。❶

二、消费者

（一）消费者的定义

消费者在社会生活中占有十分重要的地位，既是社会再生产的出发点，也是社会再生产的归宿。《消费者权益保护法》第 2 条对消费者作了明确的界定：消费者为生活消费需要购买、使用商品或者接受服务，其权益受本法保护；本法未作规定的，受其他有关法律、法规保护。第 62 条规定：农民购买、使用直接用于农业生产的生产资料，参照本法执行。

（二）消费者的特征

依据上述规定，可以看出消费者具有以下特征：

（1）消费者是自然人。对于消费者是否限于自然人的问题，我国理论界存在不同观点。大部分学者认为消费者应当限定于个体社会成员即自然人；也有一部分学者认为，在我国，消费者既包括社会个人成员即自然人，也包括购买生活消费品的单位，因为单位的生活消费还是客观存在的，并非全部是生产消费，而且一般情况下单位购买生活消费品最后由个人使用。本次《消费者权益保护法》修改虽未明确对此规定，但全国人大在对新《消费者权益保护法》的释义中认为，消费者原则上应当是自然人：一是《消费者权益保护法》给予消费者倾斜性保护，主要是考虑到其弱者地位，而单位从谈判地位、经济力量等方面讲不是弱者，可以通过合同法、产品质量法等法律主张权利；二是符合国际立法趋势，多数国家和地区都将消费者限定于自然人；三是单位购买用于职工福利的商品或者服务，承受消费权益的最终主体仍然是个人，个人受到损害的，可以直接维权，单位可以作为诉讼第三人参加诉讼。❷

另外，农民购买、使用直接用于农业生产的生产资料，虽从性质上讲是生产消费，但考虑到在我国目前的现实情况下，农民的弱者地位较为明显，《消费者权益保护法》将其作为一种特殊情况在附则中专门规定，参照本法执行。

（2）消费者的消费性质是生活消费。《消费者权益保护法》规定的消费者的消费性质特指生活消费，而不包括生产消费。对于生活消费这一问题前面已有阐述，这里不予赘述。

---

❶ 李适时：《中华人民共和国消费者权益保护法释义》，法律出版社 2013 年版，第 13 - 14 页。
❷ 李适时：《中华人民共和国消费者权益保护法释义》，法律出版社 2013 年版，第 16 页。

（3）消费者的消费方式是不以营利为目的的购买、使用商品或者接受服务。这是消费者区别于经营者的最大的特征。但法律禁止消费的商品和服务如淫秽物品、赌博物品、色情服务，不在这一范围之内。

（4）消费者是处于弱势地位的具有广泛性的个体。消费者在其消费过程中所面对的经营者无论从经济力量还是组织形式上来看，都处于弱势地位。

背景资料

"王海现象" 与知假买假

1995 年 3 月，山东无业青年王海，从《中华人民共和国消费者权益保护法》第 49 条规定中发现了谋生的机会，即"经营者提供商品或者服务有欺诈行为的，应当按照消费者的要求增加赔偿其受到的损失，增加赔偿的金额为消费者购买商品价款或接受服务费用的一倍"。他四处购买假货然后向商家索取双倍赔偿。由于他的打假行为带着鲜明的牟利动机，一时间在社会上引发热烈争议。同年 12 月，他获得了中国第一个"消费者打假奖"；《南方周末》记者发表专栏文章《郭振清与王海》，在肯定前者"雷锋式打假"的高风亮节的同时，从"可持续发展"和社会效果的角度为王海辩护。在这样的鼓舞之下，全国出现了一大批和王海一样购假索赔的职业打假者，比如张磊、臧家平、叶光、喻晖、刘殿林、童宗安等人，在一段时间里，这些职业打假者受到英雄一样的崇拜，使得"王海现象"发展到巅峰。

仔细分析这些个人打假的"不倒翁"，可以发现他们有 3 种打假的生存方式：一是纯粹的个人打假，看准对象，备足证据，每次购买数额不大的假货，在与商家的"私了"（协商）中获取"短、平、快"的效益——他们不仅要防备商家的抵赖甚至报复，还要小心避免一旦告上法院后被法院否认其消费者身份带来的困境；二是公司打假，在积累了相当的调查能力之后，接受厂家的委托，帮助厂家调查假货源头，向公安机关举报，和政府部门联手打假；三是两者相结合，一边从事公司打假业务，一边有选择地打假索赔，借此赢得媒体和舆论的支持，并建立自己的品牌形象。经过这两年的困难时期，当初一度负债累累的臧家平、叶光等人，目前已"脱贫"。

直至 1998 年 9 月，王海起诉至一审法院称：其在华联商厦购得电话台灯 40 个，电话部分无入网证，灯具部分有四项不符合国家强制性标准，故要求华联商厦向其赔礼道歉，并双倍返还购灯价款 40480 元。此案经二审法院审理认为，王海在明知商品不符合国家强制性标准的情况下而购买，其行为不属于生活消费，不适用消费者权益保护法，从而引发了关于的"知假买假"者是否为消费者的全民大讨论。

来源：http://finance.ifeng.com/topic/20090207/356655.shtml。

本次修改前《消费者权益保护法》第 49 条规定，经营者提供商品或者服务有欺诈行为的，应当按照消费者的要求增加赔偿其受到的损失，增加赔偿的金额为消费者购买商品的价款或者接受服务的费用的 1 倍。

该条关于双倍赔偿的规定，催生了一个新生的行业即职业打假人，这恐怕是立法者始料不及的。自出现王海打假的现象以来，全国各地出现了不少职业打假人。对于职业打假人的法律地位，理论上存在很大争议。一种意见认为，根据《消费者权益保护法》的规定，"消费者为生活消费需要购买、使用商品或者接受服务"，受到法律保护。但对于职业打假人来说，其并非出于生活消费的目的，有的其至也并非以维权为目的，而是希望借此为个人谋取不当利益，因此这些职业打假人不应属于《消费者权益保护法》的保护范围。另一种意见认为，购买商品只要不用于生产，就应当视为生活消费。至于是"知假买假"，还是"不知假买假"并不重要，况且法律并无禁止性规定，司法实践中没有必要对此刻意区分。

职业打假人是否属于《消费者权益保护法》界定的消费者的范畴，已经成为审判实践中困扰审判人员的一大问题。通常法院以是否属于"为生活消费需要"来进行判断，不同法院和法官对此认定的标准存在较大差异。有的判例以购买商品或接受服务的类别来区分，有的以购买商品的价值或数量等因素来判断，有的以消费者个人的消费能力、经济实力和消费习惯来认定。例如某消费者在 4S 店购买了一辆经过修理后当作新车出售的比亚迪汽车，发现后以受到欺诈为由向法院起诉要求双倍赔偿；法院认为经营者存在欺诈，应当适用《消费者权益保护法》的惩罚性赔偿，就判决经营者双倍赔偿价款。另外一个类似情况，是消费者购买了别人用过的、当作新车销售的皇冠汽车，法院认为，原告刚参加工作不久，购买价值 40 多万元的汽车，明显不属于为生活消费而购买商品的情形，不属于《消费者权益保护法》调整范围，对消费者双倍赔偿请求不予支持。还有一个案件，原告在一家商场以市场价同时购买三部智能手机，但事后发现是山寨机，起诉法院要求双倍赔偿；法院仅支持一部手机的双倍赔偿，对另外二部判决返还价款。其实这就是对"为生活消费"的理解不同造成的。❶

第二节　消费者权益保护运动

一、消费者运动的概念及特征

消费者运动是在市场经济条件下，以保护消费者自身的权益、形成公平的市场交换规范为目的，由众多消费者参与向经营者提出要求和批评并对其进行监督，同时对

---

❶ 王毓莹：《论消费者权益保护法的适用范围》，载《法律适用》2013 年第 2 期。

消费者采取保护措施以争取社会公正的社会运动。

消费者运动具有以下几个方面的特征：

（1）消费者运动以保护消费者自身合法权益为目的，从消费者角度出发，以消费者的意识和权益为出发点。消费者运动产生的原因是消费者问题的出现和自身权益难以实现，为改善自身地位而与经营者进行长期的斗争并不断深入发展。因此，保护消费者自身合法权益是消费者运动的出发点，也是直接目的。

（2）消费者运动经历了从个体到组织、从自发到自觉的发展过程，最终形成众多消费者参与的有组织的社会活动。最初，当消费者的权益受到损害时，其会以个体身份向经营者进行交涉。众多的个体慢慢集合在一起，通过集体力量与经营者对抗，消费者组织由此形成，进而对经营者进行批评和监督。在这个过程中，消费者的意识也从自发到了自觉。

（3）消费者运动逐渐得到社会的支持和政府的重视。任何人都可能是消费者，于是消费者运动以及相关的消费者组织自然就得到了社会舆论支持，进而对损害消费者权益的行为进行批评和报道，促进政府部门进行立法、采取措施。于是消费者运动引起政府的重视，使政府加大对相关的消费者问题的立法及司法保护。

二、消费者运动产生的原因

消费者运动的产生并不是偶然的，而是社会进步与商品经济发展的必然结果；而直接诱因是消费者问题的出现。

人类社会的发展以及生产力的提高导致产品剩余，生产者将自给自足后剩余的产品拿去进行交换或者买卖，进而形成了以生产者、销售者、消费者为主体的市场。而在市场交换中总是存在利益矛盾的，生产者和销售者以利润最大化为目的赚取更多的利润，而消费者总是希望以最低的价格获取产品。逐渐，生产者和销售者会通过以次充好、投机诈骗甚至添加有毒有害物质来达到自己的目的。由此给消费者的权益带来了严重损害，并最终导致了消费者问题的产生。随着科学技术的发展和生产力的提升，消费者与经营者更加处在不平等的位置，信息不对称，商品难以鉴别，加上消费者的分散性以及经济力量上的弱势地位，致使消费者的维权能力薄弱。这就迫使众多消费者联合起来共同捍卫自己的合法权益，消费者运动由此兴起。

19世纪中期消费者运动在英国萌芽。英国在《货物买卖法》中，就应广大消费者的要求，给予购买质量低劣和不适于预定用途商品的消费者以法律上的索赔权，并对欺骗消费者的行为给予严厉处罚，从而改变了"买者注意、当心，卖者不负责"的传统做法和观念。第二次世界大战后，随着参战各国的经济迅速发展，消费者运动在各资本主义国家得到普遍发展，并经历了一个从自发性群众运动到有组织的群众性运动、从靠政府的行政干预到以法律形式保护消费者利益、从经营者对保护消费者利益的漠视到积极参与的历史进程。1898年，美国成立了全美消费者联盟（Consumer Federation of America，CFA），这是消费者保护运动的开端；此后于 1914 年设立了第一个保护消费者权益的政府机构——美国联邦贸易委员会。20 世纪 70 年代以来，消费者运动已经不仅仅局限于立法保护，而且侧重于向广度和深度发展，使得消费者保护制度更加完善。许多发达国家制定了保护消费者权益的基本法，并与各种保护消费者权益的具体法律制度相配套，形成了比较完善的消费者保护制度和法律体系。消费者权益的保护范围不仅涉及消费者的人身健康与安全，而且涉及消费交易的公平、消费环境的改善以及消费者的社会角色等各个方面。随着消费者保护制度和相关法规的完善，厂商等其他市场主体也逐步树立了维护消费者权益的意识，成立了一些专门方便消费者投诉、向消费者组织提供援助的机构，形成了全社会共同维护消费者权益的局面。

三、外国消费者运动概况

（一）美国消费者运动

如前文所述，1898 年，世界第一个全国性消费者组织，即全美消费者联盟组建成立。到 1903 年，该组织已发展到全美 20 个州，有 64 个分支机构。

消费者组织成立后，美国各地消费者运动不断兴起，首先在与消费者切身利益相关的食品与药品领域展开了斗争。20 世纪上半叶，资本家为了追求利润最大化而无视消费者的健康与安全，在产品中偷工减料、掺假作假、使用劣质甚至有毒原料等现象屡见不鲜。1906 年尼普顿·辛克莱在其《屠场》一书中写到："工人们将面包染毒毒死老鼠，然后将有毒的面包和被毒死的老鼠一起放置在生产线的料斗内，作为加工食品的原料……"在这段时间内，美国的药品生产状况也令人担忧，生产环境恶劣，劣药、假药充斥药品市场。那时美国曾经发生过一起因服用"磺胺特效药"而致 100 多人死亡的事件，药物的发明者也自杀身亡。这也促使以争取食品与药品安全为目标的消费者运动被推向高潮。

1928 年，美国第一个民间消费者教育机构——消费者研究所成立了，其有自己的出版物《消费者纪要》；这一机构以消费者教育为主要任务，之后又发行了《消费者月刊》。20 世纪 60 年代以后，美国消费者运动更加重视对消费者自身的教育。众多方面的专家积极加入消费者运动，成为其核心力量；他们有些从事研究工作，有些担任指导和监督职务。全美消费者联盟中还有许多法律系学生和退任国会议员志愿担任游说工作。各地还相继成立了公众利益调查小组（PIRG）以及汽车、保健、追责等各种专门性的消费者组织机构。

20 世纪 60 年代后，由于经济、技术的高速发展，美国的消费者运动有了新的特征。这一时期消费者运动涉及的领域扩展到了汽车等耐用品，进而又扩展到了相关售后处理和服务质量等方面。关于汽车安全的争议在于汽车安全责任是归于驾车者自身还是归于制造商。1965 年，美国国会就汽车轮胎和安全问题召开了听证会，听证会上暴露的许多安全问题令人震惊；但由于制造商坚持认为汽车安全事故的责任在于司机而非制造商，使得听证会没有任何结果。1966 年美国国会迫于消费者的压力，通过了《全国交通和汽车安全法》。这一时期的美国消费者运动越来越受到政府的高度重视。时任美国总统肯尼迪在向美国国会提交的咨文中，明确提出了消费者的四大权利即安全权、了解权、选择权和意见受尊重权。尼克松总统上台后继而提出了第五项权利——索赔权。这一时期美国消费者运动发展到一个新的高度。

（二）日本消费者运动

日本正式意义上的消费者问题出现于 20 世纪 60 年代前后，日本进入高度的大众消费时期。这段时期内日本经济高速发展，随之而来的消费者问题也日趋严峻，发生了许多起严重的中毒事件，极大地损害了消费者权益。1955 年，日本森永公司生产的奶粉中因混有砒霜致使服用该奶粉的 1.2 万余名婴儿中毒，其中 130 人死亡。1962 年，日本制药公司生产的用于孕妇的酞胺哌啶酮安眠药会造成婴儿畸形，致使 1000 余名新生儿畸形。1963 年，日本九州的一家粮油厂在生产过程中将有毒的多氯联苯混入食用油中，致使 1.4 万余人中毒，其中 53 人死亡。

面对这一系列食品、药品问题，日本消费者对于健康安全的呼声越来越高，各类抵制有害食品、药品的消费者运动逐步展开，如 1954 年的反对变黄米运动、1966 年的反对尿素塑胶餐具运动、1970 年的驱逐糖精运动、1972 年的驱逐多氯联苯运动。这些运动也同样得到了日本政府的承认和支持。日本政府于 1961 年设置了经济计划长官的咨询机关——"国民生活提高对策审议会"；1963 年提出了《消费者保护报告书》；1963 年临时行政调查会发表了《消费行政改革意见》，提出新设、扩大消费者行政机关的主张；其后分别于 1963 年和 1964 年在农林部和通商部设立了消费经济科；1965 年在经济计划厅设置了国民生活局以对消费行政进行综合调控，与此同时，国民生活提高对策审议会改编为内阁首相及相关大臣的咨询机构即国民生活审议会；1968 年《消费者保护基本法》制定以后，正式展开了带有明确行政理念和综合性的消费者行政工作。20 世纪 70 年代，随着高度经济发展政策的实施，出现了大量的消费者问题，民间消费者团体进一步组织化以增强消费者的自我保护能力；国际性的石油危机导致的物质短缺进一步刺激了以确立消费者主权为目标的民间消费者运动的开展。

据展阅读

韩国的消费者运动

1960 年，韩国第三共和国建立后，从 1962 年开始了第一个经济开发五年计划，韩国经济开始快速发展，其出口创汇由 1961 年的 4090 万美元快速上升到 1966 年的 2 亿5000 万美元。特别是 1965 年韩日建交以后，大量的日本商品进入韩国，供给不足的情况有所缓解，消费者问题开始出现，但当时的消费者问题远没有成为社会问题。

随着消费者问题的增多及发达国家消费者运动的影响，韩国消费者联盟在1970成立并开始通过消费者运动解决消费生活中出现的问题。1978年通过韩国经济计划院的承认，消费者团体协议会成立并开始运作；与此同时，消费者联盟也通过机构的改革开始了更有组织性的消费者保护运动。特别是在消费者团体协议会提出的消费者运动的意识化、组织化、大众化的目标推动下，展开了更有组织性、积极性的消费者保护运动及消费者保护法制定促进运动。1979年经济计划院在物价政策局下设立了消费者行政科，总体处理消费者意见。1980年《消费者保护法》为消费者保护提供总的法律依据。而1980年10月27日修正的《第五共和国宪法》第125条规定："国家依据法律规定保障旨在引导健全的消费生活、促进消费品质量提高的消费者运动的开展。"第一次用根本大法的形式对消费者运动进行确认和保障。1986年重新修订《消费者保护法》，并且设立了韩国消费者保护院。

来源：[韩] 李闰哲：《消费者保护法律制度比较研究》，西南政法大学博士学位论文，2007年。

通过列举以上发达国家的消费者运动及组织情况，可以看出这些国家消费者运动及组织的多样化。其展现出消费者运动与经营者之间正向作用的关系，及消费者运动与政府机构间的良性互动，对我国都是有益的启示。事实证明，消费者团体对消费者利益的保护作用始终是根本的、第一位的和最重要的力量。今后消费者权益保护及消费者运动要继续深入进行下去，仍离不开消费者运动及组织的活动与作用，否则消费者权益保护就难免陷入萎靡甚至倒退。消费者运动及组织是消费者保护的原动力。

四、我国消费者运动

我国在改革开放之前实行的是高度集中的计划经济，消费者获取消费品的主要途径是按照国家计划凭票购买，消费品定额供应。国家是消费品的主要生产者和经营者，所以不具有典型的商品经济关系。此时经营者没有自身的经济利益，也就不存在损害消费者权益的内在动因，所以消费者受到损害的现象并不普遍和突出。此外，由于消费品的极度缺乏，消费者关心的并非是权益损害问题，而是能否获得足够的消费品；因此这段时期消费者问题并没有成为社会的主要问题之一。

1978年第十一届三中全会召开之后，我国实行以经济建设为中心的改革开放政策。政府通过放权让利使企业扩大自主经营权，改变了原先企业是国家机关附属机构的性质。企业确立了法人资格，具备了独立的经济地位，成为市场经济中的商品生产者和经营者。随着市场经济的发展，消费者的生活水平日益提高，消费的层级和要求进一步深化，而以获得更多利益为目的的各种损害消费者权益的行为层出不穷。经营者在商品上粗制滥造、以次充好、哄抬物价，在服务上欺诈蒙骗、对消费者谩骂侮辱。这引起了消费者的强烈不满，要求保护消费者权益的呼声高涨，广大消费者的自我保护意识增强。在这样的背景下，我国的消费者运动渐渐兴起并逐步扩大。

1983 年 5 月我国第一个消费者协会在河北省新乐市成立。1984 年 8 月，广州市消费者委员会成立。1984 年 12 月 26 日，中国消费者协会在北京成立。1989 年 11 月，中国保护消费者基金会成立。截至 2011 年年底，中国大陆地区 31 个省、自治区、直辖市消费者协会全部建立，县级以上消费者协会共 3279 个。

2013 年上半年，全国消费者组织共接待来访咨询 86 万人次，受理案件 265572 件；解决 244601 件，解决率达 92.1%，挽回经济损失 59057 万元。

另外，从 1997 年以来，中国消费者协会每年都会确定一个有关消费者的主题，开展全国性的宣传保护工作，如 1997 年第一个主题为"讲诚信，反欺诈"，近三年的主题分别为 2012 年的"消费与安全"、2013 年的"让消费者更有力量"、2014 年的"新消法、新权益、新责任"。通过这些活动强化了中国消费者的自我保护意识，提高了我国消费者保护的水平，扩大了我国消费者运动的规模。❶

由于我国的商品经济起步较晚，所以消费者运动的兴起和发展与其他发达国家相比也晚得多，却有着自己的特点，表现为以下几个方面：

（1）消费者运动在兴起之时就得到国家和政府机关的重视和支持。由于我国消费者运动的兴起与商品经济的确立同步进行，所以我国消费者运动的发展过程就是消费者权益保护的过程，对于消费者权益的保护在我国消费者运动中尤为突出。

首先，国家和政府机关的重视体现在消费者权益保护的相关立法上。我国在改革开放 30 多年来先后制定颁布实施了《消费者权益保护法》、《中华人民共和国药品管理法》（简称《药品管理法》）、《中华人民共和国食品安全法》（简称《食品安全法》）、《中华人民共和国产品质量法》（简称《产品质量法》）、《中华人民共和国标准化法》（简称《标准化法》）、《中华人民共和国计量法》（简称《计量法》）等，同时各地的人民代表大会及其常委会也制定了消费者权益保护的地方性法规。

其次，表现在对消费者组织的建立和工作的支持上。改革开放之初，国家工商行政管理局应邀前往我国香港调研香港消费者委员会，回来后就上书国务院，提议建立消费者协会。经过几年的努力，于 1984 年 12 月 26 日正式成立中国消费者协会。消费者协会成立后，经费和办公条件上都得到了政府机关和社会的赞助支持。之后各地消费者协会也以星火燎原之势纷纷成立，并得到各级人民政府的大力支持。

最后，表现为我国各级政府对于消费者权益的行政保护。政府职能部门如工商行政管理、食药监、商检、物价、技术监督等部门，都在自己的职责范围内采取多种方式保护消费者权益。

（2）中国消费者协会的成立以及《消费者权益保护法》的颁布使我国消费者权益保护走向规范化和法治化。中国消费者协会的宗旨是对商品和服务进行社会监督，保

❶ 数据来源于 http://www.cca.org.cn/index.jsp（访问日期：2014 年 2 月 14 日）。

护消费者的合法权益，引导广大消费者合理、科学消费，促进社会主义市场经济健康发展。其职能为向消费者提供消费信息和咨询服务；参与有关行政部门对商品和服务的监督、检查；就有关消费者合法权益的问题，向有关行政部门反映、查询，提出建议；受理消费者的投诉，并对投诉事项进行调查、调解；投诉事项涉及商品和服务质量问题的，可以提请鉴定部门鉴定，鉴定部门应当告知鉴定结论；就损害消费者合法权益的行为，支持受损害的消费者提起诉讼；对损害消费者合法权益的行为，通过大众传播媒介予以揭露、批评。

（3）通过社会力量开展广泛的宣传教育。全国的各类报刊、广播、电视利用大众传播媒介加强对消费者的教育引导。除了各类广播电视节目外，我国还开办了专门针对消费者权益保护方面的报刊如《中国消费者报》、《消费时报》、《消费经济》、《中国质量万里行》。值得一提的是由《人民日报》和众多媒体发起的"中国质量万里行"活动，多年来通过《中国质量万里行》杂志、网站及活动，围绕打假扶优、规范市场、引导消费、服务企业等方面开展活动。尤其在打击假冒伪劣、开展新闻舆论监督方面发挥了重要作用，揭露曝光了一大批制假售假案件，扶持了一大批品牌企业和名优产品，取得了良好的效果。

1993年10月31日，第八届全国人大常委会通过了《消费者权益保护法》，标志着我国的消费者运动走上了法制化道路，是我国消费者运动的一个重要的里程碑。

可见，虽然我国的消费者运动起步晚，消费者权益保护方面还存在许多问题，但其作为一种时代进步和蓬勃发展的标志已经在我国兴起，对于我国的经济发展和人民生活水平的提高将产生巨大的影响。

第三节　消费者权益的保护

一、国家对消费者的立法保护

（一）消费者权益保护立法的产生和发展

现代意义上的消费者保护立法开始于19世纪末，即资本主义从自由竞争阶段过渡至垄断阶段时期。在资本主义自由竞争阶段，以亚当·斯密为代表的西方古典经济学理论，尤其是亚当·斯密在《国富论》中所提出的"看不见的手"理论即资源配置的效益最大化经济理论，对这一时期的经济活动产生了深刻影响。人们都认为自由市场活动可以自然地优化配置和利用社会资源，平衡市场主体的利益关系。这类理论反映在法学理论中即近代民商法所确立的四大原则：所有权绝对原则、契约自由原则、主体平等原则、过失责任原则。在消费领域遵循着"小心选购，出门不换"（caveat emptor）的交易准则，在这一原则下消费者利益还不致造成较大的损害。而最早提出消费者权益保护思想也在这一时期，英国王室法庭首席法官曼切斯费尔德于 1756 年针对当时流行的"小心选购，出门不换"主义，提出了"买受人给付完整的价金即应获完美的商品"的名言。❶

19 世纪末资本主义进入垄断时期后，垄断资本家取代了众多个体经营者，市场秩序遭到了严重的破坏，少数寡头垄断集团几乎控制了整个国家经济。这一情形不仅使国家正常的经济发展遭到阻碍，同时也改变了消费者与经营者在交易中的力量对比：消费者面对的是庞大的寡头垄断集团，于是便在交易过程中丧失了与经营者讨价还价的能力。由于寡头企业垄断了消费品的供应，消费者不得不选择它们的消费品；而在交易过程中所遇到的不合理价格、免责条款等情形，消费者也不得不接受。因此在垄断资本主义时期所谓的"契约自由"完全是徒有其表，消费者既不能选择交易对象，也不能协商交易内容。由此而引发了众多消费者为了维护自身权益而斗争的消费者运动，促成了消费者权益保护的立法。

资产阶级政府开始意识到问题的严重性，于是运用国家干预手段，通过限制少数寡头垄断集团的权利，矫治市场失灵带来的严重后果，并加强消费领域的管理，对消费者予以特殊保护。历史上第一部反垄断立法是美国国会于 1890 年颁布的《保护贸易和商业不受非法限制和垄断损害法》，即《谢尔曼法》（Sherman Act），该法的宗旨主要是对市场垄断行为进行规制。由于垄断行为不仅会对市场竞争造成破坏，损害经营者利益，而且会对消费者权益造成严重损害，所以，该法被业内认为是历史上第一部现代意义的消费者权益保护的法律。在维护公平交易的同时，间接地起到了保护消费者的作用。随后欧洲许多国家在既存的民法平等原则基础上，先后立法给予消费者更特殊的保护。例如，德国于 1894 年颁布《分期付款买卖法》，1896 年颁布《反不正当竞争法》；奥地利与法国也分别在 1896 年和 1900 年颁布《分期付款买卖法》。

20 世纪，在"二战"后损害消费者权益的行为和现象越发严重。各国消费者运动热情高涨，不断向新领域扩展，致使各国有关消费者权益保护的立法纷纷出台。一些国家开始制定消费者权益保护基本法。例如，日本于 1968 年颁布《保护消费者基本法》，韩国于 1980 年颁布《消费者保护法》，英国于 1987 年颁布《消费者保护法》，我国于 1993 年通过《消费者权益保护法》。而美、意、德、法等国家虽未制定保护消费者权益的基本法，但逐步具备了保护消费者各方面利益的民事、行政和刑事的单行法规，如美国先后制定了《食品、药品和化妆品法》、《消费品安全法》、《消费者租赁法》、《统一产品责任示范法》等。❷ 到目前为止，各国都形成了完备的消费者权益保护法律体系。

从消费者权益保护立法的产生和发展情况可以看出，现代消费者保护法与传统的消费者法律保护规范是不能相提并论的。

---

❶ 刘静：《产品责任论》，中国政法大学出版社 2000 年版，第 14 页。
❷ 杨虹：《消费者权益保护法律理念与制度构建研究》，黑龙江大学硕士学位论文，2008 年。

（1）现代消费者权益保护立法是商品经济发展到一定阶段的产物。在早期的商品经济时代，市场对于社会资源的配置能力是非常有限的，所以消费者问题并不突出，此类法律规范大多存在于其他法律规范之中。这些规范与其他法律规范一起形成了对简单商品经济关系的调整。17 世纪之后，商品经济进入了市场经济阶段，市场逐渐有能力对社会资源进行配置。在早期的资本主义自由竞争阶段，主要靠基于"人人平等"观念而制定的民商法进行调整。这段时期消费者保护的法律规范极其稀少，存在的也大多以限制经营者为手段来保护消费者。资本主义进入垄断时期后，国家通过公权力对于经济进行干预，制定了许多法律法规进行调整。由此这些法律在数量上急剧上升，而性质上也发生了改变，体现了国家对于经济的干预。

（2）现代消费者权益保护法是在充分认识到消费者不同于一般民事主体的弱势地位的基础上对消费者给予特殊保护。时至今日，民法在调整社会经济关系时，都是将交易双方当事人作为平等民事主体来进行保护；但这并没有注意到消费者与经营者的差异和地位上的区别，对于消费者而言是不公平的。而现代消费者保护法则充分认识到消费者所处的弱势地位，站在消费者的立场上，对消费者给予特殊保护。所以往往在消费者保护法中给消费者更多的权利，而对于经营者则设置更多的义务，消费者与经营者的权利义务并不对等。可见，现代消费者保护法与传统法律法规具有不同的价值取向。

（二）外国及国际消费者立法保护概况

在各国消费者权益保护立法中最为典型的是美国和日本，所以此处主要介绍美国、日本及联合国对于消费者权益保护的相关立法概况。

1. 美国消费者权益保护立法

美国作为普通法系国家，在涉及消费者权益保护时一般适用判例法所确定的原则加以解决。但随着新的交易形式和消费方式的出现，原有的判例原则不能适应实际需要，于是在 19 世纪末至 20 世纪初，美国联邦和各州的立法机构颁布了各种制定法，出现了判例法和制定法并存的局面。

美国消费者权益保护的立法主要经历了三个阶段：19 世纪末开始的反垄断阶段；20 世纪上半叶侧重于消费者安全、卫生、标识和产品侵权责任阶段；20 世纪 60 年代后的信贷交易保护阶段。

（1）反垄断立法

反垄断法对于当时保护消费者权益起着重大的作用。美国通过制定反垄断法，限制了垄断集团的垄断、不正当竞争、控制价格、规定不合理交易条件等破坏市场秩序和损害消费者利益的行为，以间接的方式从客观上保护消费者权益。美国最早的反垄断立法是于 1980 年颁布的《保护贸易和商业不受非法限制和垄断损害法》，即《谢尔曼法》（Sherman Act），之后于 1914 年颁布《克莱顿法》（Clayton Act）和《联邦贸易委员会法》（Federal Trade Commission Act）。其中，《谢尔曼法》第 1 条、第 2 条规定，任何用以限制州际贸易或对外贸易的托拉斯或共谋达成的契约及垄断或企图垄断贸易的行为均为犯罪，对行为人要处以罚款或监禁。限制商业的行为在普通法里包括批发商或零售商之间对价格或商品供应加以控制，限制生产、集体抵制竞争，以及不同环节的厂商之间限制交易对象、维持转售价格的协议等。《克莱顿法》第2条规定，商人推销同样等级和质量的商品却对不同的买主实行不同的价格以及支付或收取佣金或回扣、故意诱导或接受价格歧视等均为违法。《克莱顿法》还规定，禁止商人以操纵买主不购买或不使用其竞争者的商品为条件而销售商品，禁止商人搭售买主不需要或不愿意接受的商品。《联邦贸易委员会法》规定设立联邦贸易委员会，并由委员会调查及制止上述两部法规中所规定的妨碍竞争的行为。根据该法，委员会下设消费者保护局，负责处理消费者投诉及消费者分期付款事项，负责消费者教育、消费者指导等事务。联邦贸易委员会依照法规有权颁布交易规则和禁令，有权禁止某种商品进入市场，有权对限制竞争和损害消费者的行为进行调查。其颁布的交易规则主要有《商品广告规则》、《上门推销规则》、《邮购规则》、《纺织品洗涤法标示规则》等。

（2）消费者安全、卫生及商品标识立法

20世纪初期，美国开始从通过反垄断法间接保护消费者转变为制定有关消费者保护的法规直接保护消费者。1906年颁布了《联邦食品和药品法》并于1938年进行修订，增加了有关化妆品的规定。该法对重要的食品、药品和化妆品的质量标准作了明确说明，并规定禁止对食品、药品掺假作假。该法还规定设立食品和药品管理局，主要负责食品、药品和化妆品的管理工作，以保证食品安全卫生、药品安全有效、化妆品无毒无害。1958年美国又颁布了《食品添加剂修正法》，规定食品添加剂的使用必须以保证食品的安全卫生为前提。1962年制定了《凯佛·哈里斯药品修正法案》，规定任何新药进入市场前必须向食品和药品管理局提出报告，接受检查。1967年制定的《肉类食品安全法》规定了肉类产品的检验检疫制度，要求各州改进检疫制度。1973年颁布了《化妆品真实法》，要求化妆品的生产商必须标明化妆品的配料和主要成分。此外颁布实施的法律还有《全国交通和汽车安全法》、《儿童玩具安全法》、《联邦危险品法》、《电冰箱安全法》、《食品安全法》、《毒品包装法》、《天然气、管道煤气安全法》及《消费者安全法》等。其中于1972年颁布的《消费者安全法》（Consumer Product Safety Act）规定设立消费者安全委员会，主要负责具有潜在危险的消费品生产及销售的管理，并协助消费者对消费品的安全性进行鉴定，并进而制定统一的消费品安全标准。

而在商品标识管理方面的法律有1965年的《商品包装和标识法》、1966年的《香烟标识法》以及《绒毛产品标识法》、《汽车信息披露法》等。这些法规定了包装的标识标准以及在香烟、酒精类商品的包装上注明健康忠告的规定。

（3）产品侵权责任立法

产品责任法一直是消费者权益保护法中的核心部分，而美国的侵权法属于判例法范畴。从 19 世纪中叶至 20 世纪中叶，其产品侵权责任制度经历了合同相对性原则—过错责任原则—过错推定原则—严格责任原则的复杂演变过程，并形成比较完备的法律制度。最初只有消费者与产品提供者存在契约关系时，其受到的损害才能获得赔偿，即"合同相对性原则"（privity of contract）。直至 1852 年美国纽约最高法院在审理托马斯诉温切斯特案件时才开始突破这一原则，将特殊的危险产品排除于"合同相对性原则"之外，要求加害人在疏忽大意的情况下承担责任。1916 年在麦克弗森诉布依克汽车公司一案的处理中才真正摆脱这一原则的约束，正式确定了产品责任为侵权责任，并确立了过错责任原则——商品的提供者因故意或疏忽大意致人损害均须承担责任。但是，这一原则在实践中依旧存在受害人举证困难的情况。为了弥补这一缺陷，1944 年在埃斯克拉诉可口可乐公司一案中，法院适用了"案情自证"原则，即在一定情况下可以直接推定产品提供者存在过错，并承担产品侵权责任，免除了受害人举证的义务；这对于消费者弱势地位的保护有了很大的进步。1963 年在格林曼诉尤巴电力公司一案中，确立了产品提供者对于有缺陷产品致消费者损害的严格责任原则：只要产品存在缺陷而致人损害，产品的生产、销售者就须承担责任。而这一原则也一直沿用至今并日趋成熟，形成一套完备的法律制度。

（4）信贷消费保护立法

随着美国经济发展和信贷消费的普及，美国国会开始着手对信贷消费进行立法。1968 年颁布了《消费信贷保护法》（Consumer Credit Protection Act），经过多次的补充和修改，其内容包含了《公平信贷报告法》（Fair Credit Reporting Act）、《公平信贷结账法》（Fair Credit Billing Act）、《信贷机会均等法》（Equal Credit Opportunity Act）、《消费者租借法》（Consumer Leasing Act）、《正当收债行为法》（Fair Debt Collection Act）、《电子资金转账法》（Electronic Funds Transfer Act）、《公平信用和付款卡公开法》（Fair Credit and Charge Card Disclosure Act）、《房屋信贷消费者保护法》（Home Equity Loan Consumer Protection Act）、《异地交易及消费者欺诈预防法》（Telemarketing and Consumer Fraud and Organizations Act）、《信用恢复组织法》（Credit Repair Organizations Act）等。同时在 1970 年和 1974 年将有关信用卡条款纳入《消费者信贷保护法》（CCPA）。另外还制定了《电话用户保护法》（Telephone Consumer Protection Act）、《电话服务公开和争议处理法》（Telephone Disclosure and Dispute Resolution Act）等。

同时，各州的有关信贷消费的立法也随之展开；但由于各州情况不同，所以所制定的法律也有很大的差异。为了协调各州的立法，在美国"统一州法全国专员会议"的推动下，通过了《统一消费信贷法典》（Uniform Consumer Credit Code），平衡协调了各州法律之间的冲突。1973 年通过了《全国消费法》，经过多次的修改和完善形成了现今的《消费信贷示范法》。❶

---

❶ 张为华：《美国消费者保护法》，中国法制出版社 2000 年版，第 4－10 页。

综上所述，美国在消费者权益保护方面的立法相当完善，通过将判例法和制定法结合的方式对可能损害消费者利益的情况——进行调整，形成了十分完备的法律体系。

2. 日本消费者保护立法

与美国相比，日本的消费者保护立法起步较晚。这是由于"二战"后日本经济瘫痪，发展经济成为日本的首要任务，政府部门忽视了消费者的权益。20世纪60年代，日本经济高速发展但消费者问题却愈发严重，民众和舆论给政府部门的压力越来越大，要求关注消费者利益的呼声越来越高。日本政府在此情况下注意到保护消费者权益刻不容缓，开始对消费者权益的保护进行立法，并逐渐形成了完备的法律体系。法学界普遍将日本消费者保护法律体系分为四个部分：消费者保护基本法、消费者保护行政立法、消费者保护民事特别法、禁止垄断与反不正当竞争法。

（1）消费者保护基本法

1968年5月30日，日本颁布实施了《保护消费者基本法》，共4章20条，是立法机关把国家对消费者权益保护的基本政策以法律的形式加以确定的产物。它是日本消费者保护的总纲领，确立了日本保护消费者的基本准则和指导方针；但该法并不具备指导司法实践的作用，不能直接适用于消费法律体系。《保护消费者基本法》第1章为"总则"，规定了生产经营者、地方公共团体以及消费者自身的职责和义务，确定了法制上的基本措施。第2章有关"消费者保护的措施"主要规定了危害的防止、商品和服务的计量及价格的公正性、商品和服务的标准及规格的适当化、商品和服务的内容及品质的标识的准确性和恰当性、自由公平竞争的保证、争议处理的体制以及加强国家对消费者的知识普及。第3章为"行政机关"，规定了国家应当专门设立消费者保护的行政机关，以此支持和推动消费者保护工作的开展。第4章为"消费者保护会议和国民生活审议会"，规定了设立隶属于总理府的消费者保护会议，负责审议和推动实施消费者保护政策；并在经济企划厅设立国民生活审议会，负责有关消费者事宜的相关调查和审议。

（2）消费者保护行政立法

消费者行政，按照日本学者小高刚的解释，就是指国家机关通过介入涉及消费者利益的自由营业和自由交易，以谋求商品的安全、价格、规格和说明等的合理化，对消费者进行启发并提供商品的情况，处理受损失的消费者的怨情补偿事务，维护和保障消费者的利益。设立消费者行政以后，如果消费者在购买或选择货物时处于不利的地位，则消费者将被作为受法保护的主体登场。而保护消费者行政，将为保障消费者的固有利益，进行调查和解决问题。❶ 日本的消费者行政立法主要包括以下方面：各种消费品计量、消费品价格、标示说明以及对消费者投诉进行处理的有关法律等。

在消费品安全卫生方面的立法有：1947年的《食品卫生法》，1948年的《农药管

---

❶ ［日］小高刚：《保护消费者的行政法》，江波尔译，载《世界法学》1986年第6期。

理法》，1950 年的《高压煤气管理法》，1951 年的《毒物和剧毒药物管理法》与《关于汽车安全的道路运输车辆法》，1952 年的《煤气事业法》，1960 年的《药事法》，1961 年的《电气用品管理法》，1967 年的《关于确保液化煤气安全和贸易合理化的法律》，1973 年的《消费生活用品安全法》、《关于规制化学物质审核及制造等的法律》和《关于含有有害物质的家庭用品规制的法律》（即"安全三法"），1979 年的《医药品副作用被害救济基金法》等。

在计量和标准方面，主要有 1951 年颁布并于 1983 年修改的《计量法》、1949 年的《工业标准化法》，并且对计量器具和单位建立了严格的登记和检查制度。

在商品说明和标示方面，主要的法律有 1962 年的《家庭用品质量表示法》、《不当赠品及不当表示防止法》，1963 年的《纤维制品质量标示法》等。

在物价管理方面，颁布的主要法律有 1942 年的《粮食管理法》，1946 年的《物价统制令》，1948 年的《农产品价格稳定法》，1973 年的《国民生活安定紧急措施法》、《关于与生活有关物资等囤积居奇的紧急措施法》等。

（3）消费者保护民事特别法

为了更好地实现对消费者利益的保护，日本在消费者领域的民事活动进行了进一步干预，制定了一些民事特别法。这些民事特别法主要包括 1954 年的《关于管理存款利率和收受出资的法律》、1957 年的《关于取缔存款手续中非法合同的法律》、1961 年的《分期付款销售法》、1973 年的《关于贷款业务规则的法律》、1976 年的《关于访问销售等的法律》、1994 年的《制造物责任法》等。之所以称为民事特别法，是因为这些法律对处于弱势地位的消费者予以倾斜保护，使得传统民法所规定的"权利义务平等"、"意思自治"、"契约自由"等原则几乎在这些法律中没有体现；这与一般民事立法有明显的差异。

（4）禁止垄断与反不正当竞争法

日本于 1934 年颁布了《不正当竞争防止法》，经过多次修改，形成了目前的反不正当竞争法律。该法对商业活动中的商号、商标、商品包装、营业标记等的混淆行为，虚假宣传及虚假表示等不正当竞争行为作出了禁止性规定。1947 年颁布了《禁止私人垄断和确保公平交易法》，该法经过了 1953 年和 1977 年等十余次不同程度的修改。该法对不正当限制交易的卡特尔、商业交易活动中的歧视性待遇、不平等交易、强制交易、附加不合理条件、滥用交易中的优势地位等方面作了禁止性规定，同时对企业相互持股以及董事兼任等方面都作出了限制性规定。

综上所述，由于日本注重国家对市场的介入，相应地在消费者保护方面的立法不仅法律法规数量多，且构建的法律体系完善。注重商品和服务质量的提高是日本消费者保护法的宗旨。但是，由于日本在"二战"后一直将经济发展置于优先地位，政府惧怕对企业的限制过多而阻碍经济发展，所以在企业产品责任方面的立法较为薄弱。

3. 国际消费者保护立法——联合国《保护消费者准则》

国际上对于消费者保护的立法主要有 1972 年海牙司法会议通过的《关于产品责任法律适用的公约》（《海牙公约》），1976 年欧洲理事会通过的《关于人身伤亡产品责任的欧洲公约》（《斯特拉斯堡公约》），1985 年联合国制定的《控制限制性商业行为的多边协议的公平原则和规则》和《保护消费者准则》以及 1985 年欧共体制定的《使成员国产品责任法相互接近的指令》和欧洲理事会制定的《消费者保护宪章》等。这里主要介绍 1985 年联合国制定的《保护消费者准则》。

《保护消费者准则》（以下简称《准则》）是在联合国下属的国际消费者组织联盟（IOCU）的倡导下制定的，并于 1985 年 4 月 9 日由联合国大会未经投票以第 39/248 号决议的形式通过。该《准则》是目前世界上影响最大的全球性消费者权益保护方面的综合性国际立法，共分 4 章，计 46 条。

《准则》开宗明义地规定了制定该《准则》的七项目的：第一，协助各国为本国消费者争取适当的保护；第二，使生产和分配形式适应消费者的需要和愿望；第三，鼓励为消费者生产与销售商品和劳务的各方遵守行为道德标准；第四，协助各国限制所有企业在国家一级和国际上采用对消费者有不利影响的商业陋习；第五，鼓励发展独立的消费者团体；第六，推进关于消费者保护的国际合作；第七，鼓励发展市场条件，以较低价格向消费者提供更多选择。

为了尽量实现以上七项目标，《准则》规定了各国政府制定政策时应考虑的具体措施，并要求所有企业应当遵守其所在国的法律和政策。这些政策和措施主要有七个方面：第一，在保护消费者人身安全方面，要求各国政府核准或鼓励采取适当措施，以确保产品在规定的用途或通常可以预见的用途中安全可靠；第二，在促进和保护消费者的经济利益方面，要求各国政府设法使消费者从其经济资源中获取最大的利益，确保最令人满意的生产和绩效标准、适当的经销方式、公平的商业习惯、资料公开的销售方法，以有效确保消费者在市场上的自由选择权，保证其不受不良商业习惯的侵害；第三，在消费品和服务的安全和质量标准方面，要求各国政府制定或促使拟定国家一级和国际关于货物、服务的安全与质量标准，并加以适当宣传和定期审查；第四，在基本消费品和服务的分配设施方面，要求各国政府在适当情形下考虑制定或维持保证消费者有效分配货物或服务的政策，考虑为特别地区如农村地区、物资匮乏的地区采取援助或其他特别照顾政策；第五，在消费者的救济措施方面，要求各国政府制定相应法律法规使消费者能通过迅速、公平、方便、经济的程序获得赔偿；第六，在宣传和教育方面，要求各国政府考虑到相关的文化传统，制定全面的消费者权益保护宣传教育方案；第七，为了促进保护消费者权益，各国特别是发展中国家应采取特别措施优先处理粮食、饮水、药品、杀虫剂等与国计民生有重大利害关系的问题。《准则》是在生产经营者与消费者地位不平衡的情况下，IOCU 为保护世界上所有消费者能在社会交换中取得优质无害的产品和服务，促进经济社会的公正健康发展而倾尽多年努力才制定完成的，其对世界各国的消费者保护立法具有普遍的指导意义。

《准则》号召各国政府加强国际合作，互相交流有关资料和信息。

(三) 我国消费者权益保护立法概况

在我国，消费者保护法主要是在改革开放以后逐步制定的。在改革开放前，我国实行高度集中的计划经济体制，由于消费品供应短缺，所以消费者刚开始面临的问题是消费需求如何得到满足。随着改革开放的深入，商品经济迅速发展，社会主义市场经济逐步形成，消费品的供应需求不再是消费者面临的首要问题；商品纷繁杂多，因此侵犯消费者权益的事件成为关注的重点。在这样的情况下，国家充分意识到消费者权益保护问题的严重性，并采取各方面手段保护消费者权益，通过立法保护是主要的保护途径之一。我国除了《中华人民共和国刑法》(简称《刑法》)和《中华人民共和国民法通则》(简称《民法通则》)外，在其他领域还进行了专门的保护性立法。目前，消费者保护立法体系已经初步建成。对于消费者保护立法可以分为以下几个方面：❶

1. 消费者保护基本法

1993 年 10 月 31 日，第八届全国人民代表大会常务委员会第四次会议以全票通过了《消费者权益保护法》，并于同日由时任中国国家主席江泽民发布主席令予以公布。《消费者权益保护法》的颁布标志着我国消费者保护法制建设发展到了一个新的阶段。其实在该法颁布之前，已经有许多地方制定了消费者保护的综合性立法。如 1987 年 9 月 4 日福建省人民代表大会常务委员会通过了我国第一个消费者权益保护的地方性法规，开了消费者权益保护地方立法的先河。截至 1990 年，我国已有 21 个省、自治区、直辖市以及国务院确定的 15 个较大的计划单列市先后制定并通过了 36 个有关消费者权益保护的实体性、程序性及规范性文件。这些地方性法规及政府规章的制定，为制定国家层面消费者权益保护法积累了丰富的立法经验，并为良好的立法环境打下了基础。

2. 消费品安全、卫生方面的立法

消费品安全、卫生方面主要有以下立法：2009 年 2 月 28 日第十一届全国人大常委会第七次会议通过并于该年 6 月 1 日正式实施的《食品安全法》，1984 年第六届全国人大常委会第七次会议通过并于 2001 年第九届全国人大常委会第二十次会议修改的《药品管理法》，2002 年 9 月 15 日国务院颁布实施的《中华人民共和国药品管理法实施条例》(简称《药品管理法实施条例》)，1988 年国务院颁布的《医疗用毒性药品管理办法》，1989 年国务院颁布的《放射性药品管理办法》以及《化妆品卫生监督条例》，2005 年国务院颁布的《麻醉药品和精神药品管理条例》，2003 年 3 月卫生部发布的《集贸市场食品卫生管理规范》，2007 年 2 月卫生部发布的《新资源食品管理办法》，2010 年 3 月卫生部发布的《餐饮服务食品安全监督管理办法》及《餐饮服务许可管理

---

❶ 李昌麒、许月明：《消费者保护法》(第三版)，法律出版社 2012 年版，第 34－38 页。

办法》，2009 年国家工商行政管理总局发布的《食品流通许可证管理办法》等。

3. 商品质量方面的立法

商品质量方面主要有以下法律法规：1989 年 2 月 21 日第六届全国人大常委会第六次会议通过的《中华人民共和国进出口商品检验法》（简称《进出口商品检验法》），2005 年国务院批准发布的《中华人民共和国进出口商品检验法实施条例》（简称《进出口商品检验法实施条例》），1993 年 2 月 22 日第七届全国人大常委会第三十一次会议通过的《产品质量法》，2003 年国务院发布的《中华人民共和国认证认可条例》（简称《认证认可条例》），1985 年 9 月 6 日第六届全国人大常委会第二十一次会议通过的《计量法》，1987 年国务院批准发布的《中华人民共和国计量法实施细则》（简称《计量法实施细则》），1987 年国务院发布的《中华人民共和国强制检定的工作计量器具检定管理办法》（简称《强制检定的工作计量器具检定管理办法》），1990 年国家技术监督局发布的《计量违法行为处罚细则》，1988 年 12 月 29 日第七届全国人大常委会第五次会议通过的《标准化法》，1990 年国务院发布的《中华人民共和国标准化法实施条例》（简称《标准化法实施条例》），1990 年国家技术监督局发布的《国家标准管理办法》、《行业标准管理办法》、《企业标准管理办法》，1994 年 8 月机械部发布的《汽车质量监督检验和新产品鉴定试验机构暂行管理办法》，2010 年国家质检总局等四部委发布的《农业机械产品修理、更换、退货责任规定》，1997 年国家技术监督局发布的《游乐园（场）安全和服务质量》，2000 年 1 月铁道部发布的《铁路货物运输服务质量监督监察办法》，2001 年国家出入境检验检疫局发布的《进出口质量认证认可管理办法》，2002 年 5 月国家质量监督检验检疫总局发布的《关于进一步加强食品质量安全监督管理工作的通知》等。

4. 商品标示宣传方面的立法

在商品标示宣传方面主要有以下立法：1982 年第五届全国人大常委会第二十四次会议通过的《中华人民共和国商标法》（简称《商标法》），1987 年 12 月 1 日国务院发布的《广告管理条例》，1988 年国务院发布的《中华人民共和国商标法实施细则》（简称《商标法实施细则》），1993 年 12 月国家技术监督局发布的《关于采用国际标准产品标示管理办法》，1993 年 2 月 22 日第七届全国人大常委会第三十次会议通过的《关于惩治假冒注册商标犯罪的补充规定》，1994 年 10 月 27 日第八届全国人大常委会第十次会议通过的《中华人民共和国广告法》（简称《广告法》）等。除此之外，国务院及其部委还发布了许多法规和规章：1992 年 10 月国家工商局、医药管理局联合发布的《医疗器械广告管理办法》，1993 年 7 月国家工商局发布的《化妆品广告管理办法》，1995 年 3 月国家工商局、卫生部联合发布的《药品广告审查办法》，1995 年 6 月国家技术监督局发布的《查处食品标签违法行为规定》，1997 年 12 月国家工商局发布的《广告活动道德规范》，1998 年国家工商局发布的《食品广告发布暂行规定》，1998 年 9 月国家工商总局发布的《关于加强电视直销广告管理的通知》，1998 年国家工商行政管理总局发布的《广告管理条例实施细则》，2000 年国家药品监督管理局发布的《药品包装、标签和说明书管理规定》，2002 年 2 月国家出入境检验检疫局发布的《进出口食品标签管理办法》，2003 年广播电视总局发布的《广播电视广告播放暂行办法》，2004 年国家工商总局管理总局发布的《广告管理条例实施细则》，2009 年国家质量监督检验检疫总局发布的《食品标识管理规定》等。这些规定的出台有效地保障了消费者的知情权，净化了市场环境。

5. 市场物价管理方面的立法

目前在市场及物价管理方面主要有以下法律法规：1997 年 12 月第八届全国人大常委会第二十九次会议通过的《中华人民共和国价格法》（简称《价格法》），1987 年国务院发布的《中华人民共和国价格管理条例》（简称《价格管理条例》），1988 年国家物价总局发布的《关于价格违法行为的处罚规定》，1990 年 2 月国家物价局发布的《商品和收费实行明码标价制度的规定》和《关于加强进口医药商品价格管理的通知》，1994 年 3 月对外经济贸易合作部发布的《关于加强进出口商品国内价格管理的通知》，1994 年 12 月国家计划委员会发布的《城市房产交易价格管理办法》，1997 年 2 月国家计委、国家旅游局发布的《关于加强旅游价格管理整顿旅游价格秩序的通知》，1995 年国务院批转国家计委发布的《制止牟取暴利的暂行规定》，1995 年国家计委等发布的《餐饮、修理业价格行为规则》，1998 年 9 月国家计委、建设部发布的《城市供水价格管理办法》，1999 年 1 月国家计委发布的《游览参观点门票价格管理办法》，2000 年 1 月国家烟草专卖局发布的《关于进一步加强卷烟价格管理的通知》，2001 年 6 月国家计委、教育部、国家新闻总署发布的《中小学教材价格管理办法》，2002 年国家计委发布的《关于规范天然气价格管理等有关问题的通知》，2002 年国家计委、建设部发布的《经济适用房价格管理办法》，2003 年国家计委发布的《食盐价格管理办法》，2003 年 6 月中国银行业监督管理委员会和国家发展和改革委员会发布的《商业银行服务价格管理暂行办法》等。这些法律法规的制定，有效地规范了经营者定价行为，打击了不法经营者，维护了消费者的合法权益。

6. 侵犯消费者权益后的救济方面的立法

为了保障消费者在其权益受到侵犯后能得到及时有效的救济，除了《消费者权益保护法》、《产品质量法》、《中华人民共和国民事诉讼法》（简称《民事诉讼法》）、《中华人民共和国仲裁法》（简称《仲裁法》）之外，国家还制定了专门的法律法规来保证消费者救济途径的通畅：1995 年 12 月中国消费者协会发布的《中国消费者协会受理消费者投诉规定》，1996 年 3 月国家工商行政管理总局颁布的《欺诈消费者行为处罚办法》，1997 年 3 月国家工商行政管理总局颁布的《工商行政管理所处理消费者申诉管理办法》，1998 年 12 月颁布的《工商行政机关受理消费者申诉暂行办法》，2004 年 3 月颁布的《关于处理侵害消费者权益行为的有关问题的规定》等。这些法律法规对于处理消费者侵权问题发挥了重要作用，同时也对经营者进行了约束。

此外，由于在市场经济下经营者通常还会采用不正当手段进行竞争以及通过垄断手段损害广大消费者权益，于是在 1993 年 9 月 2 日第八届全国人大常委会第三次会议上通过了《中华人民共和国反不正当竞争法》（简称《反不正当竞争法》），2007 年第十届全国人大常委会第二十九次会议通过了《中华人民共和国反垄断法》（简称《反垄断法》）。这两部法律也成为我国消费者保护法中的重要组成部分。

另外，我国还制定了《中华人民共和国合同法》（简称《合同法》）、《中华人民共和国侵权责任法》（简称《侵权责任法》）等有关产品侵权的法律。虽然这些法律法规并不是专门为保护消费者而制定，但其中也存在大量有关消费者保护的法律制度，对保护消费者权益也起到了至关重要的作用。

二、国家对消费者的行政保护

修改后的《消费者权益保护法》第 31 条规定：各级人民政府应当加强领导，组织、协调、督促有关行政部门做好保护消费者合法权益的工作，落实保护消费者合法权益的职责。各级人民政府应当加强监督，预防危害消费者人身、财产安全行为的发生，及时制止危害消费者人身、财产安全的行为。

我国的行政部门既包括行政执法机关如工商、技监、食药监、进出口等部门，也包括行业主管部门。其主要职责是：制定和实施保障消费者合法权益的法规、规章以及有关商品和服务的国家标准、行业标准等；监督和规范市场交易行为，依法制止和打击各种侵犯消费者权益的行为；对市场上各类商品和服务活动进行抽查，并对抽查中发现的问题及时给予处理；实施预防和制止危害消费者权益的行为发生的措施；受理消费者申诉；听取消费者及消协对有关经营者交易行为、商品质量、服务质量的意见，并及时调查处理；利用大众传播媒介对消费者进行消费教育，指导消费者正确消费；支持消费者协会履行职责，指导消费者协会开展工作。

（一）工商行政管理部门保护消费者权益的职责

当商品经济发展到市场经济阶段，消费者权益保护的问题就成了一个重要的社会问题。特别是在 20 世纪后期，主要的商品市场从卖家市场变为买家市场，从以经营者为重心转向以消费者为重心，消费者保护运动蓬勃发展并越来越国际化。在中国，消费者权益应该得到有效的维护，这是《消费者权益保护法》所确定的工商行政管理部门的重要职责。从工商行政管理和消费者权益保护的宏观关系上来讲，针对市场经济的工商行政管理是消费者权益得到有效保护、市场秩序得到有效维护、自由与公正价值得到有效落实的现代社会不可或缺的内容；而消费者权益得到有效保护、市场秩序得到有效维护，又深化了工商行政管理的群众基础，强化了工商行政管理的合法性。

1. 工商行政管理部门保护消费者权益工作的法律依据

《消费者权益保护法》第 32 条规定：各级人民政府工商行政管理部门和其他有关行政部门应当依照法律、法规的规定，在各自的职责范围内，采取措施，保护消费者的合法权益。有关行政部门应当听取消费者和消费者协会等组织对经营者交易行为、商品和服务质量问题的意见，及时调查处理。

1998 年，在全国人大批准国务院裁减 50% 机关工作人员的机构改革的前提下，国务院在国家工商局"三定"方案中，明确批准在国家工商局成立"消费者权益保护司"，使我国行政执法机构消费者权益保护工作在职能、机构、编制上首次得到合法的保障。2001 年 8 月 7 日，经国务院批准的《国务院办公厅关于印发国家工商行政管理总局职能配置内设机构和人员编制规定的通知》中，明确规定将国家工商局调整为国家工商行政管理总局，升格为正部级，将原来由国家质监局承担的流通领域商品质量监督管理职能划归国家工商行政管理总局。并且规定在国家工商行政管理总局设立"消费者权益保护局"，负责研究拟定保护消费者权益的规章制度及具体措施、办法并组织实施；组织查处严重侵害消费者合法权益案件；组织监督流通领域商品质量，组织查处假冒伪劣等违法行为。由此可以看出，保护消费者合法权益是《消费者权益保护法》及有关行政法规赋予工商部门的一项重要职责。工商部门作为市场监督管理和有关行政执法的部门，承担着保护消费者合法权益的主要职责，在保护消费者合法权益行政体系中具有重要的地位，是《消费者权益保护法》的主要行政执法机关。

2. 工商行政管理部门保护消费者权益的工作职责

工商行政管理部门宏观上保护消费者的职责，即通过国家赋予的主管市场监督管理和有关行政执法的职能，维护市场经济秩序，保护消费者的合法权益。具体包括以下职责：①通过企业登记注册管理维护消费者权益；②通过加强市场规范管理维护消费者权益；③通过商标管理维护消费者权益；④通过广告管理维护消费者权益；⑤通过个体私营经济监督管理维护消费者权益；⑥通过加强合同管理维护消费者权益；⑦通过反不正当竞争行为维护消费者权益；⑧通过加强经济监督检查维护消费者权益。

微观上保护消费者合法权益的职责，即通过《消费者权益保护法》等有关保护消费者权益的法律、法规及规章赋予的职能保护消费者权益，维护市场经济秩序。具体包括以下职责：①研究拟定消费者权益保护规章制度及具体办法并组织实施，目前国家工商行政管理总局已制定了《欺诈消费者行为处罚办法》、《工商行政管理机关受理消费者申诉暂行办法》、《工商行政管理所处理消费者申诉实施办法》、《关于处理侵害消费者权益行为的若干规定》等；②处理消费者权益争议；③查处经营者欺诈消费者的行为；④采取措施，及时制止危害消费者合法权益的行为；⑤组织监督管理流通领域商品质量，查处假冒伪劣等违法行为；⑥指导和支持消费者组织开展消费者权益保护工作。

（二）技术监督管理部门保护消费者权益的职责

2001 年 4 月，国务院决定国家质量技术监督局与国家出入境检验检疫局合并，组建中华人民共和国国家质量监督检验检疫总局（正部级，简称国家质检总局）。国家质量监督检验检疫总局是国务院主管全国质量、计量、出入境商品检验、出入境卫生检疫、出入境动植物检疫和认证认可、标准化等工作，并行使行政执法职能的直属机构。按照国务院授权，将认证认可和标准化行政管理职能，分别交给国家质检总局管理的中国国家认证认可监督管理委员会（中华人民共和国国家认证认可监督管理局）和中国国家标准化管理委员会（中华人民共和国国家标准化管理局）承担。技术监督部门主要有以下职责：

（1）组织起草有关质量监督检验检疫方面的法律、法规草案，研究拟订质量监督检验检疫工作的方针政策，制定和发布有关规章、制度；组织实施与质量监督检验检疫相关的法律、法规，指导、监督质量监督检验检疫的行政执法工作；负责全国与质量监督检验检疫有关的技术法规工作。

（2）宏观管理和指导全国质量工作，研究拟定提高国家质量水平的发展战略，组织实施《质量振兴纲要》，组织推广先进的质量管理经验和方法，推进名牌战略的实施；会同有关部门建立重大工程设备质量监理制度；负责组织重大产品质量事故的调查；依法负责产品防伪的监督管理工作。

（3）统一管理计量工作。推行法定计量单位和国家计量制度，负责规范和监督商品量的计量行为。

（4）拟定出入境检验检疫综合业务规章制度；负责口岸出入境检验检疫业务管理；负责商品普惠制原产地证和一般原产地证的签证管理。

（5）组织实施出入境卫生检疫、传染病监测和卫生监督工作；负责国外疫情的收集、分析、整理，提供信息指导和咨询服务。

（6）组织实施出入境动植物检疫和监督管理；负责国内外重大动植物疫情的收集、分析、整理，提供信息指导和咨询服务；依法负责出入境转基因生物及其产品的检验检疫工作。

（7）组织实施进出口食品和化妆品的安全、卫生、质量监督检验和监督管理；管理进出口食品和化妆品生产、加工单位的卫生注册登记，管理出口企业对外卫生注册工作。

（8）组织实施进出口商品法定检验和监督管理，监督管理进出口商品鉴定和外商投资财产价值鉴定；管理国家实行进口许可制度的民用商品入境验证工作，审查批准法定检验商品免验和组织办理复验；组织进出口商品检验检疫的前期监督和后续管理；管理出入境检验检疫标志（标识）、进口安全质量许可、出口质量许可，并负责监督管理。

（9）依法监督管理质量检验机构；依法审批并监督管理涉外检验、鉴定机构（含中外合资、合作的检验与鉴定机构）。

（10）综合管理锅炉、压力容器、电梯等特种设备的安全监察、监督工作，制定有关规章制度并组织实施；对锅炉、压力容器实施进出口监督检查。

（11）管理产品质量监督工作；管理和指导质量监督检查；负责对国内生产企业实

施产品质量监控和强制检验；组织实施国家产品免检制度，管理产品质量仲裁的检验、鉴定；管理纤维质量监督检验工作；管理工业产品生产许可证工作；组织依法查处违反标准化、计量、质量法律与法规的违法行为，打击假冒伪劣违法活动。

（12）管理与协调质量监督检验检疫方面的国际合作与交流；代表国家参加与质量监督检验检疫有关的国际组织或区域性组织，签署并负责执行有关国际合作协定、协议和议定书，审批与实施有关国际合作与交流项目。按规定承担技术性贸易壁垒协议和卫生与植物检疫协议的实施工作，以及上述协议的通报和咨询工作。

（13）制定并组织实施质量监督检验检疫的科技发展、实验室建设规划，组织重大科研和技术引进；负责质量监督检验检疫的统计、信息、宣传、教育、培训及相关专业职业资格管理工作；负责质量监督检验检疫的情报信息的收集、分析、整理，提供信息指导和咨询服务。

（14）垂直管理出入境检验检疫机构；对省、自治区、直辖市的质量技术监督机构进行业务领导。

（15）管理国家认证认可监督管理委员会和国家标准化管理委员会。

（三）食品药品监督管理部门保护消费者权益的职责

食品药品监督管理部门包括中央食品药品监督管理机关和地方各级食品药品监督管理机关。中央食品药品监督管理机关是中华人民共和国国家食品药品监督管理局（CFDA），是国务院综合监督食品、保健品、化妆品安全管理和主管药品监管的直属机构，负责对药品（包括中药材、中药饮片、中成药、化学原料药及其制剂、抗生素、生化药品、生物制品、诊断药品、放射性药品、麻醉药品、毒性药品、精神药品、医疗器械、卫生材料等）的研究、生产、流通、使用进行行政监督和技术监督；负责食品、保健品、化妆品安全管理的综合监督、组织协调和依法组织开展对重大事故查处。其主要有以下职责：

（1）负责起草食品（含食品添加剂、保健食品，下同）安全、药品（含中药、民族药，下同）、医疗器械、化妆品监督管理的法律法规草案，拟订政策规划，制定部门规章，推动建立落实食品安全企业主体责任、地方人民政府负总责的机制，建立食品药品重大信息直报制度，并组织实施和监督检查，着力防范区域性、系统性食品药品安全风险。

（2）负责制定食品行政许可的实施办法并监督实施。建立食品安全隐患排查治理机制，制定全国食品安全检查年度计划、重大整顿治理方案并组织落实。负责建立食品安全信息统一公布制度，公布重大食品安全信息。参与制定食品安全风险监测计划、食品安全标准，根据食品安全风险监测计划开展食品安全风险监测工作。

（3）负责组织制定、公布国家药典等药品和医疗器械标准、分类管理制度并监督实施。负责制定药品和医疗器械研制、生产、经营、使用质量管理规范并监督实施。负责药品、医疗器械注册并监督检查。建立药品不良反应、医疗器械不良事件监测体系，并开展监测和处置工作。拟订并完善执业药师资格准入制度，指导监督执业药师注册工作。参与制定国家基本药物目录，配合实施国家基本药物制度。制定化妆品监督管理办法并监督实施。

（4）负责制定食品、药品、医疗器械、化妆品监督管理的稽查制度并组织实施，组织查处重大违法行为。建立问题产品召回和处置制度并监督实施。

（5）负责食品药品安全事故应急体系建设，组织和指导食品药品安全事故应急处置和调查处理工作，监督事故查处落实情况。

（6）负责制定食品药品安全科技发展规划并组织实施，推动食品药品检验检测体系、电子监管追溯体系和信息化建设。

（7）负责开展食品药品安全宣传、教育培训、国际交流与合作，推进诚信体系建设。

（8）指导地方食品药品监督管理工作，规范行政执法行为，完善行政执法与刑事司法衔接机制。

（9）承担国务院食品安全委员会日常工作。负责食品安全监督管理综合协调，推动健全协调联动机制。督促检查省级人民政府履行食品安全监督管理职责并负责考核评价。

（四）进出口商品检验检疫部门保护消费者权益的职责

进出口商品检验检疫部门在中央一级已经与技术监督部门合并；但在省级以下地方仍是各自分离各自履行职责，称作进出口商品检验检疫局。根据《进出口商品检验法》及其实施条例，国家质检总局对进出口商品及其包装和运载工具进行检验和监管。对列入《出入境检验检疫机构实施检验检疫的进出境商品目录》中的商品实施法定检验和监督管理；对该目录外商品实施抽查；对涉及安全、卫生、健康、环保的重要进出口商品实施注册、登记或备案制度；对进口许可制度民用商品实施入境验证管理；对法定检验商品的免验进行审批；对一般包装、危险品包装实施检验；对运载工具和集装箱实施检验检疫；对进出口商品鉴定和外商投资财产价值鉴定进行监督管理；依法审批并监督管理从事进出口商品检验鉴定业务的机构。

以上行政执法部门在履行保护消费者合法权益的职责时，应当认真倾听消费者及其社会团体对于经营者交易行为和商品或者服务质量的意见，并及时调查处理。因此这些部门应当采取一定措施以方便消费者投诉，简化接待程序，保障消费者投诉途径的通畅。同时这些部门也要与其他社会团体及相关行政部门密切配合，使得保护消费者合法权益的工作顺利开展并落到实处。

三、国家对消费者权益的司法保护

对消费者权益进行司法保护的主要机关是国家检察机关和国家审判机关。对于消费者权益，司法保护是最后一道防线。《消费者权益保护法》第 34 条规定，有关国家机关应当依照法律、法规的规定，惩处经营者在提供商品和服务中侵害消费者合法权益的违法犯罪行为。第35条规定，人民法院应当采取措施，方便消费者提起诉讼；对符合《民事诉讼法》起诉条件的消费者权益争议，必须受理，及时审理。

（一）惩处侵犯消费者合法权益的违法犯罪行为

违法行为是指违反一切现行法律法规和相关政策的具有社会危害性的行为；犯罪是指行为人的行为已经触犯刑事法律，必须受到刑法处罚的行为。两者都具有社会危害性，既有联系也有所区别。违法行为不一定是犯罪行为，但犯罪行为一定违反了相关法律法规政策，同时也触犯了刑法。在此处违法犯罪行为仅指违反《消费者权益保护法》和相关法律规范，以及《刑法》中规定的相关犯罪行为。侵犯消费者合法权益的行为由行政机关追究其行政责任，由人民法院审判追究民事责任；触犯《刑法》的则由人民检察院提起公诉或自诉，由人民法院追究刑事责任。侵犯消费者权益的违法犯罪行为主要有以下几种：

（1）生产者、销售者在产品中掺杂、掺假，以假充真，以次充好或以不合格产品冒充合格产品；

（2）生产、销售假药、劣药，并足以危害人体健康，对人身健康造成严重危害，致人死亡或对人体健康造成特别严重危害；

（3）生产、销售不符合卫生标准的食品，引发中毒事故或其他严重食源性疾患，对人身健康造成严重危害；

（4）在生产、销售的食品中掺入有毒、有害的非食品原料，或者销售明知掺有有毒、有害的非食品原料的食品，造成食源性中毒或其他食源性疾患，致人死亡或伤残；

（5）生产不符合保障人体健康的国家标准、行业标准的医疗器械、医用卫生材料，或者销售明知是不符合保障人体健康的国家标准、行业标准的医疗器械、医用卫生材料，对人体健康造成严重危害；

（6）生产不符合保障人身、财产安全的国家标准、行业标准的电器、压力容器、易燃易爆产品或者其他不符合保障人身、财产安全的国家标准、行业标准的产品，或者明知是以上产品而销售，造成严重后果；

（7）生产假农药、假兽药、假化肥，销售明知是假的或者失去使用效能的农药、兽药以及化肥、种子，或者生产者、销售者以不合格的农药、兽药、化肥、种子冒充合格的农药、兽药、化肥、种子，使生产遭受损失；

（8）生产不符合卫生标准的化妆品，或者销售明知是不符合卫生标准的化妆品，造成严重后果。

对于惩处损害消费者合法权益的违法犯罪行为主要有以下法律法规：①《刑法》第2编第3章第1节的"生产、销售伪劣商品罪"专门规定了侵犯消费者合法权益的犯罪种类和刑罚，包括构成生产销售伪劣产品罪、生产销售假药罪、生产销售劣药罪、生产销售不符合安全标准的食品罪、生产销售有毒有害食品罪、生产销售不符合安全标准的产品罪、生产销售不符合卫生标准的化妆品罪等。并从第140条至第150条规定了对自然人和法人侵害消费者合法权益犯罪的没收财产、罚金、刑期的标准，根据情节严重性对此类犯罪最高可处以死刑。②《消费者权益保护法》的第7章专门规定了经营者不履行法定义务的惩处形式，其中包括民事、行政、刑事制裁。③《民法通则》、《产品质量法》、《反不正当竞争法》、《食品安全法》、《药品管理法》等一些法律法规都直接或间接规定了对于侵害消费者合法权益行为的惩处办法。

（二）方便消费者诉讼，并及时审理案件

我国人民法院在保护消费者合法权益方面具有独特的地位和举足轻重的作用。按照我国《宪法》和有关法律的规定，人民法院是国家审判机关，负责各类案件的审理工作，包括民事的、行政及刑事的。它是保证消费者诉讼权利得以实现、维护消费者合法权益、打击侵害消费者合法权益的违法犯罪活动的重要工具。

1. 消费者安全权益争议的受理

消费者合法权益争议，包括因经营者违反约定义务而产生的违约责任纠纷和因经营者违反法定义务侵犯消费者人身、财产安全权益的侵权纠纷两种消费者安全权益争议。也就是说，当消费者的合法权益受到侵害时，可以向人民法院提出诉讼，选择司法救济方式解决消费者权益争议。而对消费者请求人民法院依法解决的争议，应当按照法律规定的诉讼程序进行，即消费者应当按照相关法律规定提起诉讼和参加诉讼，人民法院对符合立案条件的应当予以立案。

2. 人民法院采取积极措施，方便消费者提起诉讼

服务人民、保护人民、急人民之所急是人民法院的基本职能，而方便消费者提起诉讼是人民法院实现其保护消费者合法安全权益各项措施的基本前提。在社会中，普通消费者怕打官司，最重要的原因是起诉不方便，因为离法庭太远，为几个钱不值得来回奔波；举证困难，担心败诉，顾虑起诉进程浪费时间和精力，造成了很多消费者在自己的合法权益受到侵犯时放弃诉讼权，放弃寻求法律保护的途径，能忍就忍，能让就让。而现在《消费者权益保护法》规定，人民法院有义务采取措施，方便消费者的起诉。这样就能使很多消费者在自己合法权益受到侵害时能及时拿起法律武器来还击。

3. 对已受理的消费者权益争议案件，人民法院及时审理

及时审理，是指人民法院会严格依照法定诉讼时间期限的要求，在受理案件后，按时进行审理前准备，尽早开庭审理。此外，人民法院审理案件，还可根据需要巡回审判，就地办案。这都为人民法院受理案件后及时审理提供了法律保障，也为消费者节省了时间。

在这里特别强调的是，由于人民法院在解决消费者安全权益争议中具有最终的裁判权，在国家对消费者合法权益保护工作中享有极大的权威性。因此，这样的规定对

于及时解决消费者安全权益争议、避免争议久拖不决而给消费者造成更大的损失和伤害、加强对损害消费者安全权益行为和现象的司法监督、保护广大消费者合法权益都具有十分重要的意义。

分析与思考

　　张某于 2 月 17 日下午在上海某商场购买了"百胜"牌羊毛绒衬衫 3 件，每件 500 元，共 1500 元。商场开具发票时写成"羊绒衬衫"。次日，张某以所买衬衫不是羊绒制品、商场具有欺诈行为要求商场退货并予以一定的赔偿，但遭商场拒绝，张某便将商场告上法庭。法院审理得知，张某曾在 2 月 17 日上午到另一商场购买同样的衬衫 1 件，同样也向商场索赔且最后得到了赔偿。在审理时商场提出，该衬衫中的羊绒含量为 2%，称为"羊毛绒衬衫"并无不当，并且发票是根据消费者的要求开具的，所以商场不构成欺诈。

　　请问法院该如何判决，为什么？

第二章　消费者权益保护法概述

 本 章 导 读

　　保护消费者权益是一项系统工程，必须建立健全完善的消费者权益保护体系，才能更好地维护消费者的合法权益。《消费者权益保护法》是我国法律在消费者权益保护方面的一个里程碑，为保护我国消费者权益提供了强有力的保障。自愿、平等、公平、诚实信用的原则，国家干预及社会监督原则，保护消费者权益和促进市场经济健康发展相协调原则，贯穿消费者权益保护立法、司法以及消费活动的每一个环节，反映了国家保护消费者权益的根本宗旨。同时，《消费者权益保护法》也与《民法通则》、《产品质量法》、《反不正当竞争法》等法律法规有着密切的联系：它们都是为了维护社会主义市场经济而制定，都规范消费者和经营者的权利与义务；也从各自的角度与其他法律共同构成保护我国市场经济的法律制度。

第一节　消费者权益保护法的概念及特征

一、消费者权益保护法的概念

　　消费者权益保护法通常有广义和狭义两种理解方法。广义上的消费者权益保护法是指国家制定颁布的有关消费者权益保护的所有法律、法规，而狭义上的消费者权益保护法指的就是于 1993 年 10 月 31 日第八届全国人民代表大会常务委会员第四次会议通过并于 1994 年 1 月 1 日起实行的《消费者权益保护法》。本书中除了专门使用《消费者权益保护法》之外，其余的一般都是指广义上的消费者权益保护法。

　　对于消费者权益保护法的概念，我国法学界从不同角度总结了两种观点。

　　一种是从调整的社会关系角度对消费者权益保护法进行定义，学者称为"三方关系说"，❶ 即消费者权益保护法是围绕因保护消费者合法权益而产生的社会关系，主要

---

　　❶　谢次昌等：《消费者保护法通论》，法律出版社 1994 年版，第 96－99 页。

是国家与经营者之间的关系、国家与消费者之间的关系、经营者与消费者之间的关系，即消费者权益保护法是调整国家、经营者、消费者这三种社会关系的各种法律规范的总称。

另一种是根据法律的功能来定义消费者权益保护法的，即学者所称的"双方关系说"。[1] 这种观点认为消费者权益保护法只调整生产者、经营者与消费者之间的关系，即消费者权益保护法是通过调整生产者、经营者与消费者之间的关系，以保障消费者合法权益的法律规范的总称。在这种观点下也有三种不同的表示。第一种认为，消费者权益保护法是有关保护消费者在购买和使用商品或接受服务时应享受到合法权益的法律规范的总称。[2] 第二种认为，消费者权益保护法是保护消费者权利的法律规范的总和，凡是以保护消费者权益为内容的法律规范都可以称为消费者权益保护法。[3] 第三种认为，消费者权益保护法是国家基于消费者的弱势地位而制定、颁布的，对消费者给予特别保护的各种法律规范的总称。[4]

本书认为第二种观点的界定较为合理。因为消费者权益保护法调整着各种不同的社会关系，其中有民事和行政的；同时在内容构成方面，包含了民事、行政、刑事的各种法律规范。而这些都是为了实现此法的最终目的，即对消费者进行倾向性保护，这是消费者权益保护法特定的法律功能，也是其区别于其他法律门类的重要标志。据此我们认为，消费者权益保护法是国家基于消费者的弱势地位而制定、颁布的，对消费者给予倾向性特殊保护的各种法律规范的总称。

二、消费者权益保护法的基本特征

消费者权益保护法同其他法律法规相比，具有以下几点特征：

（1）保护对象的特定性。消费者权益保护法是以保护消费者权益为内容的法律规范，凡是以消费者权利、利益作为其保护对象的法律都属于消费者权益保护法的范畴。与消费者权利、利益无直接联系的法律法规都不属于消费者权益保护法的范围。这是消费者权益保护法与其他法律区别的重要标志。

（2）调整方式的倾向性。消费者权益保护法所调整的当事人的关系具有特殊性：侧重于对弱势的消费者予以保护，同时对强势的生产、经营者予以限制，给予消费者更多的权利，规定生产、经营者更多的义务。这与传统的民商法调整方式有所不同。传统的民商法以财产自由、契约自由和平等对价为调整方式，强调的是主体间的平等。

（3）效力的复合性或综合性。现代消费社会是由国家、经营者以及广大的消费者

---

[1] 李昌麒、许月明：《消费者保护法》（第三版），法律出版社 2012 年版，第 39 页。

[2] 吴景明：《消费者权益保护法》（第二版），中国政法大学出版社 2007 年版，第 38 页。

[3] 工商行政管理法律理解与适用丛书编委会：《消费者权益保护法律理解与适用》，工商出版社 2000 年版，第 8 页。

[4] 李昌麒、许月明：《消费者保护法》（第三版），法律出版社 2012 年版，第 39 页。

三级所组合而成的，故有关消费者问题的法律法规，必然是广泛的，凡对消费者权利、利益损害有防止和救治功能的法律都属于其范畴。同时，在该效力上呈现复合法域或综合法域的现象。例如，食品卫生法、药品管理法、化妆品卫生管理条例等法规中，除有各种强制或禁止性规定之外，更有行政机关可享有的检验、审核、许可等权力的规定，如违反上述规定而制造、贩卖食品、药品以及农药、化妆品，应依各法律规定或者受刑事处罚，或者受行政处分。对有过失的行政机关，即使是国家卫生主管机关因过失而未能认识食品、药品、化妆品等的危险性的也不例外。例如，准许生产经营者生产、经营上述有危险的产品，就应与生产经营者的过失同论，使之对被害的消费者负损害赔偿的责任；尽管这里所依据的法规是行政法规范，但目的仍在于对消费者权利进行保护，故应被认为是属于复合法域的一种表现。❶

（4）预防与救助的统一性。消费者权益保护法通过事前预防和事后救助的途径保护消费者合法权益。首先它通过法律法规对生产、经营者在生产和经营商品、提供服务之时规定了标准，使生产者生产出安全、卫生、合格的产品，使经营者以正规、合法的方式销售商品，以达到预防损害消费者权益事件的发生。其次，通过法律法规的制定，要求生产、经营者在违反规定要求、损害消费者合法权益时，为消费者提供及时的救济，以达到事后的救助功能。

第二节　消费者权益保护法的基本原则❷

法律的基本原则反映的是该法的基本精神，体现的是法律的基本价值和调整方法，是对法律制度的高度概括，对于立法、执法、司法以及法律释义都有着指导意义。消费者权益保护法的基本原则包括以下几个方面。

一、给予消费者特殊保护的原则

消费者权益的特殊性决定了要给予其特殊的保护，这也是消费者权益保护法与其他法律相比的重要标志。其中的原因有以下两个方面。

第一，消费者和经营者追求的利益不同。消费者购买商品和接受服务是以满足个人生活需要为目的。因此，其在消费过程中除了涉及经济利益外，其需求能否得到满足还直接关系到其生存，商品和服务的安全卫生更直接关系到消费者的生命安全与健康。生命权、安全权、健康权等是人类最基本的权利，而经营者所关心的则是经济利益。尽管经济利益也与经营者的生活质量有紧密的联系，但是，在其经济利益不能满

---

❶　张严方：《消费者保护法研究》，中国社会科学院研究生院博士学位论文，2002 年。

❷　本节内容均参考全国人大常委会法工委李适时主编的《中华人民共和国消费者权益保护法释义》，法律出版社 2013 年版。

足的情况下，经营者的生存利益也只是间接地受到影响，并且这种影响可以通过劳动保险、社会救济等途径得到缓解。经营者与消费者所追求的利益差异，必然要求对消费者给予特别保护。

第二，在消费法律关系中，消费者和经营者的地位是不平等的。在市场经济环境下，大量丰富的消费品出现，使社会进入一个大规模生产、消费的时代，提高了人们的生活水平，丰富了人们的生活内容。而这也使消费者缺乏相应的消费信息知识，消费者不可能对所有商品的结构、性能、品质等诸多方面有详细的了解，从而加深了消费者选购商品的未知性和盲目性。并且，促销广告成为宣传方式的媒介，也经常会向消费者传递不真实的信息，使消费者对商品产生模糊甚至错误的认识，并导致失误地选购商品。信息不平等成了其中最主要的问题，其结果当然是消费者受到损害。所以，在商品经济特别是在市场经济条件下，由于消费者的信息弱势地位，也同样需要对消费者给予特别保护。

消费者权益保护法的这一原则在《消费者权益保护法》中就得到了充分的体现。该法的第2章规定了消费者的权利而没规定其义务，第3章规定了经营者的义务但没赋予其权利，这些都体现了该法给予消费者特殊保护的基本原则。

二、自愿、平等、公平、诚实信用的原则

经营者和消费者之间的交易属于民事活动，经营者在民事活动中应当遵循民事基本原则，即自愿、平等、公平、诚实信用的原则。《消费者权益保护法》第4条也作出了规定：经营者与消费者进行交易，应当遵循自愿、平等、公平、诚实信用的原则。

（一）自愿原则

自愿原则体现了民事活动的基本特征，是民事法律关系区别于行政法律关系、刑事法律关系的特有原则。自愿原则意味着经营者在交易活动中应当充分尊重消费者自主选择商品或者服务的权利。消费者在交易活动中有权自主自愿进行交易活动，根据自己的知识、认识和判断，自主选择提供商品或者服务的经营者，自主选择商品品种或者服务方式，自主决定购买或者不购买任何一种商品、接受或不接受任何一项服务。消费者在自主选择商品或者服务时，有权进行比较、鉴别和挑选。经营者不得以任何方式强迫消费者进行交易，或者施加不合理、不公平的交易条件。

（二）平等原则

平等原则是指经营者与消费者在交易过程中是平等主体，没有高低贵贱之分，也不具有支配和被支配、隶属和被隶属的关系，在消费关系的产生、变更和消灭过程中，经营者都必须与消费者平等协商，不得将自己的意志强加给消费者，更不得以强迫、命令、胁迫等手段要求消费者进行交易活动。强调平等原则在当前的消费环境中显得尤为必要。实践中，一些企业强迫消费者接受不公平、不合理的"霸王条款"，严重损害了消费者合法权益。针对这一情况，新的《消费者权益保护法》不但重申了经营者

在交易中要遵循平等原则；还在经营者义务一章专门规定，经营者不得以格式条款、通知、声明、店堂告示等方式作出排除或者限制消费者权利、减轻或者免除经营者责任、加重消费者责任等对消费者不合理、不公平的规定，否则其内容无效。

（三）公平原则

公平原则要求经营者与消费者之间的权利义务公平合理，要大体平衡。公平原则是社会公德的体现，也是商业道德的要求，将公平原则作为经营者与消费者交易时的行为准则，可以防止任何一方滥用权利，有利于保护双方的合法权益。根据公平原则，经营者在与消费者订立合同时要根据公平原则确定双方的权利义务，不得滥用权利，不得欺诈，不得假借订立合同恶意进行磋商；要根据公平原则确定风险的合理分配；要根据公平原则确定违约责任。消费者在购买商品或接受服务时，有权获得质量合格、价格合理、计量正确等公平交易条件，有权拒绝经营者的强制交易行为。需要强调的是，与合同法注重形式平等、形式公平相比，消费者权益保护法更注重实质平等、实质公平，强调对消费者的倾斜性保护。这主要是考虑到与经营者相比，消费者作为个体，在经济条件、技术实力和信息占有等方面都明显处于劣势，如果不考虑实质平等、实质公平，消费者合法权益就很容易受到损害。这就是对消费者权益保护进行专门立法的主要原因。

（四）诚实信用原则

诚实信用原则要求经营者与消费者进行交易时都要诚实，讲信用，重承诺。其具体表现在以下方面：第一，在订立合同时，不得有欺诈或者其他违背诚实信用原则的行为；第二，在履行义务过程中，经营者应当遵循诚实信用原则，根据交易的性质、目的和交易习惯履行及时通知、信息告知、协助、提供必要的条件、召回劣质商品防止损失扩大、对消费者个人信息保密等义务；第三，在交易终止后，经营者也应当遵循该原则，根据法律法规和交易习惯履行通知、协助、保密等义务。将诚实信用原则作为指导经营者订立合同、履行义务的准则，有利于保护消费者的合法权益，同时也可以在双方没有约定或者约定不明确而法律又没有规定时，根据该原则进行解释。

自愿、平等、公平、诚实信用原则反映了市场经济法律关系的本质，是经营者从事经营活动的行为准则，经营者与消费者进行交易，应当严格遵循这些原则。这既有利于保护消费者合法权益，也有利于经营者合法合规经营。

三、国家干预及社会监督原则

随着生产经营活动的社会化、专业化和全球化以及商品构造的日益复杂化、高技术化，消费者在消费过程中信息不对称的情况更为严重，弱势地位更加突出。经营者利用这种优势地位强迫消费者接受不公平、不合理的交易条件，或者以其他方式损害消费者合法权益的状况也越来越严重，依靠市场的调节机制已经很难改善消费者的弱势地位。根本的解决之道还是国家的积极干预，通过制定和完善相关法律，加强执法力度，弥补市场缺陷，为消费者提供有效保护。因此，现代国家将保护消费者合法权益作为其重要职能，也将保护消费者权益的程度作为衡量现代国家效能的重要指标之一。《消费者权益保护法》第 5 条规定，国家保护消费者的合法权益不受侵害。国家采取措施，保障消费者依法行使权利，维护消费者的合法权益。国家倡导文明、健康、节约资源和保护环境的消费方式，反对浪费。

无论是什么样的人，在经济社会中与经营者相对，都是消费者。保护消费者合法权益关系到社会中的每一个人，涉及经济社会的方方面面，直接影响着社会经济秩序的稳定、市场经济的健康发展和社会主义和谐社会的构建。必须动员全社会的力量，发挥各个方面的积极性，形成合力，健全消费者权益保护的社会机制，使消费者权益保护法律制度真正落到实处，才能真正保护好消费者的合法权益。除了国家对于消费者合法权益负有特殊保护的职责外，组织和个人同样负有保护消费者合法权益的责任。《消费者权益保护法》第 6 条规定，保护消费者的合法权益是全社会的共同责任。国家鼓励、支持一切组织和个人对损害消费者合法权益的行为进行社会监督。大众传播媒介应当做好维护消费者合法权益的宣传，对损害消费者合法权益的行为进行舆论监督。

四、保护消费者权益和促进市场经济健康发展相协调原则

我国《消费者权益保护法》的第 1 条就规定，为保护消费者的合法权益，维护社会经济秩序，促进社会主义市场经济健康发展，制定本法。由此可见，《消费者权益保护法》旨在保护消费者的合法权益，维护社会经济秩序，促进社会主义市场经济健康发展，并且以保护消费者合法权益来推动市场经济的健康发展。反过来，促进社会主义市场经济健康发展也是消费者权益保护立法的必然要求。保护好消费者合法权益、维护好社会经济秩序，有利于提升全社会的消费信心，扩大国内消费需求；有利于注重保护消费者权益的优良企业发展壮大，为社会主义市场经济健康发展增强动力。

第三节　消费者权益保护法与其他法律的关系

一、《消费者权益保护法》与《产品质量法》的关系

《消费者权益保护法》与《产品质量法》之间有着密切的关联。《产品质量法》对《消费者权益保护法》有着重要的补充作用，积极配合了《消费者权益保护法》的实施。《消费者权益保护法》中的"商品"已经均被《产品质量法》中的"产品"所包含，所以《产品质量法》必定会对《消费者权益保护法》起到直接或间接的作用。

《产品质量法》于 1993 年 2 月 22 日第七届全国人民代表大会常务委员会第三十次会议通过，并根据 2000 年 7 月 8 日第九届全国人民代表大会常务委员会第十六次会议

《关于修改〈中华人民共和国产品质量法〉的决定》予以修正。《产品质量法》是规定产品质量监督管理以及生产经营者对其生产经营的缺陷产品所致他人人身伤害或财产损失应承担的赔偿责任所产生的社会关系的法律规范的总称。对缺陷产品造成的损害，各国多以产品责任法予以规范和调整，即只规定生产经营者与消费者之间因缺陷产品损害而产生的损失赔偿责任，尤以美国和德国为代表。中国的《产品质量法》，在规定产品质量监督管理等问题的同时，还规定了缺陷产品损害赔偿的有关问题。

在这部条文只有74条（修改之前只有51条）的《产品质量法》中，规定了生产者、销售者的义务与责任，行政机关的监督职责与法律责任，社会中介机构的设立及运作。其主体之广泛、制度之全面、内容之丰富体现了中国特色；既确认和规范了政府对市场主体的质量监督权力，又对市场主体具体的产品质量权利义务和责任作出规范，并综合运用民事、行政、刑事的手段调整政府和企业的行为。

相比国外单纯规定缺陷产品侵权责任的产品责任法，中国的《产品质量法》在内容上的这种公法和私法的融合，是经济法综合运用各种调整手段规范政府和市场主体的行为，国家介入经济生活以维护社会整体利益之理念的反映。设定行政机关产品质量监督权力和建立产品质量监督制度是该法的重要内容和特色所在，如企业质量体系认证，产品质量认证制度，抽查、检验的产品质量监督检查制度，产品质量监督部门丰富的行政执法手段等，都是经济法理念的体现和运用。《产品质量法》将产品责任和对产品质量的监督管理融为一体，是产品责任法与产品质量管理法合一的一部法律，是目前世界上独一无二的，具有中国特色。

背景资料

我国民事立法中"产品"的定义及"产品缺陷"

关于产品。有的学者认为，凡属生产活动的产出物，无论是工业、农业生产还是其他生产物，均可以成为产品责任中的"产品"，但法律另有规定的除外。（1）民法专家梁慧星认为，《民法通则》中所称的"产品"首先是指劳动产品，不包括自然产物；其次，在劳动产品中，仅指物质产品，不包括精神产品；再次，还应将农业原产品和猎物排斥在外。还有学者认为，"产品"通常指动产，一般不包括初级农产品和不动产。（2）《产品质量法》第2条第2款规定："本法所称产品是指经过加工、制作，用于销售的产品。"按照这一规定，产品须具备两个条件，一是经过加工、制作，未经过加工制作的自然物当然不是产品；二是用于销售，因而是可以进入流通领域的物。

关于产品的外延，立法没有予以明确。上述各种主张中，把初级农产品和不动产排斥在"产品"之外，随着社会经济的发展，这种观点值得探讨。例如，市场上出售的用于农业生产的种子，即为初级农产品，但不能说它不是产品。现在，市场上出售假种子、质量低劣的种子坑农、害农的事件经常发生。显然，这种观点会滋长制假、售假，严重损害农民的利益，不利于保护农民。随着商品房市场的发展，商品房买卖合同纠纷不断增加，其中商品房屋质量纠纷占相当大的比例，商品房以不动产作为商品在现实生活中大量出现。最高人民法院发布了《最高人民法院关于审理商品房买卖合同纠纷案件适用法律若干问题的解释》，自 2003 年 6 月 1 日起施行。该司法解释第 13 条规定："因房屋质量问题严重影响正常居住使用，买受人请求解除合同和赔偿损失的，应予支持。"从最高人民法院的这一司法解释可以看出，进入流通领域的商品房，一旦出现质量问题，侵犯消费者合法权益，如房屋发生倒塌或建筑物上的设施脱落，造成消费者人身、财产损害的，消费者可以请求解除合同和赔偿损失。这里的损失即是消费者的人身、财产的损失。当消费者以侵权责任为由请求生产者即房屋开发商承担赔偿责任时，开发商承担的责任即是一种产品侵权责任。因此，笔者认为，对产品的外延不能限制过多，应当包括动产和部分不动产。

关于缺陷产品。《产品质量法》第 46 条对产品缺陷作了界定："本法所称缺陷，是指产品存在危及人身、他人财产安全的不合理的危险；产品有保障人体健康，人身、财产安全的国家标准、行业标准的，是指不符合该标准。"缺陷的具体含义：一是缺陷是一种不合理的危险，合理的危险不是缺陷；二是这种危险危及人身和他人财产安全，其他危险不认为是缺陷的内容；三是判断危险的合理与否或者判断某一产品是否存在缺陷的标准分为一般标准和法定标准，一般标准是人们有权期待的安全性，即一个善良人在正常情况下对一件产品所应具备的安全性的期望，法定标准是国家和行业对某些产品制定的保障人体健康、人身和财产安全的专门标准。有法定标准的适用法定标准，无法定标准的适用一般标准。

缺陷包括计上的缺陷、制造上的缺陷、指示上的缺陷、经营上的缺陷和开发上的缺陷。设计上的缺陷，是指产品在设计时在产品结构、配方等方面存在不合理的危险。制造上的缺陷，是指生产者在制造过程中，违反对产品质量的监督、管理和控制的义务，致使产品具有危害人身或财产的危险性。指示上的缺陷，是指未能对于产品在其使用上以及危险上应予注意的事项以适当的表示。经营上的缺陷，是指产品在经营过程中存在的不合理危险。开发上的缺陷，主要是指依当时的科学水平尚不能发现的缺陷。正确区分上述缺陷的种类，对于确定赔偿义务主体具有重要意义。

来源：http://www.cca.org.cn/web/llyj/newsShow.jsp? id=7013&cid=322。

（一）《产品质量法》与《消费者权益保护法》的联系

社会关系的复杂性使得调整这些相关社会关系的法律存在密切的联系，导致此法与彼法交叉。《产品质量法》与《消费者权益保护法》之间的关系十分突出地反映了这个特点。产品质量直接关系到消费者的权益，明确生产者、销售者的义务和责任，加强对其生产、销售行为的监督，严厉打击制售假冒伪劣产品的行为，对保护消费者的合法权益具有十分重要的作用。从这个意义上说,《产品质量法》就是一部保护消费者权益的重要法律。《产品质量法》制定在先;在《消费者权益保护法》出台之前,它实际担负着保护消费者合法权益的重要任务。《消费者权益保护法》的制定也充分考虑到与《产品质量法》的衔接;修改《产品质量法》,也充分地借鉴《消费者权益保护法》确立的行之有效的制度,如根据《消费者权益保护法》的规定,扩大了因产品存在的缺陷造成受害人损害赔偿的范围。因此二者相互补充、相互配合,有着极为密切的联系。具体来说,二者联系主要体现在以下几个方面。

(1)《产品质量法》与《消费者权益保护法》在调整对象和适用范围方面有重合:二者都调整作为平等主体的经营者与消费者因生活资料而发生的民事关系,也调整政府部门与经营者因生活资料的质量而发生的行政监督管理关系。

(2)《产品质量法》与《消费者权益保护法》在内容上相互补充,相互配合。主要体现在以下三个方面:

①《产品质量法》就产品的生产者、销售者对产品质量的责任及义务作了较全面的规定,这些规定也适用经营者向消费提供其生产、销售的商品时应当存在的义务。因此,《消费者权益保护法》对经营者的义务没有面面俱到的规定,只对其他法律没有规定的内容作出了规定;对于其他法律有规定的内容未作重复的规定,只规定经营者向消费者提供商品或者服务,应当依照本法和其他法律、法规的规定履行义务。

② 在民事责任的承担上,《产品质量法》对于因产品质量引起的民事责任作了全面的规定,包括责任种类、责任主体、归责原则、责任形式、损害赔偿范围、诉讼时效、争议的解决途径等。这些规定的许多内容,在经营者提供商品或服务发生争议时同样适用。因此,《消费者权益保护法》第48条规定,经营者提供商品或者服务有下列情形之一的,除本法另有规定外,应当依照其他有关法律、法规的规定,承担民事责任:商品或者服务存在缺陷的;不具备商品应当具备的使用性能而出售时未作说明的;不符合在商品或者其包装上注明在采用的商品标准的;不符合商品说明、实物样品等方式表明的质量状况的;生产国家明令淘汰的商品或者销售失效、变质的商品的;销售的商品数量不足的;服务的内容和费用违反约定的;对消费者提出的修理、重做、更换、退货、补足商品数量、退还货款和服务费用或者赔偿损失的要求,故意拖延或者无理拒绝的;法律、法规规定的其他损害消费者权益的情形。

③ 在行政责任的承担上,《消费者权益保护法》与《产品质量法》和其他法律的关系的处理上,也如上作了规定:经营者有下列情形之一,除承担相应的民事责任外,其他有关法律、法规对处罚机关和处罚方式有规定的,按照法律、法规的规定执行。这是优先适用的意思。只有有关法律、法规对处罚机关和处罚方式未作规定的,才依照该法的规定,由工商行政管理机关依法实施行政处罚措施。

(二)《产品质量法》与《消费者权益保护法》的区别

任何一部法律都有明确的立法宗旨和适用范围,调整不同的法律关系,不能相互取代，这也是法律之间的区别所在。二者的区别主要在于以下方面：

（1）立法宗旨不同。《产品质量法》的立法宗旨是加强对产品质量的监督管理，提高产品质量的水平，明确产品质量责任，保护消费者的合法权益，维护社会经济秩序。根据这个宗旨，它主要确立了产品质量的监督制度，包括检验制度、认证制度、监督检查制度等，明确了生产者、销售者的产品质量责任和义务，以及违反《产品质量法》行为的法律责任。《消费者权益保护法》则着眼于全面确立消费者权利、经营者的义务以及国家和消费者组织保护消费者的责任等方面的制度，制裁经营者在提供商品和服务过程中侵犯消费者合法权益的行为，以保护消费者合法权益，维护社会经济秩序，促进社会主义市场经济的健康发展。

（2）调整对象和适用范围不同。《产品质量法》一方面调整生产者、销售者与消费者之间的平等法律关系，同时也调整管理者与生产者、销售者之间的行政法律关系。它的适用对象仅限于经过加工、制作，用于销售的产品，既包括生产资料，也包括生活资料，但不包括初级农产品和建设工程；主要适用于从事产品生产、销售活动。《消费者权益保护法》主要调整经营者与消费者之间的关系。经营者和消费者在市场交易中的法律地位是平等的；但由于种种原因，消费者处于弱者的地位，需要在法律上予以特别保护。因此，它是侧重从保护消费者合法权益的角度制定的。它的适用对象限于生活消费品和服务，初级农产品和建设工程参照《消费者权益保护法》执行；适用于消费者因生活消费需要购买、使用商品或接受服务而发生的社会关系。

（3）民事赔偿范围不尽相同。《产品质量法》规定，因产品存在瑕疵或缺陷给消费者造成损失的，生产者、销售者要赔偿损失，这种赔偿是补偿性质的。而《消费者权益保护法》对经营者提供商品或服务造成消费者或其他受害人人身伤害、残疾、死亡以及财产损失的赔偿作了同样的规定。与此同时，还规定了惩罚性赔偿金，即经营者提供商品或服务有欺诈行为的，应当按照消费者的要求增加赔偿其受到的损失，增加赔偿的金额为消费者购买商品的价款或者接受服务的费用的三倍。

二、《消费者权益保护法》与《民法通则》的关系

随着经济与科学技术的发展，人类逐渐进入高生产、高消费的现代社会。与此同时，广大消费者的地位却每况愈下。除了有如上所述的社会、经济、技术上的原因外，从法制上说，不法厂商往往借"合同自由"之名，订立所谓"货物出门，概不退换"之类的不利于消费者的条款；侵权法的归责原则虽有一定的发展，但损害赔偿等责任方式都属事后救济，尚不足以充分保护消费者的安全；而现行诉讼制度，程序繁杂，耗时费钱，一般消费者虽欲求诉但往往知难而退，坐视不法厂商逍遥法外。因此，有必要重新建立"消费者主权"的观点，从法律上确认并保护消费者的各项基本权利：安全的权利、了解真相的权利、意见被尊重的权利、选择的权利以及损害救济的权利。

为保护广大消费者权益应运而生的《消费者权益保护法》与《民法通则》，在性

质上主要有以下区别：

第一，《民法通则》保护的是公民与法人内容广泛的人身权、财产权、知识产权和继承权；《消费者权益保护法》所要保护的只是作为个人的消费者建立在生存权基础上的各项基本权利，这些基本权利都只是为了确保消费者的生命、健康和安全。

第二，《民法通则》调整的是作为平等主体的公民之间、法人之间以及公民与法人之间的权利义务关系；而且，一般来说，双方的权利义务是相对应的。而《消费者权益保护法》则要维持作为不平等主体的个人消费者与生产者、销售者之间的利益平衡；因此，它需要一方面突出消费者的权利，另一方面加重生产者、销售者的义务和责任。

第三，《民法通则》调整的是与平等主体相对应的权利义务关系，因此，不需要国家公权力的介入和干预；国家如参加民事活动，也只是作为一个特殊的民事主体，以平等主体的身份承担义务享受权利。民事义务具有法律约束力，违约或侵权责任也具有一定的强制性；但当事人可以并且在多数情况下是自觉地承担民事责任，对造成的损害进行补偿。《消费者权益保护法》调整的是不平等主体间不相对应的权利义务关系，因此，它需要国家直接介入并行使公权力，以扶持经济上弱势的消费者，对经济上强势的生产者、销售者加以必要的限制。

由此可见，民法具有纯私法的性质；而在消费者权益保护法中，既含有类似平等主体间的私法关系成分，又含有不平等的权力服从的公法关系成分。人们把这种具有混合性质的、介于公法与私法之间的法律称为社会法或社会经济法。

三、《消费者权益保护法》与《反不正当竞争法》的关系

《反不正当竞争法》是一部旨在规范社会主义市场经济秩序、倡导公平有序竞争的法律。此法对于保护合法市场参与者的权益和打击不法市场经济行为有着重要意义。《反不正当竞争法》的制定和实施，对市场竞争行为进行了法律规范，对一切公平竞争进行鼓励和保护，对各种不正当竞争行为进行制止和惩罚。法律保障经营者在市场活动中公开、公平地进行竞争；鼓励诚实的经营者通过自己的努力取得市场优势，获得良好的经济效益；使市场活动始终保持竞争的公平性和有效性，使竞争始终作为企业发展的动力，带动整个社会生产力的不断提高。《反不正当竞争法》的制定和实施，在保护经营者合法权益的同时，也起到了保护消费者权益的重要作用。

两部法律之间的关系主要表现在以下几个方面：

（1）两部法律对立法目的的规定。

《反不正当竞争法》第 1 条规定，为保障社会主义市场经济健康发展，鼓励和保护公平竞争，制止不正当竞争行为，保护经营者和消费者的合法权益，制定本法。《消费者权益保护法》第 1 条规定，为保护消费者的合法权益，维护社会经济秩序，促进社会主义市场经济健康发展，制定本法。从中可以看出，第一，这两部法律都具有保障"社会主义市场经济的健康发展"的立法目的。只不过，《反不正当竞争法》规定的是

"为保障社会主义市场经济健康发展",《消费者权益保护法》规定的是"为促进社会主义市场经济健康发展";《反不正当竞争法》将这一目的写在重要位置,而《消费者权益保护法》将此写在保护消费者的合法权益的后面。第二,《反不正当竞争法》明确地将"保护消费者的合法权益"规定在其立法目的之中。

（2）两部法律规定了共同的基本原则,即自愿、平等、公平、诚实信用。

《反不正当竞争法》第2条规定,经营者在市场交易中,应当遵循自愿、平等、公平、诚实信用的原则,遵守公认的商业道德。《消费者权益保护法》第4条规定,经营者与消费者进行交易,应当遵循自愿、平等、公平、诚实信用的原则。

（3）两者都采取了私法保护和公法保护相结合的保护方式。

在公法保护方面,《反不正当竞争法》第3条规定,各级人民政府应当采取措施,制止不正当竞争行为,为公平竞争创造良好的环境和条件。县级以上人民政府工商行政管理部门对不正当竞争行为进行监督检查;法律、行政法规规定由其他部门监督检查的,依照其规定。《反不正当竞争法》第4条规定,国家鼓励、支持和保护一切组织和个人对不正当竞争行为进行社会监督。国家机关工作人员不得支持、包庇不正当竞争行为。《消费者权益保护法》第5条规定,国家保护消费者的合法权益不受侵害。国家采取措施,保障消费者依法行使权利,维护消费者的合法权益。国家倡导文明、健康、节约资源和保护环境的消费方式,反对浪费。《消费者权益保护法》第6条规定,保护消费者的合法权益是全社会的共同责任。国家鼓励、支持一切组织和个人对损害消费者合法权益的行为进行社会监督。大众传播媒介应当做好维护消费者合法权益的宣传,对损害消费者合法权益的行为进行舆论监督。

正是因为两部法律都采取了私法保护和公法保护相结合的方式,两部法律中才既包括了大量的私法规范,也包括了大量的公法规范。这也进一步表明两部法律既不是单纯的私法,也不是单纯的公法,而是同时包括了私法规范和公法规范的经济法。

（4）两部法律几乎同时制定和颁布实施。

《反不正当竞争法》早在1987年就开始起草。1992年,国家工商行政管理局根据全国人大常委会的立法计划,承担了《反不正当竞争法》的起草任务。1993年,经过多次论证和修改,在1993年9月2日第八届全国人民代表大会常务委员会第三次会议上通过,并于1993年12月1日起施行。《消费者权益保护法》在1985年就开始着手研究起草。1993年3月底,国家工商行政管理局将《消费者权益保护法（送审稿）》报请国务院审议。后来又经过反复的修改和论证,1993年10月31日第八届全国人民代表大会常务委员会第四次会议通过,1994年1月1日起施行。两部法律都是国家工商行政管理局组织起草的。以上进一步表明,两部法律不仅都是建立市场经济的宏观经济背景的产物,而且在具体操作上也是同出一辙。

日本的《反垄断法》概况

1947 年日本制定《反垄断法》的目的是禁止私人垄断，限制企业间联合及不公平交易方式，防止行业统治的过度集中，通过促进公平、自由的竞争保护一般消费者的权益，促进国民经济健康发展。

日本的《反垄断法》就是通过促进公平、自由的竞争，达到确保一般消费者权益的目的。而所谓的公平、自由竞争的确保，就是谋求扩大消费者的选择范围，丰富消费生活，确保《反垄断法》得到实施。

促进公平、自由的竞争，一层含义是防止抬高物价，欺瞒同行业和消费者的不良交易方式的产生；另一层根本性含义在于灵活运用价格杠杆，确保优质商品和服务的供给，从而起到稳定物价的作用。

作为实施《反垄断法》的行政机构而设置的公平交易委员会，专门受理一般消费者和企业者的申告，并基于此，对违反事件进行审查，针对不同情况，采取劝告或警告等措施。

1977 年 12 月日本首次对《反垄断法》进行修改。修改的内容主要有：

（1）在市场形成垄断局面，没有其他解决办法时，将企业分割；

（2）在垄断市场统治下，如果价格也同步上涨，则要求企业向国会提交报告；

（3）为限制企业间的联合，征收税金。

来源：http：//www.cca.org.cn/web/llyj/newsShow.jsp? id =36917&cid =322。

四、《消费者权益保护法》与其他法律规范的关系

改革开放 20 年来，随着市场经济的确立以及民主法制的完善，我国陆续颁布了一大批涉及经济生活的法律法规。这些法律不仅对打击经济领域的违法行为有着至关重要的作用，同时也对保护消费者合法权益具有十分重要的意义。这些法律法规十分广泛，据不完全统计，现行法律法规中涉及消费者权益保护内容的就多达 180 余部，最常见的有《食品安全法》、《药品管理法》、《商标法》、《广告法》、《价格法》等。

《消费者权益保护法》制定于这些法律法规之后，因此该法不可能涉及这些领域的方方面面；对于《消费者权益保护法》未作规定但涉及其他法律法规所调整的有关事项，应当依照这些法律法规的相关规定。但这些法律法规不能完全取代《消费者权益保护法》以达到保护消费者的目的；因为这些法律法规对消费者的权利和经营者的义务没有作明确的规定，消费者的合法权益受到损害后难以得到救济。而《消费者权益

保护法》在救济的方面做了具体的规定，所以若在这些领域中发生了侵害消费者权益的事件，在涉及民事责任的问题上应参照《消费者权益保护法》的规定。

分析与思考

　　李某与其妻婚后5年一直未育。经检查，李某精子活力极低。2013年7月，李某和妻子决定在市妇产医院接受试管婴儿术，为此夫妻二人进行了精心的术前准备，花费大量金钱进行中药护理和激素促进女方排卵。术后院方告知，受孕彻底失败，李某便将妇产医院告上法庭。李某在诉状中说，试管婴儿术分为第一代和第二代两种，第一代主要是针对女方输卵管堵塞、男方精子活力较好的夫妇；第二代主要适用于女方正常、男方精液有问题的夫妇。李某和该妇产医院术前曾约定做第二代手术，并缴纳了5400元手术费，因此可确定双方约定的是实行第二代试管婴儿术，但妇产医院却擅自故意施行了第一代手术，从而导致手术的彻底失败，为此提出双倍赔偿医疗费用、赔偿精神抚慰金共计35000元。

　　请问：（1）本案是否适用于《消费者权益保护法》？

　　（2）法院该如何判决？

第三章　消费者组织

 本 章 导 读

　　消费者组织是以维护消费者权益为宗旨的消费者团体。随着消费者运动的不断发展壮大，消费者组织的出现成为必然。1891 年，纽约消费者协会成立，这是世界上第一个以保护消费者合法权益为宗旨的组织。20 世纪 50 年代以后，伴随着"二战"后经济的复苏与高速发展，各国相继建立了自己的消费者组织。[1] 我国的消费者组织成立于20 世纪 80 年代，近年来发展迅速，除县级以上的消费者组织外，全国县级以下设立的消费者分会和消费者协会联络站已经达到 37 万个左右。[2] 本章将主要介绍消费者组织基本的概念特征；国际消费者联合会的组成、机构设置等基本问题。通过本章的学习，了解消费者组织的职责义务，掌握我国消费者组织的基本概况以及国际消费者联盟与各国消费者组织的关系。

第一节　消费者组织概述

一、消费者组织的概念及特征

　　消费者组织是为维护消费者权益而由消费者自发组织起来的，或者由政府主导其他社会团体联合组建的社会团体。消费者组织以切实维护消费者权益为宗旨，完全代表消费者的利益，并站在消费者的立场上开展活动和进行工作。消费者组织所从事的一切活动都不以营利为目的，其独立或相对独立地进行活动，不受其他组织及团体的干涉。消费者组织同其他组织相比较具有以下法律特征。[3]

---

[1]　郭潆：《我国民间消费者组织的独立性问题研究——以消费者协会为例》，载《法制与社会》，2009 年9 月。

[2]　吴景明：《消费者权益保护法》（第二版），中国政法大学出版社 2007 年版，第 94 页。

[3]　吴景明：《消费者权益保护法》（第二版），中国政法大学出版社 2007 年版，第 94 页。

（一）消费者组织是以保护消费者的利益为宗旨的社会组织

综观世界各国的消费者组织，消费者组织作为消费者自发组织形成的以维护消费者利益为宗旨的社会团体，是消费者行使自由结社权的结果。不同于其他社会团体的广泛外延性，消费者组织专以维护消费者权益为目的。我国的《消费者权益保护法》对消费者组织做出了明确定位：消费者协会和其他消费者组织是依法成立的对商品和服务进行社会监督的保护消费者合法权益的社会组织。[1]

（二）消费者组织是非营利性的民间公益组织

消费者组织日常开展的活动均不以营利为目的，活动经费来源于政府拨款及社会捐赠（不接受企业捐赠）。日常所开展的活动主要以唤醒消费者的权利意识、提高消费者自我保护能力为主，从而达到维护消费者权益的终极目的。

（三）消费者组织具备独立法人主体资格

现实生活中，在经济实力、信息掌握等方面严重不平衡的大背景下，普通消费者很难通过诉讼的途径成功维权。但是当发生经营者侵害众多消费者合法权益的行为时，各国政府均赋予了消费者组织集体诉讼权，即消费者组织具备了独立法人资格，进而由消费者组织代替数量众多的消费者与经营者进行诉讼活动。这样不仅避免了滥诉，而且尽可能地提高了消费者的维权成功率，因此消费者组织具有特殊的法律地位。

二、消费者组织的种类

根据不同的标准，可以对消费者组织进行分类，通常对消费者组织的分类有以下几种。

（一）会员制与非会员制消费者组织

根据消费者组织与消费者之间关系的不同，可以将其分为会员制消费者组织与非会员制消费者组织。会员制消费者组织中，消费者与组织之间的关系相对固定，消费者通过一定的方式入会后才能成为其会员，消费者组织以保护会员的利益为宗旨，开展各种活动。会员制消费者组织吸收的会员可以分为个人会员和团体会员。其中有些消费者组织要求消费者交纳一定的会费才能成为其会员；有些消费者组织通过发行消费者保护方面的刊物，吸收其长期订户为会员。如国际消费者保护联盟就是以世界各国的消费者组织为会员的消费者组织。非会员制消费者组织则没有固定的会员，它以保护一般消费者的利益为宗旨，为所有消费者提供服务，我国消费者协会即属此类。

（二）综合性与单一性消费者组织

根据消费者组织职责范围的不同，可将其分为综合性消费者组织与单一性消费者组织。前者从事消费者保护方面的各种工作，为消费者提供各种性质的全方位或多方

---

[1] 《消费者权益保护法》第 36 条。

位的服务，而后者仅从事某一方面的消费者保护工作，如专门对商品的质量进行检验的组织，专门实施消费教育的组织等。我国消费者组织属于综合性的消费者组织。而我国浙江、安徽、河北、江西等省市消费者协会组织建立的"日用消费品检测服务中心"即属单一性消费者组织。

（三）保护一般消费者与保护特殊消费者组织

根据消费者组织保护的消费者的不同，可以将其分为保护一般消费者的组织和保护特殊消费者的组织。前者对消费者不加区分，对一切消费者均提供服务；而后者其服务对象则限于某一种类的消费者，如有些西方国家为了保护汽车消费者的利益而成立的"汽车消费者协会"，为了保护儿童消费者的利益而设立的"儿童消费者协会"等，我国有些地方成立的"老年消费者协会"亦属此类。

（四）国内与国际消费者组织

根据消费者组织活动地域范围不同，可将其分为国内消费者组织、国际消费者组织。前者以某一特定国家的消费者为服务对象，其活动的地域范围限于一国境内；后者则为不同国家的消费者而设立，其活动范围不受一国范围的限制。[1]

第二节　中国消费者组织

中国消费者组织是指中国消费者协会和地方各级消费者协会以及其他消费者组织。

一、消费者协会

（一）中国消费者协会

中国消费者协会是 1984 年由国家质检总局报请国务院批准后设立的、归口国家工商行政管理总局领导的全国性消费者协会。中国消费者协会实行理事会制度，由国家各有关部门，各有关人民团体（社会团体），各有关新闻媒介，各省、自治区、直辖市及副省级市消费者协会（委员会）组织推举的理事组成。[2]

理事会设理事长 1 人，副理事长若干人，秘书长 1 人，副秘书长若干人。秘书长、副秘书长负责日常事务。理事会每年召开一次会议，理事会闭会期间由常务理事会负责有关决策工作，常务理事会可以根据需要随时召开临时会议。[3]

中国消费者协会组织构架除了理事会外还包括三大机构，分别为常设机构、分支机构和支持机构。常设机构包括办公室、消费指导部、商品服务监督部、投诉部、法

[1] 李昌麒、许月明：《消费者保护法》（第三版），法律出版社 2012 年版，第 111－112 页。
[2] 贾东明：《中华人民共和国消费者权益保护法解读》，中国法制出版社 2013 年版，第 169 页。
[3] 吴景明：《消费者权益保护法》（第二版），中国政法大学出版社 2007 年版，第 96 页。

律与理论研究部、信息部、组织联络部、新闻与公共事务部、《中国消费者》杂志社等9 个部门。分支机构包括消费指导工作委员会、商品和服务评价委员会和消费者运动发展基金管理委员会。支持机构包括律师团、农机产品质量投诉站和指定实验室等 8 个部门。

（二）地方消费者协会

地方消费者协会主要是由地方人民政府设立或者批准设立的消费者保护组织，有的地方消费者协会是由政府机关、社会团体、行业组织和消费者代表组成的。到目前为止，除中国消费者协会外，全国共有县级以上消费者协会3279 个，其中省级31 个，地级405 个，县级2843 个。这些消费者协会均为独立法人，实行理事制，理事来自立法机关、司法机关、行政机关、人民团体、新闻媒体等，理事会是其领导机构，主要工作由常设办事机构承担。在这些消费者协会中，独立办公的有1730 多个，与工商行政部门联合办公的有1540 多个。从登记情况看，在民政部门登记的有1670 个，在机构编制部门登记的有686 个，在民政部门和机构编制部门同时登记的有758 个，在民政部门和机构编制部门都未登记的有165 个。除县级以上的消费者组织外，全国县级以下还设有消费者分会和消费者协会联络站等 37 万个左右。❶

背景资料

消费者协会名称之争

在本次修改《消费者权益保护法》的过程中，有的地方、部门和单位提出，消费者协会目前的名称与一般的民间组织难以区分，而民间组织主要依靠自收自支解决生存问题。一些地方的相关部门，因"协会"之名，认为消费者协会组织应当自行解决人员和经费，不给其批编、拨款，在登记上也多有困扰。据 2005 年统计，全国43%的地方消费者协会在编制部门登记，由编制部门批给人员编制，经费由财政全额或差额保障。50%的地方消费者协会在民政部门登记。7%的地方消费者协会未登记。由于消费者协会组织的定性不清，发展前景不明，编制、经费难以保障，人员后顾之忧严重，直接影响了其作用发挥。为能够正常履行法定职能，目前，全国 46 个副省级以上地方的消费者协会中，已有 17 个将名称更改为"消费者委员会"、"消费者权益保护委员会"等。因此，不少学者建议将其与会员制社会团体相区别，将"消费者协会"更名为"消费者权益保护委员会"。

但也有不少意见认为，目前的"消费者协会"的名称不可更改。主要理由：一是"消费者协会"的名称已为广大消费者所熟知，变更名称有可能在社会上造成混淆，在

---

❶ 李适时：《中华人民共和国消费者权益保护法释义》，法律出版社 2013 年版，第 166 页。

一定程度上影响其工作的开展。二是改不改名称，并不会影响消费者协会履行职能。相关单位希望变更"消费者协会"名称实质是希望进一步明确其性质，解决其人员编制和经费问题，这需要协调编制机构、财政部门、民政部门等相关单位的意见，结合我国国情、行政体制改革和事业单位改革的方向作出考虑。如果消费者协会仍然作为社会团体，作为民间组织，名称就不宜采用带有行政色彩的"委员会"。

有关部门对于学者的建议非常重视，经过研究，此次对消费者协会的名称不做修改，主要考虑是，自 1985 年中国消费者协会成立以来一直使用现名称，各级消费者协会长期使用"消费者协会"名称，1993 年制定《消费者权益保护法》时就从法律上确定了"消费者协会"的名称，随着该法的实施和各级消费者协会工作的开展，"消费者协会"的名称已经被社会熟知和接受，改不改名称不会影响其履行职责，也不会影响各级政府依照本法对其履行职责给予经费等保障。虽然有些地方的消费者协会已经更名为"消费者权益保护委员会"等，但从性质、职责上与此前的"消费者协会"并无本质上的不同。❶

来源：贾东明：《中华人民共和国消费者权益保护法解读》，中国法制出版社，第 172 - 174 页。

（三）消费者协会的职责

根据《消费者权益保护法》第 37 条的规定，我国各级消费者协会需要履行下列八项公益性职责。

（1）向消费者提供消费信息和咨询服务，提高消费者维护自身合法权益的能力，引导文明、健康、节约资源和保护环境的消费方式。向消费者提供消费信息和咨询服务，是消费者协会的重要职责。以中国消费者协会为例，近年来，广泛开展各种形式的活动，为广大消费者提供消费信息和咨询服务。例如，创办中国消费者杂志，提供权威信息和维权指导；组织地方消费者协会共同开展保暖内衣、化妆品、手机、木地板、儿童学具等比较试验近千次，涉及品牌近万种；发布有关食品、商品房、留学、银行卡、家庭装修、美容隆胸等消费警示、消费提示近八万条；举办展览讲座、建立中心基地、合作专栏专题、组织征文比赛、编写教材引入学校教育、深入社区农村进行消费指导等活动，受到广大消费者欢迎。消费者协会向消费者提供消费信息和咨询服务的主要目的，是提高消费者维护自身合法权益的能力，如通过比较试验等方式，向广大消费者提供同类商品的比较信息，让消费者充分了解有关商品的信息，以便进行准确的选择。

而关于引导文明、健康、节约资源和保护环境的消费方式，在《消费者权益保护法》总则中明确规定：国家倡导文明、健康、节约资源和保护环境的消费方式，反对

---

❶　贾东明：《中华人民共和国消费者权益保护法解读》，中国法制出版社 2013 年版，第 172 - 174 页。

浪费。● 作为由政府发起设立的消费者组织，消费者协会应当起到积极的引导作用。

（2）参与制定有关消费者权益的法律、法规、规章和强制性标准。为履行国家保护消费者权益的责任，《消费者权益保护法》明确规定，国家制定有关消费者权益的法律、法规、规章和强制性标准，应当听取消费者和消费者协会等组织的意见。相应地，消费者协会也应当认真履行有关职责，积极、认真地参与制定有关消费者权益的法律、法规、规章和强制性标准。近年来，中国消费者协会就扩大居民消费、制订服务标准、保障食品安全等问题提出政策规划建议；组织参与铁路价格、民航价格、药品价格、出租车运费、煤气管道初装费、水表安装价格、电视维修费、公园门票价格等方面的听证会，提出保护消费者权益的建议；参与消费者权益保护法、企业破产法、反垄断法、食品安全法、民事诉讼法、保险法、邮政法、侵权责任法、道路安全交通法、电信法、人民调解法等重大法律和众多国家标准、行业标准制定修订，从制度层面加强对消费者的保护。

（3）参与有关行政部门对商品和服务的监督、检查。根据有关法律的规定，有关行政部门应当就涉及消费者权益的产品、食品、药品等商品和服务进行监督检查。这些行政部门在进行监督检查时，应当邀请消费者协会参与，消费者协会应当认真参与监督检查：一是从保护消费者权益的角度，提出监督检查的建议，参与制订监督检查的具体方案，参与监督检查的具体过程；二是对行政部门的监督检查行为进行社会监督，保障依法对有关商品或者服务进行监督检查，切实保障消费者权益。

（4）就有关消费者合法权益的问题，向有关部门反映、查询、提出建议。消费者协会作为主要的消费者社会组织，是广大消费者与政府之间的桥梁。对涉及消费者合法权益的问题，应当主动向有关部门进行反映、查询，有关部门应当认真听取消费者协会的意见，积极提供有关查询信息，消费者协会应当将有关部门的反馈意见等情况及时告知广大消费者；认为有关部门对有关消费者权益问题的解决应当采取积极有效的措施的，消费者协会应当在调研的基础上，有理有据地提出建议。

（5）受理消费者的投诉，并对投诉事项进行调查、调解。受理消费者的投诉，既能方便消费者反映问题，又能为政府分忧解难，这是消费者协会作为保护消费者权益的社会组织所具有的积极意义。近年来，全国各级消费者组织都受理了大量的消费者投诉，截至 2012 年年底，全国消费者协会共受理消费者投诉 1208 万件，为消费者挽回经济损失 112.6 亿元，通过揭露、批评、支持起诉等综合职能的运用，妥善处理了日航事件、三菱汽车事件、造成未成年人伤残并影响全国的 OK 镜事件、国际友谊花园商品房面积缩水以及用电、农资等方面众多的群体投诉事件。2013 年上半年，全国消费者协会共受理消费者投诉 265572 件，解决 244601 件，投诉解决率 92.1%，为消费者挽回经济损失 59057 万元。其中，因经营者有欺诈行为得到加倍赔偿的投诉 3628 件，

● 《消费者权益保护法》第 5 条。

加倍赔偿金额 864 万元。消费者协会接到消费者的投诉后，采取积极措施化解纠纷、解决问题，维护消费者的权益。一是对投诉涉及的事项进行调查，分析原因，确定责任；二是依法进行调解，促使当事人在平等、自愿的基础上达成调解协议，解决纠纷。

（6）投诉事项涉及商品和服务质量问题的，可以委托具备资格的鉴定人鉴定，鉴定人应当告知鉴定意见。投诉事项涉及商品和服务质量问题的，往往消费者和经营者各执一词，而消费者如果自己进行鉴定确有很多困难，一是难以选择有资格的鉴定人；二是一些情况下，鉴定机构不接受个人的委托；三是有些情况下，鉴定费用很高，消费者个人难以承受。在这些情况下，消费者协会接到投诉后，经当事人申请或者根据情况自行决定，可以委托具备资格的鉴定人鉴定，要求其及时出具鉴定意见，作为定纷止争的依据。而鉴定人接受委托的，应当及时进行鉴定，并将鉴定意见告知消费者协会。

（7）就损害消费者合法权益的行为，支持受损害的消费者提起诉讼或者依照本法提起诉讼。如果经营者的行为损害了消费者合法权益，通过民事诉讼要求经营者承担民事责任是一种有效的途径。根据《民事诉讼法》及《消费者权益保护法》的相关规定，受到损害的消费者可以自己的名义提起民事诉讼，消费者协会可以支持起诉，包括帮助消费者提供证据，推荐有关人员担任消费者的诉讼代理人或者接受消费者的委托代理诉讼。如果经营者的行为侵害了众多消费者的合法权益，中国消费者协会或者在省、自治区、直辖市设立的消费者协会，可以自己的名义向法院提起诉讼，维护广大消费者的合法权益。

（8）对损害消费者合法权益的行为，通过大众传播媒介予以揭露、批评。作为对商品、服务进行社会监督的保护消费者合法权益的社会组织，消费者协会对损害消费者合法权益的行为，可以通过广播电视、报纸杂志、互联网等大众媒介予以揭露、批评。自 1991 年以来，中国消费者协会与中央电视台合作，每年举办"3·15"晚会，揭露了大量的损害消费者权益的典型案例，不仅对不法经营者进行揭露，还使他们得到了法律制裁，并提高了广大消费者的维权意识和能力。但消费者协会不能仅通过一年一度的"3·15"晚会进行揭露、批评，对通过投诉、调查等途径发现的损害消费者权益的行为，应当通过各种方式进行及时揭露、批评。❶

（四）政府对消费者协会的支持

《消费者权益保护法》第 37 条第 2 款规定："各级人民政府对消费者协会履行职责应当予以必要的经费等支持。"目前各级消费者协会都挂靠在当地的工商部门，中国消费者协会的经费是财政部通过国家工商行政管理总局予以拨付；而地方工商部门是各省、自治区、直辖市垂直管理的，地方消费者协会的经费多由省级财政拨付。需要注意的是，本款规定的"必要的经费等支持"，表明各级人民政府对消费者协会的支持，

❶ 李适时：《中华人民共和国消费者权益保护法释义》，法律出版社 2013 年版，第 169－173 页。

不仅限于经费保障，还应当在其他履职必要条件方面予以必要的支持。

各级人民政府对消费者协会的支持主要体现在以下方面。

（1）支持消费者协会的成立，听取和了解消费者协会的意见和要求；

（2）依法支持消费者协会履行职能；

（3）加强领导，组织、协调、督促有关部门支持消费者协会的工作；

（4）对消费者协会履行职能给予政策上以及经费、编制、人员、工作条件等方面的必要支持。❶

（五）对消费者协会履行职责的监督

既然消费者协会履行法定的职责，各级人民政府又对其履行职责给予必要的经费等保障，消费者协会就应当认真履行保护消费者合法权益的职责，在工作中通过各种方式，听取消费者的意见和建议，切实加强工作。一些地方的消费者协会形同虚设，除了"3·15"活动外，平日消费者前来投诉或者反映意见，只见门牌不见人。因此，有必要强调消费者协会认真履职的责任，同时，应当在履行法定职责、使用经费等方面，做到公开透明，接受社会监督。❷

二、其他消费者组织

（一）中国保护消费者基金会

中国保护消费者基金会是1989年11月经中国人民银行批准，民政部登记注册成立的全国性、非营利的独立公益性社团法人，由国资委归口管理。根据章程规定，该基金会的主要职责有：进行市场调查，帮助消费者了解市场，向消费者提供消费信息和商品知识，帮助消费者了解有关法律、法规，提高维权意识，参与有关行政部门对消费品、服务质量监督、检查，支持、参与打假，向政府有关部门反映意见、要求、建议，受理消费者投诉等。❸

（二）其他消费者组织

这里的其他消费者组织是指除各级消费者协会之外的，消费者依法自发成立的，维护自身权益的各类消费者组织。此外，消费者协会和其他消费者组织在城市街道、农村乡镇以及学校、机关、集贸市场、大中型工商企业建立的各类消费者组织的分会、联络站、监督站也属于其他消费者组织之列。

三、消费者组织的义务

《消费者权益保护法》第38条规定：消费者组织不得从事商品经营和营利性服务，

---

❶　吴景明：《消费者权益保护法》（第二版），中国政法大学出版社2007年版，第99页。

❷　李适时：《中华人民共和国消费者权益保护法释义》，法律出版社2013年版，第173页。

❸　贾东明：《中华人民共和国消费者权益保护法解读》，中国法制出版社，第170页。

不得以收取费用或者其他牟取利益的方式向消费者推荐商品和服务。这一规定是根据消费者组织的性质、宗旨而对其提出的特殊要求，是消费者组织独立、公正地履行职能的重要保证。根据这一规定，消费者协会除了像一般社会组织一样必须遵守法律，在法律规定的范围内活动，并忠于职守，严格履行自己的职责以外，还应遵守以下几点限制性规定。

（1）不得从事经营活动

所谓经营活动，是指以营利为目的而从事商品生产和流通或为社会提供服务的活动。消费者协会不得从事生产经营活动，首先是其性质所决定的，消费者协会具有社会团体的性质，根据我国法律规定，除科技性社会团体外，其他社会团体不得从事生产经营活动。科技性社会团体从事经营活动必须事先到工商行政管理部门申请登记，经核准登记，领取"企业法人营业执照"，方可从事经营活动。其次，禁止消费者协会从事经营活动，这也是消费者协会公正、独立地履行职能，保护消费者利益的基本要求。若允许消费者协会从事经营活动，则它本身就成为与消费者利益相对立的经营者，难免会受到利益驱动而损害消费者的利益。特别是在处理与自己经营活动相关的消费者侵害事件时，更难以秉公处理。

不得从事经营活动，包括两方面的含义：第一，消费者协会不得以营利为目的，从事商品生产、流通活动，如投资开办工厂、商店或以消费者协会的名义从事商事代理活动或其他经营活动。第二，消费者协会在日常工作中为消费者提供咨询服务或进行其职责范围内的其他事务，不得以营利为目的收取服务费、咨询费等费用。

（2）不得以牟利为目的向社会推荐商品和服务

消费者协会是消费者利益的代表，在广大消费者中具有很高的威信。由于消费者协会的特殊地位，以它的名义推荐商品和服务，往往会产生意想不到的效果。因此，一些不法的经营者可能与消费者协会工作人员勾结，利用消费者协会的特殊地位为自己的产品、服务做广告。如果允许消费者协会以牟利为目的从事产品、服务的推荐工作，消费者协会就会受到利益驱动而丧失原则，推荐工作的客观、公正性就必然受到破坏。同时，也会助长经营者的不正当竞争行为。但是，法律所禁止的是以牟利为目的的推荐活动，所以，对这一规定还应作以下两方面的理解。第一，消费者协会可以进行产品和服务的推荐工作。推荐产品和服务是消费者协会指导消费的重要方式之一。消费者协会可以通过报刊、广播、电视等传播媒介或通过新闻发布会、专题讲座、举办展览、散发宣传资料等方式进行优质产品和服务的推荐工作。这种正常的推荐工作是维护消费者利益所必需的，因而受到法律保护。第二，消费者协会向社会推荐产品和服务，不得以牟利为目的。牟利即获得利益，它不仅包括金钱报偿，而且也包括其他利益，如向消费者协会或其工作人员赠送或以优惠的价格向其出售商品，或帮助消费者协会领导人员安置子女就业、家属调动等。凡以牟利为目的的推荐产品和服务的行为，不管其推荐是否真实，是否造成对消费者的实际损害，均属违法，并应追究有

关人员的法律责任。❶

四、香港特别行政区消费者组织

香港特别行政区消费者组织一般是指香港消费者委员会（"消费者委员会"以下简称"消委会"）。香港消委会成立于1974年，是一个由香港政府直接任命、拨给活动经费，但以民间团体出面和活动的组织。其成员来源广泛，几乎涵盖了社会的各界人士，在1977年实施消费者委员会法例后成为法定团体。香港消委会是一个非官方机构，但可以起诉和被起诉。香港消委会多年来竭诚为消费者监察整个消费市场，其经费95%来自政府每年的拨款，余下的5%则由出售《选择》月刊而获得。❷

（一）香港消委会的组成

香港消委会由主席、副主席和其他委员组成。主席和副主席各1人，由行政长官委任，任期不得超过2年；其他委员不超过20名，任期与主席、副主席相同。主席、副主席、其他委员自任期届满后可再度被委任，他们在任期内都有权辞职。其他委员中有教授、大律师、律师、会计师、医生、工程师及商业、金融、保险界人士和家庭主妇等。

香港消委会下设不同小组委员会和专门小组专责处理特定的消费者问题，这些小组委员会和小组分别为：人事及财务小组、审核小组、竞争政策研究小组、法律保障事务小组、宣传及社会关系小组、研究及实验小组、商营手法研究小组、消费者投诉审查小组、消费者诉讼基金执行委员会、投资策略小组、企业联络小组、消委会资源中心物业管理小组、网站服务及电脑网络工作小组和发展策略工作小组。香港消委会也会邀请外界专业人士加入小组为增选委员，听取他们的专业意见。

香港消委会以总干事为办事处的行政首脑，在副总干事协助下，负责执行消委会的决策并协助制定政策。办事处分为6个部门，这些部门中对总干事直接负责的包括：法律事务部、行政及外事部和投诉及咨询部（该部包括热线中心和8个消费者咨询中心）；对总干事和副总干事负责并由副总干事直接领导的小组包括：消费者教育部（包括消费者委员会资源中心）、研究及商营手法事务部以及公共事务部。

为了维护香港消委会的独立性，香港消委会的活动及《选择》月刊均不接受商业赞助或广告。❸

（二）香港消委会会议

香港消委会会议在一般情况下每两个月举行一次，由主席决定，主席缺席时由副主席决定。香港消委会会议的法定人数为11人，会议由主席主持。会议讨论的所有议

---

❶ 李昌麒、许月明：《消费者保护法》（第三版），法律出版社2012年版，第118－119页。
❷ 郭威：《大陆和香港特别行政区消费者保护法比较研究》，载《安阳工学院学报》，2006年2月。
❸ 吴景明：《消费者权益保护法》（第二版），中国政法大学出版社2007年版，第102页。

题，均须由出席会议的委员过半数通过。如赞成票与反对票相等，主持人除可以投普通票外，还可以投决定票。

（三）香港消委会的任务

香港消委会主要的任务有：①从指导消费出发，大力开展咨询服务。②经常对产品进行研究试验和普查。消委会进行产品测试和市场调查工作，为消费者提供中立、客观和最新的产品及服务资讯，协助消费者做出精明选择。其试验和调查结果在《选择》月刊发表。消委会认为市场的公平竞争，能够增强对消费者权益的保护。但它也会关注市场主体的营商手法，进行行业的竞争研究。③认真处理消费者的投诉。④协助香港立法机关制定有关法规。⑤通过各种形式开展消费教育。香港消委会曾编辑过一套教材，经香港政府同意，在中学三年级开设消费者教育课程，使得居民在学生时候就可以受到这方面的教育。同时，它还与各种传媒合作，用问答、比赛等形式宣传消费者教育。另外，该委员会的《选择》月刊也是进行消费者教育的重要基地。

香港的消委会在各个区或者大型购物中心都设有咨询中心，建立网络，并在相关网站上详细列出了各个咨询中心的开放时间和具体位置，极大地便利了消费者的咨询和投诉。消委会以多种方式受理市民的咨询和投诉，如打热线电话、发送信件。

香港消委会并不是执法机关，不能起诉商户，但可以调解投诉。对手法不良的商户，也可以点名制裁。当有重大影响消费者利益的案件，而又无法通过调解或其他途径解决时，市民就可以申请"消费者诉讼基金"的协助。

（四）香港消委会的职能

香港消委会的功能由法例明确界定，包括向消费者提供有关商品和服务的资料；调解消费者的投诉；就消费者权益有关的政策发表意见；鼓励商业及专业团体制订经营守则等。

按照《香港消费者委员会条例》所列，消费者委员会的职责是保障促进购买商品、服务的消费者和购买、抵押及承租不动产人士的权益。其职能包括：①搜集、接收及传递有关货品、服务及不动产的资讯；②接收和审查购买商品、服务的消费者及购买、抵押及承租不动产人士的投诉，并向他们提供意见；③根据所得资料采取相应行动，包括向政府或任何公职人员提供意见；④鼓励商业及专业团体制订工作守则，管理属下会员的活动；⑤承担任何经由行政长官会同行政会议审批的其他职能。❶

（五）香港消委会的权利

香港消委会在履行职能过程中，可行使下列权利：

（1）以适当方式取得、持有及处置各类动产和不动产；

（2）订立各种合约；

---

❶ 郭威：《大陆和香港特别行政区消费者保护法比较研究》，载《安阳工学院学报》，2006年2月。

（3）对货品和服务进行测试及检测，以及对不动产作出检查；

（4）制作、出版发行或者以其他方式分发消费者感兴趣的刊物；

（5）与他人联合或合作从事根据《消费者委员会条例》规定可从事的活动，或赞助他人从事该活动；

（6）就使用香港消委会提供的任何设施或服务收取费用；

（7）在获得批准的情况下，加入任何关注消费者事务的国际组织。

五、澳门特别行政区消费者组织

澳门特别行政区的消费者组织为澳门特别行政区消费者委员会。

1984 年以前，澳门曾经成立过消委会，但无法律依据，后取消。1988 年，在公众的强烈要求下，立法会制定了专门法律——《消费者的保护》，根据这一法律，澳门消委会正式成立。当时的构想是成立一个非官方的机构，但经过几年实践后，发现非官方机构没有足够的权力，也无法律保障经费来源，难以真正做好维权工作。为加强对消费者权益的保护力度，1995 年立法会决定，将消委会改组为政府机构，并制定专门法律——《重组消费者委员会》，规范消委会的架构。

（一）澳门消委会的组织构成

（1）全体委员会：共有委员 11 名，由总督（特首）委任，任期两年，可以续任。其中，有政府部门（如经济、卫生、旅游、市政等）、中华总商会、工联、法律、医疗、船务、建筑等各方面人士，均为所在机构主管或主要负责人。无论是何职业，都以个人资格兼职担任委员，仅作为来自不同领域的消费者代表，参加会议时要以消费者利益为前提，可以反映某个团体对消费者保护政策的意见，但要保持中立，并将消委会意见传达至所在部门。主要职能为咨询和提出建议，有权审核经费预算、工作计划、工作报告。全委会设主席 1 人，由所有委员选举产生，负责召集会议，领导工作，维持纪律，行使全委会授予的权力。全体委员会成员任期为两年，任期届满可以相同期限续期。

（2）执行委员会：由 1 名主席和 2 名委员组成，由特首听取全体委员会意见后委任。主席及 1 名委员以全职制度担任职务，1 名以非全职制度担任职务的委员为财政局代表。

全体委员会议至少每季召开一次，执行委员会议每周召开一次，均须有三分之二以上成员出席，所作决议才有效。如有特殊需要，可举行特别会议。根据法律规定，澳门消委会受总督（特首）监护。除财政运作和预算执行由经济财政司下设财政局兼管外，消委会的其他事务相对独立，直属特首。

（二）澳门消委会的职责

根据 1995 年的法律规定，澳门消委会职责如下：

（1）对行政当局将订之保护消费者的政策发表意见；

（2）与同类实体接触并推动保护消费者之共同工作，主要是指导及提供资料；

（3）研究及推行对较不受照顾之消费者，特别是老年人、伤残人士及经济薄弱者之特别辅助计划；

（4）对消费者的指导及资料提供，提出建议并进行活动；

（5）鼓励经济及专业代表团体编制管制其会员活动的法例；

（6）研究消费者所提出的声明异议及投诉，并将之转达有权限的公共部门；

（7）对一般消费的财产及服务取得范围所出现的轻微纠纷提供调解、中介及仲裁的机制；

（8）推动、执行及加强本法律规定之措施；

（9）由法律赋予之任何其他职责。

（三）澳门消委会的特色——消费争议仲裁中心

澳门消委会最有特色的是其成立的消费争议仲裁中心。1996 年，澳门颁布了《自愿仲裁》法例，规定澳门地区在司法系统之外，可以由一些专业实体，如律师公会、建筑公会等建立与其业务有关的仲裁体制。1998 年 3 月，澳门消委会根据法律规定及自身职能需要，设立了"消费争议仲裁中心"，并制定了相应规章。

仲裁中心受理的消费争议具有以下特点：一是在澳门地区发生，二是涉及金额不超过 2.5 万澳元，三是争议双方自愿接受仲裁，即不具强迫性。仲裁中心设于消委会内，由消委会指定负责人及专门技术员向当事人提供法律援助，并协助仲裁中心工作。消委会还出资聘请一位初级法院法官兼任仲裁员，但不提供律师，如当事人愿意请，也不表示反对。仲裁步骤有三：一是约双方面谈，希望协商解决；二是协商不行则进入正式仲裁程序，准备相关卷宗，同时进行调解；三是如不能解决，则交由仲裁员进行仲裁，其作出的裁决相当于普通法院（初级法院）的判决。在协商阶段，消委会对消费者会有所倾斜，一旦进入仲裁程序，消委会将完全保持中立。为尊重双方隐私，仲裁过程一般不邀请公众参加，各当事人的证人不得超过 3 名。判决后，当事双方不得再行起诉（此规定与普通法院相同）。

仲裁中心具有以下优点：一是结案快，省却许多繁杂程序，不用排期等待，一般个案两周内可获解决；二是不收费，免除当事双方特别是消费者的经济负担；三是具有法律效力，判决结果必须执行。到澳门回归祖国前，该中心共处理 30 多个个案。回归后，由于司法系统及架构有所改变，经向当局要求，于 2000 年 2 月获得答复，仍可维持仲裁中心运作，并委派新的初级法院法官参与工作。

澳门的仲裁中心虽效法葡萄牙的相关制度设立，但在发起时，由于未能得到当地商会、司法部门的全力支持，在运作模式上发生很大变化。葡萄牙的消费仲裁中心，大多由司法部、保护消费者协会和各种商会共同发起，不属于任何机构，所需费用由各单位分别承担，因而具有更强的独立性、权威性和公正性。澳门的仲裁中心仅由消委会一家成立，其中立性在一定程度上受到质疑。特别是对经营者而言，要他们自愿参与仲裁就有相当难度。为此，在仲裁中心的规章中，特别提出加盟商号问题。凡正当经营者均可自愿申请成为仲裁中心的加盟商号，加盟后可在经营场所使用有关标志，但必须保证产品和服务质量，原则上消委会不进行审核，由商号进行自我约束，一旦发生消费纠纷，只要消费者希望仲裁，商号必须参加。这种方式既有利于规范商号的经营行为，树立仲裁中心的权威，又使消委会的权力得到加强。❶

（四）澳门消委会的服务承诺

澳门消委会对社会所作的承诺：以"依法、民本、无私、服务、效率、质素"为信念，在保护消费者权益的范围内，就咨询、投诉等事项向消费者提供高效与优质的服务；对一般查询，及时作出回复；需向查询者提供资料的，5个工作日内回复；接受案件当日开立档案；若投诉人提供足够资料，3个工作日内作出跟进；对于被诉方的回应，3个工作日内向当事人作出转达；申请人提供足够的资料5个工作日内批核。

（五）澳门消委会的监察制度

内部监察：消委会执行委员会对于有关服务承诺的执行情况，每月至少核查一次，消委会全体委员依法对有关服务的执行情况进行监察。

外部监察：市民对于有关服务承诺执行情况的意见或者投诉，可以通过电话、传真、电邮、寄信等途径向消委会执行委员会提出。❷

六、台湾地区消费者组织

台湾地区的消费者组织分为各级政府所设的消费者组织和民间的消费者团体。台湾地区于1994年1月11日颁布实施了"消费者保护法"，并于同年11月2日公布实施了"消费者保护法实施细则"。根据"消费者保护法"的相关规定：消费者保护委员会隶属于"行政院"，故称为"行政院消费者保护会"。消费者委员会以"行政副院长"为主任委员。有关部、会省长，全地区性消费者保护团体代表，全地区性企业经营者代表，以及专家学者为委员。消费者委员会的组织规程由"行政院"作出规定。

台湾地区消费者组织主要分为消费者保护委员会和消费者保护团体。

（一）消费者保护委员会的组织构成

台湾地区消费者保护委员会（以下简称"台湾地区消委会"）是研究拟定和审议消费者基本政策与监督其实施的机关。其最高长官是主任委员，最高决策机构是委员会议，下设秘书长和副秘书长。消委会内设消费者保护官和下列机构：政风、人事、会计部门；具体的业务部门包括行政组、消费者保护官组、法制组、督导组和企划组。消委会是台湾地区最高的消费者保护机构，在"省辖市政府"和"县级政府"内部不设立对应的消委会。"省辖市政府"内设消费者保护官、消费者服务中心和分中心以及

---

❶ 邓伟平：《论澳门的仲裁法律制度》，载《当代港澳》，2001年第2期。
❷ 吴景明：《消费者权益保护法》（第二版），中国政法大学出版社2007年版，第107页。

各消费者保护的业务单位;"县级政府"内设消费者保护官、消费争议调解委员会、消费者服务中心和分中心、相应的消费者保护业务单位。

消委会委员为19~25人,均为兼职,每届任期为3年,由"行政院"院长提请台湾地区最高领导人任命。主任委员由"行政院"院长提请台湾地区最高领导人指定"行政院"副院长担任。

消委会设秘书长1人,负责消委会的会务;设副秘书长1人,协助秘书长工作。

消委会设消费者保护官若干人、组长、秘书、科长、视察、专员、科员、办事员和书记,设负责办理人事事务的人事管理员,设专职会计负责办理会计、统计工作。

消委会原则上每月召开一次会议,必要时可以召开临时会议。会议均由主任委员召集,并由主任委员任会议主席;当主任委员因故不能出席时,由主席会议的委员推举一名委员担任主席。

(二) 消委会的职责

根据"台湾地区消费者保护法"的规定,消委会的职责如下:

(1) 消费者保护基本政策及措施之研拟及审议;

(2) 消费者保护计划之研拟、修订及执行成果检讨;

(3) 消费者保护方案之审议及其执行之推动、联系与考核;

(4) 国内外消费者保护趋势及其与经济社会建设有关问题之研究;

(5) 各部会局署关于消费者保护政策及措施之协调事项;

(6) 监督消费者保护主管机关及指挥消费者保护官行使职权;

(7) 定期公告消费者保护之执行结果及有关资料。

(三) 消费者保护官制度

消费者保护官制度是台湾地区消委会及"县级市以上政府"内部关于消费者保护的一项重要制度,除了"消费者保护法"及其"实施细则"和相应的规范性文件有明确规定外,1995年10月公布、2003年10月修订的"消费者保护官任用及职掌办法"对消费者保护官的任职资格、产生程序、职责权限、工作规程等都做了比较明确的规定。消费者保护官在台湾地区分为消委会内的消费者保护官和地方消费者保护官。

(四) 消费者保护团体

消费者保护团体也是台湾地区消费者保护组织的重要组成部分。"消费者保护法"对消费者保护团体作出了规定。消费者保护团体的组织形式为社团法人或财团法人。

消费者团体有下列职责:

(1) 商品或服务价格之调查、比较、研究、发表;

(2) 商品或服务品质之调查、检验、研究、发表;

(3) 商品标示及其内容之调查、比较、研究、发表;

(4) 消费信息之咨询、介绍与报导;

（5）消费者保护刊物之编印发行；

（6）消费者意见之调查、分析、归纳；

（7）接受消费者申诉，调解消费争议；

（8）处理消费争议，提起消费诉讼；

（9）建议政府采取适当之消费者保护立法或行政措施；

（10）建议企业经营者采取适当之消费者保护措施；

（11）其他有关消费者权益之保护事项。

据展阅读

德国的消费者组织

德国对消费者权益的保护已经形成一整套严密的系统。除法院在审理不正当竞争案件时行使一部分保护消费者权益的职能外，德国的消费者权益保护职责主要由消费者组织承担，即对侵害消费者权益的行为主要实施社会监督。

在德国，对公民结社自由给予了充分的尊重和支持。德国没有官办的消费者权益保护机构，消费者权益保护工作完全交由民间消费者组织来完成。德国于 1977 年颁布了《消费者保护法》。德国的消费者保护组织根据《消费者保护法》的规定依法设立，是非政府、非营利性的社会组织。现在，在德国的联邦和州层面上，各种民间消费者权益保护组织独立运行，形成了一个巨大的消费者权益保护网络体系。虽然这些组织都是私营性质的，可是它们大都接受联邦政府或州政府的资助，这是德国消费者组织与其他西方国家消费者组织的显著区别。

在德国，消费者权益保护社会组织主要包括以下几种：

（1）消费者协会。德国消费者协会下属 37 个消费者协会，在境内 16 个州均设有消费者中心，而各州的消费者中心又在各城市设立咨询站。这是以波恩为总部的伞形组织，所有代表消费者利益的组织均为其成员。由于德国是一个联邦制国家，州级消费者保护中心是独立的实际执行机构，消费者联邦总会是州级消费者保护中心的联合会。

（2）消费者保护协会。该协会设在柏林，其主要任务就是在厂商损害消费者普遍利益时，向法院提起集体诉讼。

（3）商品测试基金会。德国商品检验基金会是德国最具知名度的商品测试机构，成立于 1964 年，是联邦德国政府为比较商品或服务的质量而组建的。该组织并不是公法法人，而是以私法为法律基础的私法团体。

（4）消费者研究所。这是由前述消费者协会和商品测试基金会联合建立于 1978 年的一家完全中立的第三方消费者权益保护研究机构，其职能为对消费者教育准备各种资料，并为从事消费者保护工作的咨询人员和记者提供各种形式的培训。

（5）全德汽车俱乐部。全德汽车俱乐部是德国最有影响也是最有成效的消费者组织，其成员是近千万的汽车主。进入 20 世纪 80 年代以后，该组织修改了章程，因此它可以代表一般消费者的利益行事，而不仅仅局限于汽车主。全德汽车俱乐部对汽车制造商的检验程序和适用安全规则等方面施加了巨大的影响，它还参与了有关购买汽车及维修汽车的标准合同的起草工作。

这些社会组织都是德国消费者权益保护的重要组织，它们都在各自的领域对质量监督发挥着不可替代的作用。

来源：陈治东：《联邦德国的消费者保护法及消费者组织》，德国研究，1994.8。

第三节 国际消费者联合会及其活动

一、国际消费者联合会

国际消费者联合会或者国际消费者组织联盟简称 CI（Consumers International），原名为国际消费者联盟组织，简称 IOCU（International Organization of Consumers Unions），是由美国消费者联盟、英国消费者协会、澳大利亚消费者协会、荷兰消费者联盟和比利时消费者协会 5 个消费者组织于 1980 年发起成立的消费者团体国际联络组织，是一个独立的、非营利性的和非政治性的国际消费者组织。该组织于 1995 年更名并同时将总部由荷兰的海牙迁往伦敦。其现有成员包括 115 个国家和地区的 246 个消费者组织。其办事处除伦敦总部外，还在马来西亚的吉隆坡和智利首都圣地亚哥分别设立了亚洲与太平洋地区办事处和拉丁美洲与加勒比海地区办事处。中国消费者协会于 1987 年 3 月 15 日在西班牙首都马德里召开的第十二届大会上，被接纳为其正式会员。

（一）设立国际消费者保护组织的意义

随着国际经济贸易的发展，消费者问题出现了国际化的趋向。由于国际大市场的形成，商品和服务的输出和输入量空前增加。外国商品和外国经营者提供的服务侵害本国消费者，以及本国商品和本国经营者提供的服务损害外国人的案件越来越多。跨国公司的出现和发展使得商品与服务在全球范围内的流通更加便利，不同国家的消费者与经营者之间直接和间接接触的机会增多。一些发达国家的企业为了谋取高额利润，将本国市场上没有竞争力的劣质商品输入发展中国家；某些超级经济巨人的跨国公司垄断技术和国际贸易；某些国家的政府为了维护本国人的利益，置他国的消费者利益于不顾，任凭本国经营者在国外胡作非为，对别国政府或别国消费者的合理要求置之不理，甚至采取纵容、包庇的态度，为本国经营者提供保护伞。就消费者来说，一方面，外来商品由于种种原因消费者了解较少，因而，发生损害的可能性更大；另一方面，由于相距遥远以及语言文化和各国法律制度的差异，消费者在受到侵害时，更难以获得充分的救济，消费者的利益保护再一次发生危机。

为了保护消费者的权利不受来自他国经营者的侵犯，有必要建立国际消费者保护组织，以督促各国政府规范经营者的行为，协调各国在保护消费者利益上的行动，开展国际交流与合作，加强消费者教育。

自 20 世纪 60 年代以来，国际性的消费者保护组织相继出现。其中包括：1960 年设立的国际消费者组织同盟，1962 年设立的欧洲消费者同盟机构，1973 年设立的欧洲共同体消费者顾问委员会等。在这些国际性消费者保护组织中，以国际消费者组织同盟规模最大、影响范围最广。❶

（二）国际消费者联合会的宗旨

根据国际消费者联合会的宪章规定，其宗旨为：

（1）证明、协助和积极提倡全世界消费者以自己组织间的真诚努力和政府的努力来保障消费者的利益；

（2）促进消费者商品和服务在比较性检测方面的国际合作，以及便于检测方法和计划的交流；

（3）促进消费者情报、教育和保护等所有其他方面的合作，在全世界收集和传播有关消费者法律和实践方面的情报；

（4）为专门为消费者利益而工作的国家机构提供一个讲坛，在这个讲坛上，它们可以对消费者问题以及可能对这些问题作出的决议进行讨论；

（5）充当这类机构的出版物的交换所，并对这类出版物的使用作出规定；

（6）出版与消费者利益有关问题的情报资料；

（7）考虑到代表消费者的利益，与联合国及其代理机构和其他国际组织保持有效的联系；

（8）通过联合国及其代理机构和其他合适的方式，对发展中国家消费者教育和保护计划提供各种实际的援助和鼓励；

（9）为促进实现这些宗旨而采取的其他这类行动。

（三）国际消费者联合会的成员

国际消费者联合会的成员分为三类，即会员、通讯会员和赞助会员。

作为会员必须具备以下条件：完全积极地代表消费者利益，完全与党派和政治事业无关；与商品或贸易发展没有任何联系；以不营利为特征；不接受在其出版物上刊登任何商业目的的广告；给消费者提供的情况和忠告不允许有选择地为商业所利用；行为和评论的自主绝不因接受了津贴而受影响和限制。作为会员可以在取得会员资格

---

❶ 李昌麒、许月明：《消费者保护法》（第三版），法律出版社 2012 年版，第 119 – 120 页。

两年后参加理事会选举，免费获得国际消费者组织联盟的所有刊物，免费使用该组织的报纸和协作服务。会员在享有上述权利的同时，负有交纳会费、报送工作年报与财务预算、寄送刊物、积极参与组织活动的义务。

作为通讯会员只要求其积极代表消费者利益与商业活动无关即可，不以不营利为特征。通讯会员可以免费或半价获取该组织刊物，有偿使用该组织的情报服务，以观察员身份参加联盟大会、代表大会和座谈会。同时负有交纳会费、报送工作年报、寄送刊物的义务。

对赞助会员的资格，该组织未作规定。赞助会员主要是与政府关系密切的全国性大组织。目前仅有瑞典全国消费者政策委员会一个。❶

（四）国际消费者联合会的机构

（1）全体大会。CI 每 3 年召开一次全体大会。全体大会由每个会员派 1 名代表组成。投票代表由国际消费者联合会的每一个会员委任，在全体大会议事时，每个正式会员代表可以对大会的每一个表决投一次票，投票权只能由投票代表或者正式委任的代理人行使。无论是直接从事货物、商品的制造、销售和出售或者直接从事公共服务的负责人，还是直接从事促进这些货物、商品的销售或者使用或直接从事促进利用服务的雇员或代理，都不能接受为投票代表或代理人。

（2）理事会。CI 的理事会由 20 个会员组成，其中一部分为 CI 的创始人，另一部分由每次例行的定期会议的全体大会选举 5 个 CI 会员作为理事会理事组成。

在决定理事会会议次数时，理事会将尽力在每次全体大会前 1 周内或后 1 周内至少召开 1 次会议，并且在每次全体大会后 10～15 个月的期间内至少还要召开 1 次会议，但不要求绝对这样做。理事会可以在其会议上通过投票或采用交换信件、电报、电话或者其他通信手段作出决议。在理事会会议上，出席会议理事的代表或者其代理人至少 2/3 的理事表示赞成时，决议被认为是理事会正式通过。理事会的每个理事有 1 票。

（3）主席。CI 设主席 1 人，他既是全体大会的主席，又是理事会主席和执行委员会主席；设副主席 1 人。CI 章程规定，任何人作为主席，其连任不得超过 3 任。

关于主席的选举，CI 章程规定，在 CI 选举理事后不少于 24 小时选举主席。符合理事会理事或符合被选为理事会理事条件的代表都可以被选为主席。主席的选举以绝大多数选票获得通过，如果没有获绝大多数选票的代表，则对在第一轮选举中得到多数票的代表进行第二轮选举。如果第二轮选举所得票数相同，则抓阄确定主席。

在两次全体大会之间，如果主席死亡，不能工作或者辞职，副主席将代行主席职务，直到下一次全体大会选举出新主席。

（4）执行委员会。CI 执行委员会由主席、副主席、1 名名誉司库、1 名名誉秘书和可能被执行委员会指派的为特殊时期或特殊目的的理事会的不超过 2 名的其他理

---

❶　李昌麒、许月明：《消费者保护法》（第三版），法律出版社 2012 年版，第 120－121 页。

事组成。

CI 宪章规定，一个或更多的执行委员会委员去世、辞职或无力供职，不妨碍解除或者执行其权力的会议和行为。

执行委员会会议为至少一半的委员决定召开，每年至少 2 次。执行委员会可以在会议上或者通过交换信件、电报或者电话联系作出决议。如果它的成员的大多数已口头表决赞成或书面表示同意，决议被认为获得通过。执行委员会的每个委员都有 1 票，但是谁都没有决定性的 1 票。❶

（5）工作委员会。国际消费者联合会设有 6 个工作委员会，分别负责检验、教育、发展、卫生、情报文件、有害工艺、空运等工作。

该组织设有三个工作网，即国际消费者监督网、情报与书籍出版者工作网、消费教育者工作联络网。国际消费者监督网的主要任务是监督出口国将在原产地禁止销售或限制销售的商品出口到其他国家，损害进口国消费者利益。该监督网与 30 多个国家消费者保护组织保持联系，相互交换情报。消费教育工作者联络网主要进行信息和情报交换工作。情报和书籍出版工作网的主要任务是促进消费者组织间的书籍出版和情报交换，以便更有效地提供服务。

除此之外，该组织还支持并加强了四个主要国际工作网，即遏制烟草广告及烟草商赞助行动小组、国际婴儿食品行动网、国际健康行动组织、杀虫剂行动网。国际消费者联合会还以顾问和联络员身份，参加联合国经社理事会、工业发展组织、儿童基金会、粮农组织、教科文组织、贸发组织、世界卫生组织、亚太经社组织、国际标准化组织、消费者政策委员会、欧洲理事会等国际组织的活动。

国际消费者联合会出版的刊物包括《IOCU 通讯》、《消费者国际刑警组织中心刊物》、《国际健康行动组织新闻》、《消费教育者工作网刊物》。

二、国际消费者联合会的活动

（一）产品检验

产品检验是 CI 初创阶段的主要工作。1960 年，在美国消费者联盟的支持和帮助下，第一届 CI 大会在海牙成功举行。当时还处于萌芽阶段的欧洲消费者团体担心商人们会因为那些对他们不利的检验报告而采取法律行动。这些消费者团体需要精神上的支持和经济上的援助以进行较昂贵的商品检测。一个国际性的组织及联络网也许能解决这些问题。基于此，1962 年 CI 会议宣言指出："现今大多数消费者团体的最切实工作是进行比较性的检验，以此为会员提供公正、科学化的情报。"CI 的检验委员会开始检测腕表，然后是照相机、打火机，还出版了一本适合第三世界国家一些小规模消费者团体使用的"简易检测手册"。

---

❶ 吴景明：《消费者权益保护法》（第二版），中国政法大学出版社 2007 年版，第 115－116 页。

（二）消费者情报

通过新闻汇集，报道世界各国的消费者运动新闻，以及不定期地发行专门刊物、报告和读者指南等，收集、传播与消费者利益有关的立法、技术、教育资料。

（三）支持CI不同成员（包括国家的、地区的、行政部门的、大检验组织和志愿协会及一些小团体）的工作

主要通过以下几个方面：

（1）提供情报和训练；

（2）培育新的消费者组织，特别是发展中国家的消费者组织；

（3）在联合国和其他国际论坛中代表消费者利益，把国际公众舆论的中心吸引到消费者问题上来，并促使这些问题得到积极的反应。❶

分析与思考

消费者卢小姐在上海某手机专卖店购买了一款苹果手机。一天，卢小姐无意中发现手机突然自动关机且短时间内无法再次重启手机，遂将手机拿到该品牌手机的特约维修部进行维修。维修部的工作人员表示手机是由于进水等不当使用的原因造成损坏，不能进行免费维修。但卢小姐认为其一直正常使用，未曾将手机掉入过水中，手机出现问题是手机本身的质量问题。

卢小姐遂向上海市消费者权益保护委员会（以下简称消保委）投诉，消保委找到相关权威鉴定检测机构要求鉴定，但该机构称因无相关标准，无法通过鉴定明确故障产生的原因。卢小姐在无奈之下支付了1000余元的手机维修费。

请问上海市消保委能否履行职能，对商家诉讼？为什么？

---

❶ 吴景明：《消费者权益保护法》（第二版），中国政法大学出版社2007年版，第117－118页。

第四章　消费者权利

 本 章 导 读

　　消费者权益即消费者在特定法律关系中的合法利益，是指消费者在购买、使用商品或接受服务时依法享有的权力和利益。就市场经济运行的主体而言，消费者主体是最基本和重要的主体，是市场运行的初始动力。在消费关系中，消费者相对于经营者处于弱者地位，其权益容易受到侵害，这也是制定《消费者权益保护法》给予消费者特殊保护的根本原因。尊重消费者，就是要尊重消费者的各项权利，使他们的消费热情能在一个公平公正的环境中被源源不断地激发出来，从而使市场经济运行在稳步上升的轨道内。通过本章的学习，应当了解消费者权利得到法律确认的历史背景以及确立消费者权利的意义，熟练掌握我国《消费者权益保护法》赋予消费者的九项基本权利的具体内容，结合本章所提供的案例及延伸阅读，能在实践中运用所学知识保护好消费者权利，促进消费活动顺利健康开展。

第一节　消费者权利概述

一、消费者权利的历史沿革

　　消费者权利并不是随着商品经济的诞生就被人们清晰地认识到的，它是随着商品经济的发展，因市场交往的频繁而出现越来越多的消费争议，进而逐步引起人们重视的一个新问题。

　　因为经营活动具有趋利性，对利益的追求是其重要的本性。为了追求更多的利益，在压缩成本和费用的同时，经营者往往铤而走险侵犯消费者的部分利益，在利益的驱使下，经营者有时会走得很远。作为个体的消费者，有的因为消费知识的不足（对一般消费者而言，其消费知识往往是不足的，远远不及经营者），当利益被侵犯时还蒙在鼓里，有的因为势单力薄（相对于拥有雄厚实力的经营方这应当是常态）也很难真正挽回损失，所以，作为消费者以个体的力量与经营者抗衡是非常不利的。因此，为了

防止经营者这种侵犯消费者利益的行为愈演愈烈，保障市场经济的健康发展，就必须通过法律确认、明确消费者的权利。

消费者权利最早是由美国提出的。1962 年 3 月 15 日，美国总统约翰·肯尼迪在美国国会发表的《关于保护消费者利益的总统特别咨文》中，首次提出了消费者权利法案。该法案提出消费者享有四项权利，即消费安全的权利、取得消费资讯的权利、自由选择商品的权利和合法申诉的权利。

为了更好地保护消费者权利，国际消费者联合会于 1983 年确定每年的 3 月 15 日为"国际消费者权益日"。自此，世界各地的消费者组织在每年的 3 月 15 日都要举行各种活动，通过各种形式，利用各种宣传媒体集中宣传消费者的权利和义务，显示消费者的强大力量。1991 年 3 月 15 日，中央电视台开始推出现场直播"3·15"国际消费者权益日消费者之友专题晚会，这台连办了 20 多年的晚会，对净化中国消费市场环境，保护中国消费者权益发挥了非常重要的作用。

在我国商界，虽然早就有了"顾客乃衣食父母"、"顾客是上帝"的说法，但真正把这些说法落实到实践中的并不多。尤其在经历了较长时间的"短缺经济"之后，商品和劳务的提供者倒是早就过了一把"上帝"的瘾。改革开放之后，我国开始恢复市场经济体制，市场日益繁荣，消费者的地位日渐上升。但由于许多相关制度尚在建设中，并不完备，消费者的权益受侵害的现象还比较普遍，食品安全、强制消费、价格欺诈等问题已经成为每年一度的"3·15"国际消费者权益日老生常谈的问题。为了促进市场经济的健康发展，使消费者的权益得到应有的保障，我国陆续制定与实施了一系列规范市场运行的法律制度。如 1993 年 2 月 22 日通过，1993 年 9 月 1 日起施行的《产品质量法》，在规定产品质量监督管理等问题的同时，规定了缺陷产品损害赔偿的有关问题。又如 1993 年 9 月 2 日颁布，1993 年 12 月 1 日生效的《反不正当竞争法》，保障经营者在市场活动中公开、公平地进行竞争，鼓励诚实的经营者通过自己的努力，取得市场优势，获得良好的经济效益，使市场活动始终保持竞争的公平性和有效性，使竞争始终成为企业发展的动力，带动整个社会生产力的不断提高。《反不正当竞争法》不仅保护了经营者合法权益，同时也起到了保护消费者权益的重要作用。

1993 年 10 月 31 日，第八届全国人民代表大会常务委员会第四次会议通过《消费者权益保护法》，该法于 1994 年 1 月 1 日起施行。我国《消费者权益保护法》在广泛借鉴世界各国及国际组织关于消费者权利规定的基础上，充分结合了我国国情，确立了我国消费者的九项权利。

上述法律中，《消费者权益保护法》影响最大，而且在内容上不少地方借鉴了国际上的通行做法，为我国市场经济融入世界经济奠定了坚实的基础。《消费者权益保护法》实施以来，在产品质量、广告宣传、售后服务以及消费者的人身财产安全等方面发挥了极其重要和积极的影响。

国际消费者权益活动发展历史❶

1844 年，英国北部罗奇代尔市 28 家法兰绒厂组成一个消费者合作社，是世界上消费者维权运动的起源。1891 年，纽约消费者协会成立，这是第一个以保护消费者权益为宗旨的组织。

1899 年，美国消费者联盟成立，这是世界上第一个全国性的消费者维权组织。1914 年，美国政府设立联邦贸易委员会（FTC），这是世界上第一个保护消费者权益的政府机构。

1948 年，日本一些家庭主妇呼吁成立了日本主妇协会，揭开了日本消费者维权运动的序幕，迄今日本已成立全国性消费者团体 29 个，各种民间消费者团体近 4000 个。

20 世纪五六十年代，随着国际消费者维权运动进入高潮，各国消费者协会纷纷成立。1953 年，德国消费者同盟成立。1957 年，英国消费者协会成立。1962 年，欧洲消费者同盟成立。1969 年，韩国主妇俱乐部联合会成立。

1960 年，美国、英国、荷兰、澳大利亚和比利时发起成立国际消费者联盟组织（IOCU），总部位于荷兰海牙。1983 年，国际消费者联盟组织将每年的 3 月 15 日定为国际消费者权益日。1995 年该组织改名为国际消费者联合会（CI），总部迁至英国伦敦。至今已有 100 多个国家和地区的 220 多个消费者组织加入了该联合会。

中国消费者协会成立于 1984 年年底，1987 年 9 月加入国际消费者联合会。

来源：国际消费者运动与维权组织回顾，http://news. xinhuanet. com/newscenter/2009 – 03/15/content_11012490. htm。

二、消费者权利的一般含义

消费者的权利是保护消费者权益的核心问题，作为一个消费者，如果不明了自己究竟应当享有什么权利，在实际生活中，就无法维护自己的权利。所以，作为一个消费者，首先要明白的就是自己享有哪些权利，这是保护自己合法权益的基本前提。消费者只有享有法律意义上的权利，才能请求国家予以保护。因此，消费者权利是切实维护消费者权益的重要组成部分。

一般来说，消费者权利是指消费者在消费领域中依法享有的权利，具有以下三个特征：①权利主体是消费者；②权利的内容表现为消费者有权自己作出或不作出一定

---

❶　资料来源：国际消费者运动与维权组织回顾，http：//news. xinhuanet. com/newscenter/2009 – 03/15/content_11012490. htm）。

行为，也可以表现为消费者有权要求他人作出或不作出一定行为；③消费者享有的权利必须由法律加以规定，消费者不能随意为自己创设权利。

我国《消费者权益保护法》中第 7 条至第 15 条设定的消费者权利共九项：

（1）安全权；

（2）知情权；

（3）自主选择权；

（4）公平交易权；

（5）求偿权；

（6）结社权；

（7）知识获取权；

（8）人格尊严和民族风俗习惯受尊重权；

（9）监督权。

对照国际通行的做法，比如：

1985 年联合国大会通过的《保护消费者准则》规定：

（1）保护消费者的健康和安全不受危害；

（2）促进和保护消费者的经济利益；

（3）使消费者得到充分信息，使他们能够按照个人愿望和需要作出掌握情况的选择；

（4）接受消费者教育；

（5）提供有效的赔偿办法；

（6）有成立消费者组织及其他有关的团体或组织的自由等权利，要求各国政府保护消费者的权利。

国际消费者联合会提出的消费者权利共有七项：

（1）获得为生存所必需的商品和服务的权利；

（2）获得公平价格和选择商品；

（3）安全的权利；

（4）获得足够资料和信息的权利；

（5）获得公平的赔偿和获得法律援助的权利；

（6）受教育的权利；

（7）获得健康的生存环境的权利。

可以看到，我国《消费者权益保护法》对消费者权利的设定，不仅包含了国际上的通行做法，也照顾到我国自己的特点。

2013 年 10 月 25 日第十二届全国人民代表大会常务委员会第五次会议《关于修改〈中华人民共和国消费者权益保护法〉的决定》对消费者权利在总体不变的情况下，作了局部调整，提高了对消费者的保护力度。

比如，《消费者权益保护法》第 25 条规定，经营者采用网络、电视、电话、邮购等方式销售商品，消费者有权自收到商品之日起七日内退货，且无须说明理由，但下列商品除外：①消费者定做的；②鲜活易腐的；③在线下载或者消费者拆封的音像制品、计算机软件等数字化商品；④交付的报纸、期刊。

除前款所列商品外，其他根据商品性质并经消费者在购买时确认不宜退货的商品，不适用无理由退货。

消费者退货的商品应当完好。经营者应当自收到退回商品之日起七日内返还消费者支付的商品价款。退回商品的运费由消费者承担；经营者和消费者另有约定的，按照约定。

此条款的增加，使通过虚拟平台购物的消费者得到了更好的保护，同时也能促进企业在提供产品和服务时更关注消费者的利益。

随着网络技术的成熟和被广泛应用，通过虚拟技术购物的行为方式正逐渐被广大消费者接受，甚至成为人们购物的主流方式之一。因为购物的"非现场性"，消费者和商家的信息不对称变得更为严重，商家很可能把商品的负面信息遮蔽起来。因为无法直接接触商品，消费者可能被蒙在鼓里而遭受损失。显然，这一条款针对网络等远程购物方式赋予了消费者七天的反悔权，旨在平衡买卖双方的平等地位。

又如，《消费者权益保护法》第 23 条规定：经营者提供的机动车、计算机、电视机、电冰箱、空调器、洗衣机等耐用商品或者装饰装修等服务，消费者自接受商品或者服务之日起六个月内发现瑕疵，发生争议的，由经营者承担有关瑕疵的举证责任。

消费者在一些特殊的消费领域中，比如在消费科技含量较高，内部结构较复杂的商品时，要想证明瑕疵，因为不掌握相关技术等信息，举证往往非常困难。此次修订的《消费者权益保护法》，将消费者"拿证据维权"转换为经营者"自证清白"，实行举证责任倒置，破解了消费者举证难的问题。这种举证责任倒置的做法，使消费者权益受到损害时，更容易实现其维权的目的。

再如，《消费者权益保护法》第 29 条规定：经营者收集、使用消费者个人信息，应当遵循合法、正当、必要的原则，明示收集、使用信息的目的、方式和范围，并经消费者同意。经营者收集、使用消费者个人信息，应当公开其收集、使用规则，不得违反法律、法规的规定和双方的约定收集、使用信息。经营者及其工作人员对收集的消费者个人信息必须严格保密，不得泄露、出售或者非法向他人提供。经营者应当采取技术措施和其他必要措施，确保信息安全，防止消费者个人信息泄露、丢失。在发生或者可能发生信息泄露、丢失的情况下，应当立即采取补救措施。

随着信息技术的发展，大数据时代的到来，消费过程中形成的海量信息在合理使用的前提下，对商品和劳务的提供者以及消费者会有很大的益处，但是，这些信息如不正确使用，也会成为干扰消费者平静生活的元凶，甚至严重侵犯消费者的个人利益。所以，这一新增加的条款，将使消费者信息安全得到有力的保障。

总之，对消费者权利的重视和保障，实质上不仅使消费者的利益得到保护，也有利于促进消费，促进市场经济的健康发展。为了进一步促进消费，就必须在消费环境上下更大的力气，就我国目前对消费者保护的力度而言，还有不少改进的空间。

第二节 消费者权利的具体内容

一、消费者享有安全权

所谓消费者安全权，是指消费者在购买、使用商品和接受服务时，享有要求经营者保障其人身、财产安全不受损害的权利。《消费者权益保护法》第 7 条赋予消费者的，就是安全权。

安全权是消费者最重要、最基本的权利，是消费者享有其他权利的前提和基础，如果没有这一权利的保障，消费者的其他任何权利都无从谈起。安全权具体包括消费者生命安全权、健康安全权、财产安全权等。

消费者在消费时，首先要考虑的就是商品和服务是否安全。这里的安全，既包括在消费活动中消费者要得到生命安全的保障，也指在消费活动中消费者的身体健康不得受到任何损害。

所谓生命安全，是指在消费活动中，消费者的生命安全不会受到危害，不能因为消费活动而丧失生命。所谓健康安全，是指在消费活动中消费者自己身体各器官、机能不受损害，包括心理不受损害。比如，现在汽车已经走进了千家万户，成为人们出行、代步的重要工具。如果企业出售的汽车存在制动失灵等问题，会导致车毁人亡的重大事故，这就将使消费者的生命安全受到威胁，企业就侵犯了消费者的安全权（生命安全）。2013 年 3 月 15 日，央视"3·15"晚会曝光了一批在中国大陆销售的品牌汽车变速箱内机电单元的电子故障或者油压不足，可能导致动力输出中断等问题，迫使这些企业做出决定，自 2013 年 4 月 2 日起，召回各自旗下的缺陷汽车，共计 38 万余辆。这些企业之所以最终在中国采取召回措施，就是因为它们生产的汽车自身的缺陷将侵犯消费者生命安全权。又如，2011 年 4 月，重庆有关部门查获某知名超市重庆某分店将已过保质期的板鸭进行油炸加工并上柜销售，被查时，已销售的过期食品超过200 千克，尚有未来得及售出的库存货品约 1800 千克。同年 4 月 2 日，该部门公布对其处罚意见，没收了该店违法所得，没收并销毁库存过期板鸭 1789.36 千克，并以货值金额的 10 倍对其实施罚款，金额为 34.1668 万元。食品生产出来后，应当在规定的保质期里销售和食用，这不仅是因为食品在保质期内食用口感、色泽和外观较理想，更重要的是过了保持期后，食品内部可能发生致人疾病的变化。因此，《食品安全法》中规定了"禁止生产经营超过保质期的食品"的条款。这家受罚企业置相关法律于不顾，忽视可能引起食用者食物中毒的严重后果，改头换面（将过期板鸭油炸处理）继续销售，侵犯了消费者的健康安全权，所以有关部门根据相关法律给予其严肃处理。

所谓财产安全权，即消费过程中消费者的财产不受损失的权利。财产损失有时表现为财产在外观上发生损毁，有时则表现为价值的减少。比如，宾馆、酒店、KTV、银行等服务经营场所不安全容易导致消费者人身、财产权益受侵害，侵犯消费者的财产安全权。因此，经营者要努力提高经营管理水平，根据企业不同性质所应提供的安全保障义务，采取相应措施，否则将承担相应责任。同时，这里的财产安全，不仅是消费者购买、使用的商品本身的安全，还包括其他财产的安全。其他财产是指那些与消费者购买、使用的商品无关的财产。如果消费者正常使用该商品或接受服务，致使其其他财产受到损害，同样是损害了消费者的财产安全权。例如，2012 年 2 月 13 日凌晨 1 时许，位于南京玄武区锁金村 4 号附近，一辆停放在车棚内的电动车突然起火，火势很快蔓延至整个车棚。在这一事故中，如果火灾是由于电动车自身的质量问题引起的，那么，除了受损的电动车以外，在这一事故中产生的其他相关财产损失，也应当由生产这一商品的企业承担。

提供商品或服务的经营者侵害消费者安全权时，应当承担以下的法律责任❶：

（1）造成消费者或者其他受害人人身伤害的，应当赔偿医疗费、护理费、交通费等为治疗和康复支出的合理费用，以及因误工减少的收入。造成残疾的，还应当赔偿残疾生活辅助用具和残疾赔偿金。造成死亡的，还应当赔偿丧葬费和死亡赔偿金。

（2）经营者明知商品或服务存在缺陷，仍然向消费者提供，造成消费者或者其他受害人死亡或者健康严重损害的，受害人有权要求经营者赔偿损失，并有权要求所受损失两倍以下的惩罚性赔偿。

（3）经营者对消费者未尽到安全保障义务，造成消费者损害的，应当承担侵权责任。

（4）经营者有侵害消费者或其他受害人人身权益的行为，造成严重精神损害的，受害人可以要求精神赔偿。

（5）经营者提供商品或者服务，造成消费者财产损害的，应当依照法律规定承担赔偿损失等民事责任。

此外，经营者造成消费者人身财产损害的还应当承担行政责任；构成犯罪的，依法追究刑事责任。

二、消费者享有知情权

2012 年 7 月 14 日，庐山风景名胜区消费者协会接到深圳游客李某投诉，他于 7 月 11 日入住庐山某宾馆，办理住宿登记手续后将车停放在宾馆内。当时宾馆总台并未告

---

❶ 李适时：《中华人民共和国消费者权益保护法释义》，法律出版社 2013 年版。

知停车需要单独收费。住宿三天后，李某才知每天要收停车费 20 元。李某认为未事先告知需收费停车，拒绝支付，随后引起纠纷。李某投诉道，希望消费者协会保护消费者知情权和对被诉方的信息公开请求权。后经消费者协会调解，免收李某三天的停车费。❶

《消费者权益保护法》第 8 条规定，消费者享有知悉其购买使用的商品或者接受的服务的真实情况的权利。这一规定是对消费者知情权的法律确认。由此可见，所谓知情权，是指消费者在购买、使用商品或者接受服务时，有权询问和了解商品或者服务的有关情况；同时，经营者必须按照法律、法规规定的方式标明商品或服务的真实情况。上述案例中李某维权的法律依据，正是《消费者权益保护法》中的这项规定。目前，商场、餐饮企业或宾馆酒店是否提供免费停车服务，并无统一规定，亦未有约定俗成，有的经营者全额收取停车费，有的经营者提供有条件的免费服务（如可免费停车若干小时，或消费金额满多少时可免费停车），也有经营者不设条件提供免费服务，在这种情况下，经营者就有义务明确告知消费者接受服务时的收费情况，否则，就侵害了消费者的知情权并应当承担相应的责任。

在商品生产日益发达、产品升级换代日益迅猛，产品科技、知识含量日益丰富的时代，保证消费者能够正确地了解市场上提供的各种商品和服务的信息，具有十分重要的意义。在商品世界范围流通的时代，产品和服务日益复杂化，消费者很难就某项产品或服务及其真实的使用价值和价值做出较为准确的判断。从实际情况来看，即使是拥有多项专业知识的人员，面对成千上万种商品，尤其是电子商品和化学品等，也不可能对其性能和用法样样精通，更不用说普通的消费者了。

消费者要做到合理消费，必须对商品和服务的真实情况进行全面和充分的了解。消费者对商品和服务的真实情况能进行全面和充分的了解，是建立在经营者充分公开相关信息的基础上的。因此，经营者有义务按照法律、法规的要求标明商品或服务的真实情况。企业充分公开相关信息，首先，有利于消费者充分行使其选择权；其次，符合形成完全竞争市场的要求，有利于各企业在公平的环境中展开充分的竞争，促进产品和服务质量的提高。企业应当公开的信息包括以下三个方面：

（1）关于商品或者服务的基本情况，包括商品名称、商标、产地、生产者名称、生产日期等。

（2）有关技术状况的表示，包括商品用途、性能、规格、等级、所含成分、有效期限、使用说明书、检验合格证书等。

（3）有关销售状况，包括售后服务、价格等。

三、消费者享有自主选择权

2014 年 3 月 15 日，央视曝光了手机植入恶意程序乱扣费问题。莫名扣费、隐私被

---

❶ 吴景明：《你必须知道的最新消费者权益保护法 100 个热点问题》，中国法制出版社 2014 年版。

窃取和恶意使用，是不少手机用户的共同经历。经国家互联网应急中心等权威部门检测发现，一些手机被暗中植入很多恶意程序。原来，一些互联网公司通过手机经销商把带有恶意程序的软件提前预装进手机，这些程序悄悄地把手机中的信息发送到这些公司的服务器。这样的陷阱，不仅山寨手机中有，连行货手机也无法幸免。另外，据毕节日报报道，2013 年 1 月 1 日至 4 月 28 日，某水务公司为城区用户更换水表 3544 只，价格为每只 85 元（成本价为 53～59 元/只）。在为用户更换水表时，该公司限定用户只能购买和使用其提供的水表。在上述两个案例中，商品和服务的提供者，或暗度陈仓，或明火执仗，强制消费者在违背其自主意愿的情形下消费，是严重侵害消费者权益的违法行为。这两个案例中的经营主体所侵害的，正是《消费者权益保护法》规定的消费者应当享有的自主选择权。

自主选择权是消费者根据自己的主观自愿，在法律规定的范围内所享有的自由选择商品或者服务、实现其消费利益的一种手段，是消费者的一项重要权利。《消费者权益保护法》第 9 条规定，消费者享有自主选择商品或者服务的权利。也就是说消费者有权根据自己的消费需求意向和兴趣选择自己满意的商品或服务，这是《消费者权益保护法》赋予消费者的自主选择权。消费者可以在经营者之间自由选择，可以自主选择消费的形式和内容，这也是市场经济实现充分竞争的基本条件。

一般说来，自主选择权主要包括以下几个方面的内容：

（1）消费者有权根据自己的主观意愿和实际需要选择商品或者服务，对经营者提供的商品或服务有权进行比较、鉴别、挑选，购买自己满意的商品或者服务，他人不得干涉（购买什么）。

（2）消费者有权自由地选择作为其交易对象的经营者，购买其商品或者接受其服务，任何经营者不得强迫消费者接受其提供的商品或者服务（向谁购买）。

（3）消费者有权自主选择接受商品或服务的方式（如何购买）。

（4）消费者有权选择经营者提供商品或服务的地点场所（在哪里购买）。

消费者自主选择权的使用，应当符合适度原则，以免发生权利的滥用。

第一，自主选择权在法律规定的范围内行使，应当遵守法律的具体规定。比如，法律规定未成年人不能进入某些场所，某些商品不得向未成年人出售，未成年人如果强制要求进入这些场所或购买这类商品，就属于自主选择权的滥用。

第二，行使自主选择权的时候，不得损害国家的、社会的、集体的利益和其他公民的合法自由和权利。比如，消费者在公众场所大声喧哗、随意燃放烟花、吸烟等行为既违背现代社会的文明规范，也会妨碍他人的正常生活，应当被视作一种消费自主选择权的滥用。

第三，消费者在行使自主选择权时，应充分考虑我国的基本国情、经济发展现状、市场发育的程度、经营者的素质和消费者权益保护的程度等因素，不能向经营者提出过多、过分、过于苛刻的要求，也不能盲目地和无原则地以国际、其他发达国家的标准要求经营者，而是应依法、合理地对经营者所提供产品的质量、使用期限、服务态度、服务环境等提出要求。比如，消费者对餐饮业普遍设置最低消费、包间最低消费、开瓶服务费等颇有微词，有的消费者甚至视其为霸王条款。实际上，这些做法虽有强制消费之嫌，但如果企业事先作出过清楚的提示，消费者有选择不接受服务的机会，因此，对经营者这类行为不宜笼统地视为侵犯了消费者的自主选择权。

四、消费者享有公平交易权

案例分析

　　蒋某在某家饰广场经营方太电器、橱柜零售，店面挂有方太橱柜的招牌。2008 年 9 月，张某前往蒋某经营店选购橱柜，经洽谈双方签订了方太集成厨房预订单，客户名称为张某，橱柜为钢琴烤漆，总计报价为 21800 元，张某付清了货款。合同签订后，蒋某自己制作并为张某安装了橱柜（含一台方太抽油烟机、一台燃气炉）。张某在使用过程中，发现橱柜台面开裂。2011 年 3 月，方太公司鉴定后认定蒋某出售的橱柜非方太公司生产的橱柜。张某遂诉至法院，要求蒋某双倍赔偿损失 40000 元。

　　法院经审理后认为，蒋某作为方太公司加盟商和方太产品的经营者，在以方太公司名义与张某达成方太集成厨房预订单的买卖合同后，却制作销售了自制橱柜，其行为违反了诚实信用原则，构成欺诈，损害了张某的合法权益，张某要求蒋某在所购橱柜价款的双倍范围内赔偿损失，符合法律规定。遂判决蒋某赔偿张某 40000 元，并自行将其出售给张某的橱柜拆除。显然，在这一案例中，消费者在购买商品时，并没有享受到质量保障、价格合理、计量正确等公平交易条件，其公平交易权受到侵害。

　　《消费者权益保护法》第 4 条规定，经营者与消费者进行交易，应当遵循自愿、平等、公平、诚实信用的原则。该条款将公平交易作为经营者与消费者进行交易的一项基本原则加以确立。该法第 10 条进一步将公平交易原则加以具体化，确立了消费者的公平交易权，该条款规定：消费者享有公平交易的权利。消费者在购买商品或者接受服务时，有权获得质量保障、价格合理、计量正确等公平交易条件，有权拒绝经营者的强制交易行为。公平交易权是消费者在购买商品或者接受服务时所享有的与生产经营者进行公平交易的权利，包括获得质量保障和价格合理、计量正确等公平交易条件的权利。公平交易的核心，是消费者以一定数量的货币换得同等价值的商品或服务。

　　公平原则是我国《民法通则》确定的平等的民事主体实施民事行为所必须遵循的一项最基本的原则，也是市场交易的基本原则，在消费法律关系中，从一般意义来讲，消费者和经营者是平等的民事主体，具有平等的法律地位，但在实际交易活动中，消费者事实上往往处于弱势地位，法律的公平原则在消费者与经营者的交易中难以保障。因此《消费者权益保护法》特别强调了消费者的公平交易权。

五、消费者享有求偿权

我国《消费者权益保护法》规定，我国消费者在消费过程中享有求偿权、安全权、知情权、自主选择权、公平交易权、结社权、知识获取权、人格尊严和民族风俗习惯受尊重权、监督权等九大权利。其中，安全权、知情权、自主选择权、公平交易权、结社权、知识获取权、人格尊严和民族风俗习惯受尊重权、监督权等八大权利，从不同的角度赋予了消费者在消费过程中所享有的某种权利，保护着消费者在某方面利益的实现。求偿权赋予消费者在消费过程中因购买、使用商品或接受服务受到人身、财产损害时享有依法获得赔偿的权力。求偿权是消费者其他权利受损时所享有的权力，是保护消费者其他权利实现，保护消费者利益的法律保障。消费者受到的损害包括人身损害和财产损害。侵犯消费者求偿权的行为有：经营者对消费者所受伤害应得到的补偿不予负担；对消费者索取赔偿采取拖延方式，甚至使用暴力或威胁等手段。《消费者权益保护法》第11条规定，消费者因购买、使用商品或者接受服务受到人身、财产损害的，享有依法获得赔偿的权利。

消费者在购买使用商品或者接受服务时可能产生的人身伤害，包括人格权的损害和生命健康权的损害。

人格权的损害包括姓名被贬损，名誉被毁坏，肖像权、隐私权的损害，也包括人身自由、人格尊严等被恶意剥夺。

享有求偿权的主体是因购买使用商品或者接受服务时受到伤害的人，具体包括：商品的购买者、商品的使用者、服务的接受者、第三人，这里的第三人是指购买、使用商品或者接受服务之外的，因他人购买、使用商品或接受服务而遭受意外伤害的人。

六、消费者享有结社权

消费者往往是孤立、分散的个体社会成员，其所面对的经营者却时常是具有强大的经济实力、庞大的组织机构，拥有各种专门知识与经验的专业人员的企业。因此，尽管法律规定交易当事人地位平等，但由于交易双方实力的巨大悬殊，实际上，很难实现真正的平等。同时，经营者为了垄断市场、获得超额垄断利润往往相互联合，通过协议、董事兼任、控股等手段，控制市场，一致行动，共同对付消费者。消费者纵有苦衷，也只能忍气吞声、自认倒霉。为了与强大的经营者及经营者集团相抗衡，实现与经营者之间的真正平等，消费者除了通过国家支持和社会帮助以外，还应团结起来，进行自我救济、自我教育。通过设立自己的组织壮大自己的力量，提高自身的素质，同不法经营行为作斗争。

《消费者权益保护法》第 12 条规定，消费者享有依法成立维护自身合法权益的社会组织的权力。消费者成立维护自身合法权益的社会组织必须具有两个条件，一是依法成立，要履行法定程序，具备法定条件；二是维护消费者的合法权益，不得利用该团体损害国家、社会、集体的利益和其他公民的合法权益。

1983 年 5 月 21 日，我国第一个消费者组织——河北新乐县消费者协会成立。1985 年 1 月 12 日，经国务院批准，我国的全国性消费者组织——中国消费者协会成立，此后不久，各地消费者协会纷纷成立。实践证明，各级消费者协会在维护消费者权益、解决消费争议等各个方面都起到了积极的作用。

七、消费者享有知识获取权

消费者权益保护法第 13 条规定，消费者享有获得有关消费和消费者权益保护方面的知识的权利。这是消费者权益保护法赋予消费者受教育的权利。

消费者获取有关相应知识，接受相关教育，既是一种权利，又是一种义务。一方面，作为商品的经营者和服务的提供者，应当通过各种渠道尽力为消费者提供获取相关消费知识的便利，不能刻意隐瞒和推诿，这是商家必须履行的义务。作为商品和服务的经营者，必须积极全面地向消费者讲解商品和服务知识，包括商品和服务的基本构成、规格、使用方法、适用范围、挑选和保存技巧等，帮助消费者克服冲动和盲目消费。另一方面，作为消费者应当通过自身努力来获取、学习有关的消费知识，不能把消费能力的提高推给别人，对自己的消费能力不作要求。消费者应当获取的知识包括两方面的内容：第一，获得有关消费方面的知识，如有关消费观的知识、有关商品和服务的基本知识、有关市场的基本知识，等等。第二，获得有关消费者权益保护方面的知识，主要是指有关消费者权益保护的法律、法规和政策，以及消费者权益保护机构和消费争议解决途径等方面的知识。

总之，消费者只有不断努力地、自觉地获取消费知识，提高自身消费能力，才能在消费活动中减少盲目消费、冲动消费、误入消费陷阱的可能性；同时，在消费权益受到侵害时，才能通过恰当的途径运用法律赋予的权利保护好自己的合法权益。

八、消费者享有人格尊严和民族风俗习惯受尊重权

案例分析

某大学回族学生马某到校外某饭店就餐，要了一碗牛肉面。几分钟后，饭店服务员将面端上，马某发现端上的是猪肉面而不是牛肉面，遂问服务员是不是弄错了。服务员回答说牛肉已经没有了，反正价格都一样，故给他做的是猪肉面。马某随即提出异议，说自己是回民不吃猪肉，既然牛肉没有了那就退钱。饭店不同意退钱，双方遂

发生争执，饭店老板说："你们回族就是怪，猪肉没有什么吃不得的。"马某一向严格遵守自己回民的风俗习惯，日常生活中同学、朋友也非常尊重他的风俗习惯，听了老板的那些话，马某觉得自己受到了极大的污辱，遂投诉到消费者协会，要求店主赔礼道歉并赔偿损失。

回族是我国的少数民族之一，其特有的风俗习惯是禁食猪肉，这是普通老百姓都知道的常识。国家在许多法律、政策方面对包括回族在内的各少数民族都有许多特殊的规定，以体现国家对我国少数民族的尊重。《消费者权益保护法》第 14 条规定，消费者在购买、使用商品和接受服务时，享有其人格尊严、民族风俗习惯得到尊重的权利。因此，马某的诉求应当得到支持。

《消费者权益保护法》第 14 条规定，消费者在购买、使用商品和接受服务时，享有人格尊严、民族风俗习惯得到尊重的权利，简称为人格尊严和民族风俗习惯受尊重权。这一权利包括两方面的内容：

（1）人格尊严受尊重权。人格尊严是消费者的人身权的重要组成部分，包括姓名权、名誉权、荣誉权、肖像权等。消费者的人格尊严受到尊重，是消费者最基本的权利之一。但在消费实践中，侵犯消费者人格尊严权大量表现为侮辱消费者，即侵犯消费者名誉权的行为，此外还有搜查消费者的身体及其携带的物品，甚至限制消费者的人身自由的行为。

（2）民族风俗习惯受尊重权。我国是统一的多民族国家，除汉族外，全国还有 55 个少数民族，各民族在长期历史发展过程中，在饮食、服饰、居住、婚葬、节庆、娱乐、礼节、禁忌等方面，都有不同的风俗习惯，与消费密切相关。尊重少数民族的风俗习惯，就是尊重民族感情、民族意识、民族尊严，这关系到坚持民族平等，加强民族团结，处理好民族关系，促进安定团结的大问题。因此，尊重少数民族的风俗习惯并不是可有可无的，它对于保护少数民族消费者的合法权益，贯彻党和国家的民族政策，都有极其重要的意义。

对照修订前的《消费者权益保护法》第 14 条，新生效的《消费者权益保护法》在原来文本的基础上，增加了消费者"享有个人信息依法得到保护的权利"的内容。

经营者通过收集和分析消费者个人信息数据，建立消费行为模型，尝试挖掘潜在消费者，本来是天经地义的事。但是，一些经营者并不是在法律的框架内正确处理这些私人信息，而是很不负责任地将收集到的信息分门别类并加以出售。实际上，这种行为是违反有关法律规定的。实际生活中，这种现象比比皆是，比如，你有过购房的经历，随后便会经常接到各种售楼处或房屋中介的电话；再比如，你家刚添了一个小宝宝，各种推销婴儿食品和用品的信息和电话便会接踵而来。由此可见，新修订的《消费者权益保护法》中增加消费者"享有个人信息依法得到保护的权利"这一条款是非常及时和有必要的。

九、消费者享有监督权

中国消费者协会 2013 年发布了《消费者权益保护法》颁布二十年消费维权状况网上调查结果，调查显示，近八成消费者合法权益受到过不同程度的侵害；消费者知情权和监督权受到保护的情况最差。❶

韩成刚于 1993 年 10 月至 1994 年 9 月，先后在一些报刊上发表了一系列矿泉壶有害健康的文章，提醒消费者"慎用"和"当心"，并对相关公司的广告进行了点名批评。之后百龙公司、天津市天磁公司等以名誉权受到侵害为由，向太原市中级人民法院提起诉讼。1996 年 6 月，山西省高级人民法院终审判决认定，韩成刚从维护消费者权益角度出发，依法行使了舆论监督权，没有侵害天磁公司等商家的名誉权。因为此案是《消费者权益保护法》施行以来首例消费者个人对经营者的经营行为进行监督的诉讼，引起新闻界、法学界、司法界的广泛关注。❷

《消费者权益保护法》第 15 条规定，消费者享有对商品和服务以及保护消费者权益工作进行监督的权利。消费者有权检举、控告侵害消费者权益的行为和国家机关及其工作人员在保护消费者权益工作中的违法失职行为，有权对保护消费者权益工作提出批评、建议。

消费者权益保护法的实施关系到每一个消费者的利益。因此，保证《消费者权益保护法》得以遵守和执行，不仅是国家的重要职责，也是消费者自己的重要任务。消费者是广泛的社会力量，每一人都可以成为消费者，并且，消费者权益保护工作进行得好坏与每一位消费者都有一定的利害关系，他们对自己的利益最关心，因而，必然会发挥最有效的监督作用。

消费者的监督权主要包括消费者对商品和服务的质量、价格计量，以及保护消费者权益工作，有向相关机构提出批评、建议或者检举、控告的权利。由此可见，消费者行使这项权利的对象既包括经营者也包括相关行政部门和消费者组织。

消费者监督权主要表现在以下三个方面：一是消费者有权对经营者进行监督，有权检举、控告侵害消费者权益的行为；二是消费者有权对国家机关及其工作人员进行监督，有权检举、控告在保护消费者权益工作中的违法失职行为；三是消费者有权对保护消费者权益工作提出批评、建议。

为了将消费者监督权落到实处，《消费者权益保护法》第 46 条规定，消费者向有关行政部门投诉的，该部门应当自收到投诉之日起七个工作日内，予以处理并告知消费者。另外，消费者也可以对与自己没有直接利害关系的经营者行为进行监督。

---

❶ 资料来源：http://finance.ifeng.com/a/20131203/11204643_0.shtml。
❷ 资料来源："3·15"十周年：消费者维权经典案件点评，http://www.cca.org.cn/web/shzdzh/newsShow.jsp?id=21595。

如何看待"职业打假人"

1. "职业打假人"的特点

一是手法专业化。"职业打假人"一般以挂号信函或电子邮件的形式进行申诉举报。从材料上看，通过固定格式打印申诉举报信、购货凭证、产品照片和申诉举报人的身份证复印件等材料。从内容上看，信息翔实，引用具体法律条款，证据材料齐全。

二是目的利益化。"职业打假人"通常以消费者的名义购买一定数量的问题商品后向执法部门提出诉求，所反映的问题一般集中在食品领域、价格欺诈、虚假宣传、产品质量等方面。诉求的目的就是获得经济赔偿和举报奖励，只要获得较为满意的经济赔偿就不再关注执法部门对违法行为的查处，甚至同意撤回行政复议申请。

三是趋势群体化。表面上看，申诉举报行为主体表现为单枪匹马、孤军奋战的个人行为，实际上群体化、协作化趋势也开始显现。有的还成立打假公司，组成打假团队，明确内部分工，并制定严格的操作规程，聘用人员到各大商场购买存在问题的商品，由不同人对同一问题在某一时间段内反复申诉举报。

2. 基层工商部门应对"职业打假人"存在的问题

一是思想认识有误区。有的执法人员认为"职业打假人"不属于消费者范畴，行为上就敷衍塞责，使本应及时处置的申诉案件不能规范快速办理，延误办理时限。

二是处理程序不够完善。现行法律法规对信息公开、申诉举报及行政复议等行政行为都有具体要求，尤其是在时效上有明确规定。但是现实中基层工商部门有的内部管理混乱，申诉举报的挂号信件收发、传递屡屡出现问题，甚至丢失。有的在收到申诉后，虽能及时作出是否受理决定，并开始调查核实，但却对申请人不告知、不调解或超期告知；有的处理上级机关批转的申诉案件，仅向上级机关报告案件办理情况，而对申诉人置之不理；更有甚者因为内设机构间职责不清、分工不明，推诿扯皮时有发生，不能有效配合。

三是案件证据不够充分。由于缺乏证据意识，一些执法人员在申诉案件办理过程中不注重收集整理相关证据。有的经办人员以平信函回复当事人，导致无邮寄凭据；有的经办人员图省事进行电话告知或答复当事人，没有留存录音等确凿的证据；有的经办人不制作必要的法律文书，不收集必要的图片等证据材料，进而引发复议和诉讼。

3. 对策建议

一是高度重视申诉处理工作。对待申诉案件，要从思想上高度重视。"职业打假人"只要符合新《消费者权益保护法》中关于"消费者"的规定，依法维权，从接收、办理到回复，都要严格执行《工商行政管理部门处理消费者投诉办法》，每个环节的承办人员都必须及时办理，做好对接与反馈，避免出现超期办理的情况。基层工商部门应认真研究存在的问题，规范办理流程，制作完整的消费者投诉案卷，不断提升消费者投诉处理工作能力和水平。对由于不负责任出现工作失误、导致不利法律后果、造成不良影响的，要视情节，追究有关人员责任。

二是严格规范处理程序。基层工商部门直接收到申诉举报信件后，要及时判断是否应当受理，在七个工作日内书面告知申诉人受理、不受理、批转相关业务办公室办理、移送有关部门处理等决定和理由。需要予以行政处罚或者责令召回的，及时启动相应程序。对于侵权赔偿，申诉人和被申诉人都有调解意愿的，工商部门要站在公正中立的立场上，在法定时限内组织调解。如一方不同意调解或调解不成，要及时终止调解，按规定时限及规范要求制作调解书或终止调解书，并告知申诉人通过民事诉讼等其他途径解决争议，避免久调不决，给工作造成被动。

三是积极开展信息沟通。一方面要加强内部沟通。通过沟通交流，理顺接口，畅通流程，确保每一环节都有效落实，形成整体合力。另一方面，要加强系统内纵向沟通。相互通报近期"职业打假人"及其申诉动向、处理情况及可能存在的问题，做到提前预知、从容应对。最后，要加强系统外横向沟通，及时掌握了解质监等部门应对"职业打假人"申诉举报的情况，交流经验，借鉴好的方法，提升应对"职业打假人"的能力和水平。

上述所讨论的问题源于"王海现象"。目前，对这一现象的看法莫衷一是，有些人认为，消费者在维权时往往成本过高，"职业打假人"可以利用其专业手段通过"识假、买假、索赔"以最小的成本维护公众的利益，应当扶持；也有一些人认为，"职业打假人"利用"知假买假"来换取个人利益，违背了《消费者权益保护法》的立法初衷，不应支持。

对"职业打假人"究竟应当如何看待，相信时间会帮助我们找到答案。但同时，这一现象的发生，也提醒着有关部门，应如何更好地履行起监督职责，更好地为消费者提供畅通的监督渠道。

来源：关于工商部门如何应对"职业打假人"的思考，http://www.ybxww.com/content/2014-3/29/201432910 51226099665.htm。

分析与思考

1. 2005年2月26日晚，家住珠海市斗门区的李维、李权等3人，来到中山市石岐区某酒吧喝酒聊天，因酒吧生意好，他们没能要到卡拉OK房，于是在大厅喝酒。深夜12点多，他们终于等来了卡拉OK房。刚唱了半个多小时，房内的电视机突然显示不出图像，便叫来服务员。该酒吧的工作人员发现电视机里有水，便怀疑是李维等人把啤酒倒入电视机内，导致电视机烧坏。随后，该酒吧的负责人阿强便进来要李维等人赔偿电视机。李维等人认为电视机不是他们弄坏的，双方遂发生争吵，而且打110报警。民警了解情况后，建议双方协商解决纠纷。

民警走后，双方继续就电视机赔偿问题进行协商。酒吧工作人员要求李维等人将损坏的电视机搬去维修并留下5000元作押金。期间，李维与李权在卡拉OK房内被人扇耳光、殴打。最后，李维等人向酒吧交纳了4000多元押金后离开，并将电视机搬去维修。凌晨4时，李维等人到派出所报案，警方即作相关调查。李维和李权到医院进行治疗，均被诊断为多处软组织挫伤，李维花费医疗费126.7元，李权花了388元。

3月31日，李维和李权将酒吧老板告到中山市人民法院石岐法庭，请求法院判令酒吧老板除赔偿医药费外，还要赔礼道歉，并支付每人5万元的精神损失费。酒吧老板认为，这件事是由两原告醉酒引起，而且他们是和酒吧其他顾客打架时受的伤，请求法院驳回原告精神损失费的诉讼请求。酒吧负责人阿强在警方问话时，承认打了李维、李权两人几个耳光。❶

请问法院是否能支持原告的请求？为什么？

2. 2012年9月24～26日，厦门市思明区力泽方保健食品经营部在华侨酒店举办了三场会议，通过免费赠送点心、小礼物等方式，向以中老年人为主的消费群体推销名为"椰岛牌角鲨烯软胶囊"的保健产品（现场销售价格为1400元）。该公司利用中老年人渴望健康的心理，现场通过播放宣传片、产品演示、发放宣传材料等方式介绍养生、中老年人常见疾病防治等知识，夸大、虚构产品或产品原材料的保健功效，使消费者误认为当事人销售的"椰岛牌角鲨烯软胶囊"具备保肝、抗肿瘤、防止癌症向肺部转移、缓解皮肤疾患等数十种药用功效。最终通过酒店会议共预售80盒，其中50盒收齐货款，经营额为75000元。❷

试运用《消费者权益保护法》相关规定，分析该案例中厦门市思明区力泽方保健食品经营部侵犯了消费者的何种权利。

---

❶ 资料来源：http://www.people.com.cn/GB/paper49/16249/1435065.html。

❷ 资料来源：http://fj.ccn.com.cn/news2.asp? unid＝234802。

第五章　经营者及其义务

 本 章 导 读

　　随着经济社会不断发展，人们的消费能力与维权意识、消费习惯与支付模式均发生了巨大变化。新《消费者权益保护法》在继承原《消费者权益保护法》制度精华的基础上，又根据我国近年来消费生活中出现的新情况、新问题和新的投诉热点，同时针对经营者一直以来与消费者不对等的情形，在制度设计上，与时俱进，进行了创新。比如：引入了"后悔权"制度。该制度的引入可以使商家的营销行为更趋理性，将更多的精力投入产品研发、改进产品质量、改善服务方面，进而构建多赢共享、诚实信用的消费环境；规定了经营者安全保障义务。新《消费者权益保护法》在消费者权利和经营者义务方面，都围绕安全保障作出了规定，要求经营者对消费者尽到安全保障义务；引入了举证责任倒置制度。由于消费者与经营者之间信息和财力的不对称，消费者往往处于弱势地位，尤其是对汽车、电脑等产品的质量几乎无法举证。为此，新《消费者权益保护法》规定了举证责任倒置制度，倒逼商家对产品质量进行举证。还扩大了"三包"规定的适用范围，大大强化了对消费者的保护力度等。此次《消费者权益保护法》的修改对新的消费方式特别是网络购物专门作了规定，体现了对经营者的规范、对消费者的呵护以及对市场失灵的矫正。既增设了消费者的后悔权与个人信息保护权，也从强化经营者的安全保障义务入手，进一步夯实了消费者的安全保障权。

第一节　经营者及其义务的一般问题

　　消费者与经营者之间一直以来都存在着事实上的不平等，比如信息的不对称、财力的不对等，加上市场结构尚不健全，卖家与买家之间缺乏对等的公平交易博弈，导致消费者在维权中常常处于弱势地位。经营者是为消费者提供其生产、销售的商品或提供服务的市场主体，是与消费者进行市场交易的另一方，所以明确经营者的义务对于保护消费者权益至为重要。无论是"三包"规定，还是"冷静期制度"，或是产品召回诸方面，重新修订的《消费者权益保护法》都进一步强化了经营者的义务，更好

地保障了消费者的权益。

经营者的法律概念及特征

《反不正当竞争法》规定：经营者是指从事商品经营或者营利性服务的法人、其他经济组织和个人。通常认为，经营者是指向消费者提供其生产、销售商品或者提供服务的公民、法人或者其他经济组织，它是以营利为目的从事生产经营活动并与消费者相对应的另一方当事人。《消费者权益保护法》中的经营者与这种一般意义上的经营者不同。在实践中，对于如何确定《消费者权益保护法》中的经营者存在两种相去甚远的评判标准。一种观点认为应该以组织或者个人的权利能力作为判断其是否是经营者的评判标准，即具有"从事商品经营或者营利性服务"的权利能力就属于经营者，若不具备"从事商品经营或者营利性服务"的权利能力就不属于经营者。在现实生活中，就看其有没有在工商行政管理机关核准登记。依据这种观点，在工商行政管理机关核准登记的组织和个人就属于经营者，而没有在工商行政管理机关核准登记的无照经营者则不属于经营者。另一种观点认为，应该以组织或个人的行为性质作为判断其是否属于《消费者权益保护法》中的经营者。也就是说，一个组织或个人只要实际实施了经营活动就属于经营者的范畴，而无须考虑其经营行为具有何种性质，也无须考虑其是否已经在工商行政管理机关核准登记、取得营业执照。即使没有在工商行政管理机关核准登记、取得营业执照，只要从事了经营行为，就被划定到《消费者权益保护法》中所规定的经营者。[1]在此，本书更倾向于第二种观点。在《消费者权益保护法》中，经营者是与消费者相对应的另一方主体，经营者首先是商品生产流通的实施者，经营者为获得商品的交换价值而为他人生产经营。作为生产者，其所生产的产品不是为了满足其自身的需要，而是为了通过市场满足他人的需要；作为销售者其购入他人生产的产品也不是为了满足自身的需求，而是为了通过进出价差获得利益。经营者是与商品交换密切联系的概念，无商品交换就不存在经营者。[2] 可见，《消费者权益保护法》中的经营者并非必须以营利为目的。即使不以营利为目的，通过市场中介采用商品交换形式而将其产品提供给消费者的人，也可以成为《消费者权益保护法》中的经营者，如某些公益性企业虽其设立之初衷不是营利，但仍然可以作为经营者。因此，消费者保护法中的经营者主要是指通过市场为消费者提供消费资料和消费服务的公民、法人或者其他经济组织。

《消费者权益保护法》第 3 条规定：经营者为消费者提供其生产、销售的商品或者提供服务，应当遵循本法。根据本条规定，经营者具有以下几个特征：

（1）经营者是从事生产、销售商品或者提供服务等经营活动的民事主体。

（2）经营者从事的行为是有偿的。从事的行为是否具有有偿性是判断某一主体是

---

[1] 宋萍、党鸿钧：《试述经营者安全保障义务》，载《法制与社会》，2011 年 7 月。

[2] 戴国勇：《浅谈消费者权益保护法中经营者的法定义务》，载《黑龙江史志》，2011 年 13 期。

否为经营者的主要标准。

（3）经营者不以公司等企业法人为限。凡是持续有偿地为消费者生产商品、销售商品或者提供服务的法人、其他组织和自然人，均可成为《消费者权益保护法》的经营者。

第二节　经营者义务的具体内容

消费者权益保护法中的经营者义务

在经营者与消费者的关系中，经营者的义务主要有两类：一类是基于法律直接规定而产生的法定义务；另一类是基于合同而产生的约定义务。作为对消费者给予特殊保护的各种消费者保护法，其所规定的义务属于前一种义务，即法定义务。经营者的义务是与消费者的权利相对应的，在法律中明确规定经营者的义务正是消费者权利得以实现的重要保障。我国经营者对消费者所负义务的规定主要见于《消费者权益保护法》，该法第3章对一般经营者的义务进行了全面的规定。

（1）遵守法律，履行约定义务。《消费者权益保护法》第16条明确规定，经营者向消费者提供商品或者服务，应当依照本法和其他有关法律、法规的规定履行义务。经营者和消费者有约定的，应当按照约定履行义务，但双方的约定不得违背法律、法规的规定。

经营者向消费者提供商品或者服务，应当恪守社会公德，诚信经营，保障消费者的合法权益；不得设定不公平、不合理的交易条件，不得强制交易。这是《消费者权益保护法》修改中新增加的内容。加强社会诚信建设，增强全社会特别是经营者的诚信意识，建立信用监督和失信惩戒制度，严厉打击制售假冒、商业欺诈等违法行为，可以从多方面改变经营者失信现象严重的现状，让法律对经营者义务的规定逐步落到实处。有利于引导经营者自觉履行法定义务并承担社会责任，可以帮助经营者提高诚信经营，培育诚信的消费环境，增强消费者的消费信心。信用是市场主体反复交易积累起来的内心信念，是交易一方对他方全面、善意履行义务的信赖。对经营者提出要求，实质上是要求经营者承担更多的义务。

（2）听取意见，接受监督的义务。经营者应当听取消费者对其提供的商品或服务的意见，接受消费者的监督。这是与消费者的监督权相对应的经营者的义务，对此进行法律规定，有利于改善消费者的地位。

在法律上设定经营者接受监督的义务有利于保证和督促经营者履行其他各项义务，促使经营者守法经营，有利于经营者改进商品质量，提升服务水平，规范经营行为。消费者也可以就经营者提供商品或者服务的某一方面进行监督，一是就商品或者服务本身存在的问题,如商品或者服务是否符合国家规定的要求,价格是否违法等;二是经营者是否尽到信息提供义务;三是后续履行义务或者民事责任承担问题,如经营者对消费者提出的修理、重做、更换等要求是否故意拖延或者无理拒绝。经营者可以采取听取消费者的意见或者通过消费者实地参观、组织座谈会等方式接受监督,这些做法在一定程度上拓宽了消费者监督的途径和方式,有利于消费者行使监督权,也能使企业更加注重商品质量的提高,有利于消费者和经营者关系的良性健康发展。

(3)保障消费者人身和财产安全的义务。这是与消费者的安全权相对应的经营者的义务。经营者应当保证其提供的商品或者服务符合保障人身、财产安全的要求。对可能危及人身、财产安全的商品和服务,应当向消费者作出真实的说明和明确的警示,并说明和标明正确使用商品或者接受服务的方法以及防止危害发生的方法。

消费者享有的人身、财产的安全权包括两方面的内容:一是享有人身、财产安全不受损害的权利。消费者有权在支付等价的货币后,购买到合格的商品和享受到优良的服务。二是有权要求经营者提供的商品和服务,符合保障人身、财产安全的要求。法律为了侧重保护相对于经营者来说处于弱势地位的消费者,把在合同法中本属于合同附随义务的经营者安全保障权上升到一般义务的范畴,成为经营者的基本义务。另外,经营者与消费者可以通过订立合同约定双方的权利义务,但是必须在法律的限度内。法律规定内的安全保障义务双方当事人不可以更改,但是法律规定的毕竟只是最低的限度,只要不违背法律的强制性规定,经营者和消费者可以按照合同法意思自治的原则约定经营者的安全保障义务。

《消费者权益保护法》规定,宾馆、商场、餐馆、银行、机场、车站、港口、影剧院等经营场所的经营者,应当对消费者尽到安全保障义务。在本条款中特别列举了安全保障义务人是宾馆、商场、餐馆、银行、机场、车站、港口、影剧院等经营场所的经营者,并要求义务人必须采取一定的行为来维护他人的人身或财产免受侵害。但本条规定的安全保障义务主体并不限于此条款列举的经营场所的经营者。

(4)缺陷信息报告、告知和召回义务。经营者发现其提供的商品或者服务存在缺陷,有危及人身、财产安全危险的,应当立即向有关行政部门报告和告知消费者,并采取停止销售、警示、召回、无害化处理、销毁、停止生产或者服务等措施。采取召回措施的,经营者应当承担消费者因商品被召回支出的必要费用。

延伸阅读

经营者有召回缺陷商品的义务

2009年3月19日,黑龙江省大庆市的范先生花24.98万元购买了一辆某品牌轿车,没几天轿车就出现了质量问题。在行驶不到5000公里的时候,他经常听到汽车棚顶皮门玻璃发出响声；当行驶到 5000 公里后，轿车便出现了轻微摆尾现象；行驶到 1 万公里后，只要车速超过 40 公里/时，就出现严重的上下摆动。专卖店认为，该问题是这款轿车的通病，请消费者回去等待召回。范先生等了半年，也没有等到厂家的召回。

缺陷产品召回，是指缺陷产品的生产商、销售商、进口商在得知其生产、销售或进口的产品存在危及人身、他人财产安全的不合理危险时，依法向职能部门报告，及时通知消费者，设法从市场上、消费者手中收回缺陷产品，并采取措施有效预防、控制、消除缺陷产品可能导致损害的活动。召回是以消除缺陷、避免伤害为目的，具体召回活动由生产者组织完成并承担相应费用。2013 年 1 月 1 日起《缺陷汽车产品召回管理条例》开始实施，明确规定在汽车领域实行召回制度。此外，我国还有 11 种产品的管理制度中含有召回的用语表述，如食品、乳制品、儿童玩具等。但这些产品在召回的条件、企业责任、政府职责、处理措施等方面不尽一致。

来源：《新消保法强化经营者义务 扩大"三包"适用范围》，法制日报，2013 年 10 月 30 日。

作为一种业界公认的，可以有效保护消费者人身财产安全、促进消费的制度，"召回"被首次写入《消费者权益保护法》中。法律一方面规定经营者发现产品缺陷后应立即采取召回等措施，另一方面规定有关行政部门发现问题后应当责令经营者采取措施。这就同时对经营者的"主动"和"被动"召回做出了规定。及时召回问题产品，不仅能造福消费者，也能造福经营者。修订后的《消费者权益保护法》同时规定，经营者应该承担消费者因商品被召回支出的必要费用。这极大地提升了消费者维权收益，降低了消费者维权成本。只要经营者发现其提供的商品或者服务存在缺陷，存在危及人身、财产安全的缺陷，一要立即报告有关行政部门和告知消费者；二要采取停止销售、警示、召回、无害化处理、销毁、停止生产或者服务等措施；三是消费者因商品被召回支出的必要费用由经营者承担。同时，还规定了经营者明知商品或者服务存在缺陷，仍然向消费者提供，造成消费者或者其他受害人死亡或者健康严重损害的民事责任；规定了经营者拒绝或者拖延有关行政部门责令其采取消除危险措施的行政责任；规定了违法提供商品或者服务侵害消费者权益的相应刑事责任，为保护消费者权益提供了坚强后盾。此次《消费者权益保护法》规定召回范围适用所有商品或者服务，并将法律位阶由行政法规、规章提升至基本法律，从民事责任、行政责任、刑事责任三方面保证缺陷产品的召回义务得到充分履行。产品召回制度不光是道义上的倡导，更是法律上的严格要求。

（5）真实、全面信息告知义务。经营者向消费者提供有关商品或者服务的质量、性能、用途、有效期限等信息，应当真实、全面，不得作虚假或者引人误解的宣传。经营者对消费者就其提供的商品或者服务的质量和使用方法等问题提出的询问，应当作出真实、明确的答复。经营者提供商品或者服务应当明码标价。

《消费者权益保护法》关于经营者真实、全面信息告知义务的规定，核心是保障消费者的知情权。要求经营者提供经营地址、联系方式，有助于明确经营主体，解决非现场购物面临的突出问题；安全注意事项和风险警示等信息，有助于消费者全面、客观地进行分析和决策；售后服务、民事责任事前明确，便于发生问题从速解决。

在现实消费交易中，经营者向消费者披露信息可以分为两类：一是法律要求经营者必须提供的信息，即经营者强制披露信息的义务；二是经营者自愿向消费者提供的信息，即经营者主动披露信息的行为。前者是经营者必须履行的法定义务，而后者在很大程度上是基于民事合同关系。经营者和消费者具有很大的信息差异，经营者可能会利用信息强势误导、欺诈消费者，或者运用各种对策向消费者不提供或少提供消费信息。为了尽可能地消除经营者的信息优势，使消费者在交易中与经营者尽可能地平等，公权机关设立了权利倾斜的决策，规定了经营者强制披露信息的义务。经营者的强制信息披露义务是对信息不对称的制度克服。在消费者面对经营者的信息弱势的情况下，需要制度对双方的权利义务进行倾斜性的配置，要求经营者提供优势信息以尽可能地使交易双方拥有大致相当的交易信息量，从而保障交易公平。❶

（6）出具发票等交易单据义务。经营者提供商品或者服务，应当按照国家有关规定或者商业惯例向消费者出具发票等购货凭证或者服务单据；消费者索要发票等购货凭证或者服务单据的，经营者必须出具。

发票等单据是经营者在履行合同义务后向消费者出具的证明合同履行完毕的书面凭证，更是在商品或者服务出现质量问题时最好的维权证据。在日常生活中，消费者对有关凭证和单据的重要性认识不够，在购买服务或接受服务后，主动索要发票等购物凭证的情况不普遍。目前，一些经营者也通过各种借口不出具发票，使消费者权益难以保障。以法律的形式做出明确规定，是对消费者权益的一种保障。经营者提供商品或服务，应当向消费者出具购货凭证或者服务单据，消费者要求出具的，经营者必须出具，不得拒绝。❷

（7）真实标识义务。经营者应当向消费者提供有关商品或服务的真实信息，经营者应当标明其真实名称和标记，租赁他人柜台或者场地的经营者，也应当标明其真实名称和标记。

经营者的名称和标记，是经营者之间相互区别的重要标志，对消费者来说是判断商品或者服务来源及其品质的重要依据之一。如果经营者不标明其名称和标记或者标明虚假的名称和标记，一是可能使消费者无法判断是否是真正想要选择的商品或者服务；二是如果商品或者服务发生质量问题，消费者受到损失，无法找到真正的经营者，也无法及时向有关行政管理部门和司法机关寻求救济。因此，在商品或者服务上标明经营者的真实名称和标记非常重要。

---

❶　应飞虎：《权利倾斜配置研究》，载《中国社会科学》，2006 年 3 月。

❷　李适时主编：《中华人民共和国消费者权益保护法释义》，法律出版社 2013 年版，第 88 - 89 页。

（8）"三包"义务。经营者提供的商品或者服务不符合质量要求的，消费者可以依照国家规定约定退货，或者要求经营者履行更换、修理等义务。没有国家规定和当事人约定的，消费者可以自收到商品之日起七日内退货；七日后符合法定解除合同条件的，消费者可以及时退货，不符合法定解除合同条件的，可以要求经营者履行更换、修理等义务。依照前款规定进行退货、更换、修理的，经营者应当承担运输等必要费用。

背景资料

　　"三包"规定是实现产品质量担保的一种方式。自 1985 年《部分商品修理、更换、退货责任规定》出台以来，有关行政部门按照产品不同属性分别制定了一些三包规定，如移动电话、固定电话、微型计算机、家用视听产品、农机等，在解决消费者与经营者的消费纠纷中发挥了积极作用。但随着社会发展，三包制度也存在一些问题，如覆盖范围过窄，退货时限过短，有些商品实行三包的限制条件多，折旧费收取过高等。

　　近年来，中国消费者协会和部分地方消费者协会积极配合有关部门，推动完善有关"三包"制度。一是 2007 年 4 月，中消协组织全国城镇消费维权状况调查，形成总体报告和手机领域分报告，并就手机领域存在的问题呼吁完善相关"三包"规定，合理确定折旧费；二是 2008 年 12 月，受国家质监总局委托，组织召开《产品质量担保管理条例》座谈会，中消协及 6 省市地方消协代表参加会议，反映"三包"规定的执行情况及存在问题，探讨建立我国产品质量担保制度；三是 2010 年 5 月，中消协受工业和信息化部委托，代为邀请部分专家、律师、消费者和部分地方消协代表参加电视机和微型计算机"三包"规定座谈会，分别与 11 家电视机企业、19 家微型计算机企业进行磋商，就相关产品"三包"范围、"三包"起算时间、零部件更换、停产部件保障、退换货、折旧费、备用机、产品安全使用期、行政责任等问题提出修改建议。其中，关于平板电视机是否适用 1985 年的部分商品修理更换退货责任规定争议较大。旧"三包"规定适用范围包括黑白电视机和彩色电视机。但近年来技术进步，平板电视大量上市，经营者以技术不同为由拒绝按照相关"三包"规定承担修理更换退货责任。经过消协组织大力呼吁，2011 年，质监总局和工信部、国家工商总局三部委共同发布——"关于将平板电视机商品纳入《部分商品修理更换退货责任规定》调整范围的公告"。四是 2012 年针对技术进步下有关产品维修服务出现的新问题，召开相关"三包"规定适用问题研讨会，探讨保护消费者权益的有效对策。五是 2002—2013 年，中消协和地方消协积极参与《家用汽车产品修理更换退货规定》制定工作，反映消费者意见，提出立法建议；同时参加有关汽车"三包"配套标准问题研讨会，为汽车"三包"规定出台做好相关准备工作；2013 年在《家用汽车产品修理更换退货规定》正式实施前，中消协狠抓汽车"三包"规定培训，做好应对汽车投诉准备，7～9 月举办了南京、成都、杭州、昆明等四期"汽车三包"培训班，共培训了550人次。培训涉及全国副省级以上所有消协组织的汽车专业办、汽车投诉业务工作的负责同志。为配合"三包"规定的出台，中消协还制定了《汽车消费服务争议解决规范》（试行）、《中消协汽车消费投诉受理处理指导意见》（试行）等配套措施，进一步促进了全国消协组织受理汽车投诉工作的规范化，为全国消协组织做好应对汽车投诉工作打下了良好基础。

来源：http：//www.fjxwh.org.cn。

本资料中将"中国消费者协会"简称为"中消协"，消费者协会简称为"消协"。

商品和服务的质量直接关系到消费者的日常生活与消费者的人身、财产安全，是消费者权益保护中需要重点关注的。《消费者权益保护法》关于经营者"三包"义务的规定，一是明确了消费者的优先退货权，规定商品或者服务在不符合质量要求的情况下，消费者可以依照国家规定和当事人约定退货、更换、修理。二是扩大了"三包"规定的适用范围，原"三包"规定涉及商品仅有20余种，新《消费者权益保护法》规定，没有国家规定和当事人约定的，消费者可以自收到商品之日起七日内退货，并明确了七日之后经营者应承担退货、修理、更换义务的情形，这等于把范围扩大到所有的商品。三是规定了进行退货、更换、修理的，经营者应当承担运输等必要的费用。四是明确三包期限的起始时间从交付之日起开始计算，过去，"三包"是从开具发票时间开始计算，但有的商品从开具发票到货物交验、安装、调试完毕可能会有将近一周甚至更长的时间，如果将这段时间也纳入"三包"期限，实际上是间接缩短了"三包"期限，有损消费者的合法权益。

（9）经营者的举证责任。经营者应当保证在正常使用商品或者接受服务的情况下，其提供的商品或者服务应当具有的质量、性能、用途和有效期限；但消费者在购买该商品或者接受该服务前已经知道其存在瑕疵，且存在该瑕疵不违反法律强制性规定的除外。

《消费者权益保护法》规定，经营者以广告、产品说明、实物样品或者其他方式表明商品或者服务的质量状况的，应当保证其提供的商品或者服务的实际质量与表明的质量状况相符。

《消费者权益保护法》还规定，经营者提供的机动车、计算机、电视机、电冰箱、空调器、洗衣机等耐用商品或者装饰装修等服务，消费者自接受商品或者服务之日起六个月内发现瑕疵，发生争议的，由经营者承担有关瑕疵的举证责任。

在强化经营者义务方面，"举证责任倒置"成为破解消费者维权难、维权成本高的"利器"。针对消费者维权举证难的问题，经营者对自己销售的商品或提供的服务更了解，掌握的信息和相关的凭据更全面，同时，经营者实力更强，在对抗中往往处于强势地位，一些证据是消费者无法取得的。所谓"举证之所在，败诉之所在"，若不能突破诉讼法中传统的"谁主张谁举证"的问题，就无法改变受损害的消费者求告无门的情形，规定经营者的举证责任彰显了实质正义。《消费者权益保护法》突破了"谁主张谁举证"的一般举证规则，加重了经营者的举证责任。最高人民法院于 2013 年 12 月 26 日发出《关于认真学习贯彻实施消费者权益保护法的通知》，通知明确强调，新《消费者权益保护法》施行后，人民法院要合理分配当事人的举证责任，既要充分运用举证责任倒置，解决当事人商品信息不对称的问题，充分保护消费者的合法权益；又要明确消费者的初步举证的义务，及时查明案情，分清是非责任。经营者不能提交充分证据证明商品没有质量问题或者损害是由于消费者使用不当等原因造成的，应承担举证不能的不利后果。

（10）无理由退货义务。这条对经营者义务的规定主要在于保障网购消费者的合法权益，同时维护网购经济秩序，促进社会主义市场经济健康发展。经营者采用网络、电视、电话、邮购等方式销售商品的，消费者有权自收到商品之日起七日内退货，且无须说明理由，但下列商品除外：

① 消费者定做的；

② 鲜活易腐的；

③ 在线下载或者消费者拆封的音像制品、计算机软件等数字化商品；

④ 交付的报纸、期刊。

除前款所列商品外，其他根据商品性质并经消费者在购买时确认不宜退货的商品，不适用无理由退货。

随着信息技术发展，网购逐渐成为人们购物的重要方式之一。但这种消费方式因消费者主要通过经营者提供的图片、文字、别人评价等选择商品，不易辨别商品的真实性，消费者投诉量持续增加。为秉持公平理念，平衡消费者和经营者之间信息不对称的问题，一方面保护消费者的权益，提出了无理由退货；另一方面考虑到网络购物等市场发育程度和对经营者的影响，防止有的消费者滥用这种权利，《消费者权益保护法》同时明确了不宜退货的情形、退货的商品应当完好以及退货费用的承担，从而增强了法律适用的确定性和可操作性。对于法律列明的商品之外，商品性质不宜退货的，要求必须经消费者购买时确认，解决可能发生的事后争议。值得注意的是，退货的商品应当完好，仅限于商品本身，除法律明文规定外，对于商品的包装等，由于需要验视、试用，允许拆封。此外，法律关于七日无理由退货的规定仅是最低要求，经营者应当自收到退回商品之日起七日内返还消费者支付的商品价款。退回商品的运费由消费者承担；经营者和消费者另有约定的，按照约定。

"七日"在法律界内叫"冷静期"或"反悔期"，这一规定实质是引入了欧盟等地区和国家所通行的"后悔权"或"冷静期"制度，这属于国际立法惯例。其目的是保障消费者在合理期限内纠正冲动购物等错误，并有效遏制经营者的虚假宣传等行为，与有质量问题才能退货的传统观念相比，赋予消费者无理由退货的权利，无疑是立法上的一个重大突破。

冷静期制度

消费者冷静期制度起源于美国，最早出现在直销和保险行业中，又被称为"冷却制度"。由于推销员通过拜访方式向消费者推销商品和服务，难免会夸大其辞，冷静期的建立使处于产品信息弱势的消费者在一定期限内，享有退货并收回全额退款的权利。事实上，在西方一些国家，购物者的冷静期制度早已有明文规定。对于网上购物、邮购、电视购物等所谓的"远距离购物"，瑞典专门出台了《远距离合同法》，规定在网上购物、邮购、电视购物等行为中，消费者均享有 14 天的"冷静期制度"，在这 14 天内，可以任意换货或退货。欧盟法律规定，如消费者订购一个不了解其性能的货物，且是远程购买的并超过 40 欧元，则消费者拥有 14 天的试用期。英国规定，消费者在网上或通过电话购买商品后享有"冷静期"，如在 7 天之内改变主意，可通知商家退货。30 天内，如未收到购买的货物或服务，也享有全额退款的权利。在英国允许顾客退换货已成为商家经营策略的一部分。英国塞夫韦连锁超市集团在其商品收据上这样写道：购买商品之后如果发现不十分满意，任何商品都可以退货或更换。国际知名品牌BALLY 皮鞋专卖店的收据上是这样写的：对于购买后没有穿过的鞋子，按原价购买者可在 3 个月之内原价退货，削价商品可在 28 天之内按购买价格退货。在零售业非常发达的日本，买了商品如果不满意，退货也很方便。由于有一系列法律法规和相关组织的保护，消费者在日本各类商店不但购物便利，而且购买的正常商品基本都能实现"无理由退货"。当然，特价处理商品也有不能退货的时候，但售货员在收款之前必定会向消费者说明。

来源：张镝：《消费者"冷静期制度"的法律思考》，中国商界，2010 年 9 月第 206 期。

（11）禁止经营者以格式合同等方式做出对消费者不公平、不合理的规定免责。格式条款可以缩短商家和消费者缔约时间、提高效率、降低成本。但是，部分商家只强调权利，有意识地逃避义务，甚至将不公平条款强加给消费者，把格式条款变为"霸王条款"。

格式条款是当事人为了重复使用而预先拟订，并在订立合同时未与对方协商的条款。格式条款在金融、电信、供水、供电等领域广泛应用，具有便利交易、降低成本等优点。但由于格式条款是经营者按照自己单方意愿拟订的，重点必然落在维护自身利益上。一些经营者利用其优势地位，在制订格式条款时只强调权利，有意识地逃避法定义务，甚至将不公平条款强加给消费者，引起消费者的强烈不满。从预付卡"过期余额不退"到银行"离柜概不负责"，形形色色的"霸王条款"令消费者深恶痛绝。

为此，相对于现行法律，新修订的《消费者权益保护法》增加了用于认定格式条款中"不合理、不公平的规定"的一系列描述。

中国消费者协会发现，目前不公平格式条款主要存在五方面问题：一是经营者减免自己责任、逃避应尽义务。一些经营者无视国家法律法规，在制订格式条款时，有意逃避法定责任和义务。二是权利义务不对等、任意加重消费者责任。三是排除、剥夺消费者的权利。有的经营者通过格式条款，事先拟订消费者放弃权利的条款，一旦发生问题，以此为自己免责。还有的则将合同中属于双方约定的条款事先填好，签订时不容协商。四是违反法律规定，任意扩大经营者权利。五是利用模糊条款掌控最终解释权。一些商场、超市在各种促销活动中，都不忘声明"本公司具有活动最终解释权"，一旦发生消费纠纷，该声明就成为其推卸责任的挡箭牌。

《消费者权益保护法》对于经营者以不公平格式条款损害消费者权益的行为进行了进一步规制。一是要求经营者使用格式条款的，应当以显著方式提请消费者注意与自身有重大利益关系的内容，如安全注意事项、风险警示、售后服务、民事责任等；二是细化了利用格式条款损害消费者权益的相应情形，经营者不得以格式条款、通知、声明、店堂告示等方式作出排除或者限制消费者权利、减轻或者免除经营者责任、加重消费者责任等对消费者不公平、不合理的规定；三是针对网络交易等过程中经营者利用技术手段要求消费者必须同意所列格式条款否则无法交易的情形，规定经营者不得利用格式条款并借助技术手段强制交易。格式条款、通知、声明、店堂告示等含有上述所列内容的，其内容无效。

延伸阅读

国外不公平格式条款判断标准

为解决实践中不公平格式条款的判断标准问题，部分国际组织和国家近年来在消费合同立法中对不公平格式条款的认定标准，作了较为详细的规定。

一般规则。欧盟规定，如果合同条款被事先拟定，且消费者不能影响条款内容的，则视为合同未经单独磋商；未经磋商的合同条款若违反善意要求，导致双方权利与义务严重不平等的，该合同条款将被认定为不公平条款，对消费者不具法律效力。是否属于"善意"，应就双方谈判地位、经营者是否提供诱因、商品或者服务是否应消费者要求预定等因素综合衡量。韩国规定，格式合同中的任何条款具有以下情形之一的，该条款被视为不公平条款：一是对消费者明显不利；二是由于交易类型、合同类型等情况，消费者很难预见该条款；三是因合同项下的基本权利受到过多限制，致使不能实现合同目的。

具体规则。从日本、韩国、欧盟等的规定看，不公平格式条款大致可分为三类：

一是限制或者免除经营者责任。二是赋予经营者单方权利。例如赋予经营者单方合同解除权，赋予经营者无正当理由的单方合同内容变更权，允许经营者发货时才向消费者提供确定合同报价，赋予经营者对合同条款的单方解释权等。三是限制、排除消费者权利或者加重其义务。例如不合理地限制消费者与其他第三方缔约，排除或者限制消费者提起诉讼或者采取其他法律救济措施的权利等。

来源：《新消保法强化经营者义务 扩大"三包"适用范围》，法制日报，2013 年 10 月 30 日。

（12）保护消费者的人身权的义务。《消费者权益保护法》第 27 条规定：经营者不得对消费者进行侮辱、诽谤，不得搜查消费者的身体及其携带的物品，不得侵犯消费者的人身自由。这条内容体现了以人为本的理念，顺应了人格权保护的发展。消费者应该具有的，为进行生活消费而安全和公平地获得基本的食物、衣服、住宅、医疗和教育的权利等，实质上即是以生存权为主的基本人权。消费者权利也是人权的内容之一，公民人格尊严的权利包括姓名权、肖像权、名誉权、荣誉权等，消费者的人格尊严在购买、使用商品和接受服务时受到尊重，主要指消费者在购买、使用商品和接受服务时，商品的生产者、销售者或服务的提供者不得采取任何方式侮辱消费者，也不得公开宣扬有损消费者名誉的言论。各民族的风俗习惯和人格尊严一样应当得到充分的尊重。❶ 经营者的一切经营活动和行为都必须建立在充分尊重消费者人格尊严、人身自由权利的基础之上，这是法定的义务，也是文明经商的重要标志。

（13）采用网络等方式提供商品或者服务的信息告知义务。采用网络、电视、电话、邮购等方式提供商品或者服务的经营者，以及提供证券、保险、银行等金融服务的经营者，应当向消费者提供经营地址、联系方式、商品或者服务的数量和质量、价款或者费用、履行期限和方式、安全注意事项和风险警示、售后服务、民事责任等信息。

如前所述，网络购物、电视、电话购物、邮购等已经作为重要的消费方式融入广大消费者的日常生活，《消费者权益保护法》同样重视对这些新型消费方式进行规制。《消费者权益保护法》分别对消费者的知情权、后悔权作了规定。与传统消费方式相比，消费者通过网购等方式无法直接接触到商品，往往因为经营者所提供的信息不真实、不完整而难以做出合适的消费选择，因此，《消费者权益保护法》明确规定了经营者应主动提供的信息，其范围也较传统消费方式知情权的客体范围大。《消费者权益保护法》赋予采用新型购物方式、非面对面缔结合同的消费者后悔权，即自收到商品之日起七日内单方解除合同的权利；由此而产生的运输费用由消费者承担。毕竟在新型消费方式中信息不对称问题体现得更加明显，后悔权入法可以进一步确保消费者知情权的实现，保障公平交易，也能使某些试图通过格式合同牟取不正当利益的经营者计

---

❶ 胡元聪：《"消费者权益保护法"的价值论》，载《理论与改革》，2005 年第 1 期。

划破产。此外，对于网购消费者，当网络交易平台上的销售者、服务者不再利用该平台时，消费者可以向网络交易平台提供者要求赔偿，赋予了消费者更加全面到位的损害赔偿请求权。

（14）保护消费者个人信息义务。经营者收集、使用消费者个人信息，应当遵循合法、正当、必要的原则，明示收集、使用信息的目的、方式和范围，并经消费者同意。经营者收集、使用消费者个人信息，应当公开其收集、使用规则，不得违反法律、法规的规定和双方的约定。

经营者及其工作人员对收集的消费者个人信息必须严格保密，不得泄露、出售或者非法向他人提供。经营者应当采取技术措施和其他必要措施，确保信息安全，防止消费者个人信息泄露、丢失。在发生或者可能发生信息泄露、丢失的情况时，应当立即采取补救措施。

经营者未经消费者同意或者请求，或者消费者明确表示拒绝的，不得向其发送商业性信息。

消费者个人信息也是一种财产。随着信息技术的广泛应用和互联网的不断普及，个人信息在社会、经济活动中的作用日益凸显。从法律意义上讲，个人信息权一般指消费者对其个人信息依法享有支配、控制并排除他人侵害的权利。但信息技术的迅猛发展在为人们提供更加方便快捷的获取信息途径的同时，也不可避免地使消费者的个人信息被滥用，产生信息安全问题，由于消费者的姓名、肖像、身份证号码、电话号码、居住地址、职业、收入、消费偏好、健康状况、信用状况等个人信息具有潜在的商业利用价值，越来越多的企业单位利用向消费者提供商品和服务的机会，收集、出售消费者的信息。

中国消费者协会2013年上半年投诉统计数据显示，生活服务、社会服务、销售服务、电信服务、互联网服务和公共设施服务居于投诉量前五位。其中互联网服务投诉位居服务类第四位，有8942件，占投诉比重3.4%。消费者反映的主要问题包括个人信息丢失、泄露等网络安全问题。比如，才买了新车就有人来推销保险；刚生完孩子就接到了孕婴产品销售商的问候电话；新房钥匙还没到手，装修公司就上门"拜访"……这一切严重影响了消费者的正常生活，侵害了消费者的合法权益。如何保护个人信息日渐成为困扰消费者的一个难题，因此，《消费者权益保护法》明确规定了消费者个人信息得到保护的权利，第29条则相应地规定了经营者的义务，包括收集、使用消费者个人信息应当合法、正当、必要。明示收集、使用信息的目的、方式和范围，必须采取保密措施确保信息安全。针对当下普遍存在的利用掌握的消费者个人信息进行推销的问题，消法明确规定，经营者未经消费者同意或者请求，或者消费者明确表示拒绝的，不得向其发送商业性信息。

本条针对现实中个人信息泄露、骚扰信息泛滥的情况，规定了经营者收集、使用消费者个人信息的原则，对所收集个人信息的保密义务，商业信息的发送限制等，对于保护消费者权益具有积极意义。

1. 2012 年 1 月，陈女士（车主）的小车出了事故，经投保保险公司勘察后到福州某汽车销售有限公司 4S 店维修。由于车辆受损严重，维修金额高，保险公司采取核定维修金额人民币 8 万元整一次性定损予以理赔。保险公司、车主、承修单位三方签订一次性定损协议。3 个月后，该车维修完毕交付车主使用，车主使用后发现 4S 店更换的配件中变速箱、水箱框架、避震等都是旧的，自行与 4S 店交涉。经双方协商，3 月 30 日，4S 店给车主 17000 元作为双方维修标准中存在异议的补偿，并签订了该车出厂后使用过程中遇到的任何问题须由车主有偿维修的协议，并由车主签字确认。事后，车主又发现气囊也是旧的，再次要求增加 20000 元补偿，4S 店认为双方已签订有偿维修协议不予处理，一直拖延。4 月 5 日，陈女士向当地 12315、消费者委员会投诉。

试分析：什么情况下消费者能够向经营者要求退货或者提供维修服务？

2. 张先生在某网站发现某品牌的手表宣传得很火，于是点击进入，网店的商品信息及图片均为正品，在与店主的沟通中，店主也向张先生保证质量没有问题，绝对是正品，张先生便订购了一款。两天后，收到了寄来快件。打开包装后，发现手表和自己在网站上看到的宣传效果相差甚远。广告上说的钢化外壳变成了塑料外壳，而且宣称的很多功能实际上也没有，手表绝非正品。张先生马上拨打网站电话，告诉对方自己要求退货，遭到拒绝。当张先生再次拨打时，没说上几句对方就直接挂断电话，再次登录该网站时，却是连该网页也无法显示了。张先生向网购平台工作人员投诉，他们在核实后表示，对方提供验证的身份证件是假冒的，对张先生所遭受的损失爱莫能助。

试分析：张先生所遭受的损失应由谁来负责？

第六章 消费者权益争议的解决

 本章导读

  消费者权益争议是指消费者在消费过程中权益受到侵害而与经营者、生产者发生的争议。其解决由于消费者的选择不同而具有不同的途径。消费者始终处于弱势地位，无论在交易的过程中，还是在纠纷的处理中，消费争议的双方事实上是不平等的。根据我国《消费者权益保护法》的规定，消费者与经营者发生消费者权益争议的，可以通过和解、请求消费者协会和其他调解组织调解、向有关行政部门投诉、仲裁、向法院提起诉讼等诸多解决途径维护其权益。消费者可以根据具体争议事实，权衡争议的解决成本，考虑交易费用作出理性的选择。同时，为了避免因为商品流通环节多重化导致消费者主张权利无法落实，《消费者权利保护法》专门规定了消费者求偿主体范围和在何种情况下经营者对消费者受到的损害负有赔偿责任。

第一节 消费者权益争议的解决途径

一、消费者权益争议范围

  消费者权益争议是指在消费领域中，消费者与经营者之间因权利义务关系产生的矛盾纠纷，主要表现为消费者在购买、使用商品或接受服务的过程中，由于经营者不依法履行义务或不适当履行义务使消费者的合法权益受到损害，或消费者对经营者提供的商品或服务不满意，双方因此而产生的矛盾纠纷。经营者违法或不适当履行义务，主要表现为以下几种情况：①所提供的商品存在危及人身、财产安全的危险，或不符合有关的国家标准、行业标准；②对提供的商品或服务作虚假宣传，误导消费者；③经营者侵犯消费者的人身权，进行侮辱、诽谤、搜查身体及其携带的物品；④经营者隐匿或冒用他人的名称、标记等使消费者产生误认；⑤无理拒绝履行国家规定的义务或双方约定的义务等。

二、消费者求偿主体的确定

社会再生产及社会分工决定了消费者在购买使用商品或接受服务时直接、间接与多个经营者产生利害关系，那么，当消费者权益受到损害时应该向谁要求赔偿，即如何确定求偿主体呢？国家为了防止和避免生产者与销售者之间相互推诿，逃避法律责任，保证消费者的合法权益及时得到保护，确定了有利于消费者求偿的原则。

（1）消费者在购买使用商品时，其合法权益受到损害，可以向销售者要求赔偿，即销售者负有先行赔偿消费者损失的法定义务。如果造成消费者损害的责任在于生产者或中间商，销售者在赔偿消费者后，有权向责任方追偿。值得指出的是，违反这一法律规定的现象，在当前还时有发生：消费者因商品质量问题受到损害而要求销售者承担相应责任时，售货员（甚至商场管理人员）要求消费者去找生产厂家，仿佛理直气壮，其实这是违反法律的行为，消费者切不可因此而退让。

（2）因商品缺陷造成人身、财产损害的，可以向销售者要求赔偿，也可以向生产者要求赔偿。这一规定赋予消费者对求偿主体的选择权，同时也强化和固定了销售者、生产者的赔偿义务。生产者或销售者在向消费者履行赔偿义务后有权向责任者追偿。

（3）消费者在接受服务时，若合法权益受到损害，可直接向服务者要求赔偿。

（4）其他情形的赔偿主体的确定。

三、消费者争议的解决途径

消费者在购买、使用商品和接受服务时，其合法权益受到损害，必然也应该要求经营者对损害予以赔偿或公平、合理地解决争议。根据《消费者权益保护法》第39条的规定，解决消费者权益争议的途径主要有五种：①与经营者协商和解；②请求消费者协会或者依法成立的其他调解组织调解；③向有关行政部门投诉；④提请仲裁机构仲裁；⑤向人民法院提起诉讼。

（一）消费者与经营者协商和解

所谓协商和解，是指当事人双方在平等自愿的基础上，本着公平、合理解决问题的态度和诚意，交换意见、取得沟通，使问题得到解决的一种方式。这种方式具有及时、直接、平和等特点，对于标的物较小的纠纷或讲信誉、重质量的经营者来说，采用此种方式解决矛盾能获得较满意的结果。但该方式由于缺乏国家的强制力和约束力，有时很可能达不到目的，对此，消费者应有采用其他方式的准备。

1. 消费者与经营者在协商解决争议时必须遵循的原则

（1）协商和解必须遵守自愿原则。在协商和解中，是否进行协商和解以及按照什么样的条件进行和解，都须由当事人自己决定，不得强迫协商，更不得采用暴力、威胁手段强行要求对方接受某种和解条件。和解协议达成后，由当事人自觉履行，当事人一方不履行的，可以重新协商，任何一方不得强制对方履行。不愿和解或和解协议达成后反悔的，应通过其他途径解决。

（2）争议当事人应当具有和解权利。可以协商和解的争议应当是当事人具有和解权利的争议，即其涉及的权利义务必须是当事人可以处分的权利义务。对涉及犯罪行为的争议以及涉及公共利益的争议，当事人不得进行和解。例如，有关经营者在提供经营服务时致消费者重伤或死亡可能要承担刑事责任的争议，就不能由双方协商私了。

（3）协商和解不得损害第三方利益。当事人协商和解不得损害国家利益、社会公共利益或其他第三人的利益。和解协议的内容不得违法。例如，经营者对其伪劣商品给消费者造成的损害虽答应赔偿，但以消费者对其假冒商标的行为不得检举、揭发为条件，损害第三方合法利益的和解协议应为无效。当事人的行为视其情形可构成共同违法或共同侵权行为，对此，受侵害第三方可以要求其承担侵权责任。

2. 协商和解的注意事项

消费者在确认自己的合法权益受到损害而准备采取协商和解的方式予以解决时，应注意以下几个方面的问题：①准备好翔实、充足的证据和必要的证明材料。②要坚持公平合理、实事求是的原则。在与经营者协商时，要阐明问题发生的事实经过，提出自己合理的要求，必要时可指明所依据的法律条文，以促成问题的尽快解决。③要注意时效性。有些问题的解决具有一定的时效性，不要被经营者的拖延所蒙蔽而一味地等待，像有关食品、饮料的质量问题，一旦超过一定时间，检验机构就无法检验。因此，如果在证据确凿、事实明确的情况下，经营者还故意推诿、逃避责任，消费者就要果断地采取其他方式来求得问题的解决。

（二）请求消费者协会或者依法成立的其他调解组织调解

消费纠纷发生后，除了通过协商和解方式解决矛盾和争议，还可以通过第三方参与进行调停。实践证明，调解是解决消费纠纷最行之有效的方式，与诉讼、仲裁相比，调解程序简单、便捷。这次新的《消费者权益保护法》扩大了作为消费纠纷调解的组织。调解作为一种纠纷解决方式在社会上的应用越来越广泛，它是指在第三方主持下，以国家法律、法规、规章和政策以及社会公德为依据，对纠纷双方进行斡旋、劝说，促使他们相互谅解，进行协商，自愿达成协议，消除纠纷的活动。

1. 调解消费者纠纷组织范围

（1）消费者协会的调解

所谓消费者协会的调解，是指在消费纠纷发生以后，消费者投诉到消费者协会组织，消费者协会的工作人员通过对经营者进行法制宣传和说服调解，化解矛盾，解决问题，防止消费纠纷的激化，保护消费者的合法权益的一种纠纷解决机制。消费者协会是消费者的"群众团体"，而《消费者权益保护法》以社会立法的法律形式赋予消费者组织代表消费者参与公共事务管理的公共权力是直接的准行政权，不是在行政机关的权力之下附属的公共权力。只不过这种公共权力的构成形式是委员会制，是与消费者主体为直接构成来源并区别于单个行政执法部门人员构成要素的社会化、广泛化要素为组织形式要件的。《消费者权益保护法》第 37 条规定了消费者协会应履行下列公益性职责：①向消费者提供消费信息和咨询服务，提高消费者维护自身合法权益的能力，引导文明、健康、节约资源和保护环境的消费方式；②参与制定有关消费者权益的法律、法规、规章和强制性标准；③参与有关行政部门对商品和服务的监督、检查；④就有关消费者合法权益的问题，向有关部门反映、查询，提出建议；⑤受理消费者的投诉，并对投诉事项进行调查、调解；⑥投诉事项涉及商品和服务质量问题的，可以委托具备资格的鉴定人鉴定，鉴定人应当告知鉴定意见；⑦就损害消费者合法权益的行为，支持受损害的消费者提起诉讼或者依照本法提起诉讼；⑧对损害消费者合法权益的行为，通过大众传播媒介予以揭露、批评。各级人民政府对消费者协会履行职能应当予以支持。可见，调解是消费者协会的一项法定职能。

（2）依法成立的其他调解组织的调解

消费者争议可以通过消费者协会调解解决。实际上，消费者纠纷的调解并非只能由消费者协会进行，任何第三人参与消费者纠纷的解决，促成争议双方达成协议的，都属调解的范围。只要不存在违法行为，调解同样受法律承认。我国调解组织多样化，全国性和地方性组织，专业性和行业性组织并存，这些调解组织的存在，为不同诉求的消费者提供了解决纠纷的平台，使调解发挥更大作用。

在《消费者权益保护法》规定的五种消费纠纷解决途径中，协商和解虽然成本低但成效并不显著，而诉讼和仲裁对于消费者，尤其是在小额消费纠纷的情况下，则会显得烦琐，并且浪费大量的司法资源。相比较而言，消费者协会调解是消费纠纷解决中较好的一种方式，它的优势体现为：

① 在消费纠纷关系中，消费者总是处于弱势地位，而消费者协会是受国家主管行政机关支持和指导的半官方组织，具有较严密的组织形式、较强的经济力量和较高的权威地位，足以代表消费者与经营者抗衡。[1] 在这种情况下，消费者更愿意向消费者协会投诉，接受消费者协会进行的调解。

② 消费者协会组织遍及全国各地，我国除了中国消费者协会外，各地也分别依照行政区域和行政级别建立了不同层级的消费者协会。消费者协会离消费者较为接近，其调解程序简便且不收费，与诉讼和仲裁相比具有成本低、便利性等优势。

③ 消费者协会中的调解人员多为专业人员，有相应的理论基础和实践经验，并会聘请各个相关领域的专家作为顾问，对于各种行业惯例和消费领域方面的专门知识以及国内外的总体情况都有着较为深入的了解。当消费纠纷关系中的双方当事人提请调解时，能够提出较为合理的解决方案。

2. 调解的原则和效力

消费者协会和其他调解组织的调解属于民间性调解并且是非诉讼程序，调解协议

---

[1] 范愉、李浩：《纠纷解决——理论、制度与技能》，清华大学出版社 2010 年版。

并不具有法律强制力，要靠双方当事人自愿履行。如果当事人对消费者协会的调解协议不服，可以再通过诉讼或仲裁等方式解决。

在调解的过程中应遵循以下几点原则：

（1）当事人自愿原则。消费者协会中的调解人员必须尊重当事人的意思自治，调解开始、调解的达成、调解协议的具体内容都应完全由当事人自己决定，调解人员不能代当事人做出决定，不得强迫当事人接受调解协议。在调解协议达成之后，调解的内容由当事人自愿履行，消费者协会可以对其进行督促，但不得强制。

（2）合法原则。调解过程及达成的调解协议应当遵循相关法律规定，不能违反国家法律法规，不能损害国家公共利益及他人利益。

（3）对属于其受理范围的争议不得拒绝调解，在调解过程中应公正地依法调解。若当事人不接受调解、调解不成或者调解协议达成之后一方反悔，当事人可以通过诉讼或者仲裁程序解决，消费者协会不得进行干预。

3. 调解的程序

（1）受理投诉

消费者协会是依法成立的专门保护消费者合法权益的组织，是对商品和服务进行社会监督的主要社会团体。因此，消费者在自身合法权益受到侵害时，向消费者协会投诉，请求消费者协会调解是最常见的方式，能够较为顺利、有效地解决纠纷。根据《消费者权益保护法》的有关规定，各地消费者协会（委员会）对受理消费者投诉范围做如下规定：①根据《消费者权益保护法》关于"消费者的权利"的九项规定，受理消费者受到损害的投诉；②根据《消费者权益保护法》关于"经营者的义务"的十项规定，受理消费者对经营者未履行法定义务的投诉；③受理农民购买、使用直接用于农业生产的种子、化肥、农药、农膜、农机具等生产资料受到权益损害的投诉。

同时，明确规定了以下事项消费者协会不予受理：①经营者之间购销活动方面的纠纷；②消费者个人私下交易纠纷；③商品超过规定的保修期和保证期；④商品标明是"处理品"的（没有真实说明处理原因的除外）；⑤未按商品使用说明安装、使用、保管、自行拆动而导致商品损坏或人身危害的；⑥被投诉方不明确的；⑦争议双方曾达成调解协议并已执行，而且没有新情况、新理由的；⑧法院、仲裁机构或有关行政部门已受理调查和处理的；⑨不符合国家法规有关规定的。

另外，消费者协会对下列情形酌情受理：①遇到《消费者权益保护法》第41、42、43、44、45条所列情况，投诉人当时不能提供明确的被投诉方的，应积极协助消费者查找应负责任者，能够确定的，消费者协会（委员会）应予受理。②对因商品缺陷造成人身、财产损害的侵权问题投诉，可告知投诉者保留现场和证据，尽快向人民法院提起诉讼。投诉的消费者坚持要求消费者协会（委员会）调解的，可参照《民事诉讼法》有关规定进行。③按投诉的内容和有关规定，需由行政部门处理的，建议消费者直接向有关行政部门投诉。对已向有关行政部门投诉，但久拖不决或只对经营者处罚，未给消费者追偿损失，消费者又向消费者协会（委员会）投诉的，消费者协会（委员会）可以向该行政部门反映、查询并提出建议。④当地通过施行的地方法规赋予消费者协会（委员会）其他职能的，按地方法规执行。

消费者向消协投诉要提供文字材料或投诉人签字盖章的详细口述笔录。主要内容如下：①投诉人的姓名、住址、邮政编码、电话号码等；②被投诉方的单位名称、详细地址、邮政编码、电话号码等；③所购商品或接受服务的日期、品名、牌号、规格、数量、计量、价格等；④受损害及与经营者交涉的情况；⑤凭证（发票、保修证件等复印件）和有关证明材料。值得注意的是，未经消协同意，消费者不要轻易将凭证、证明材料原件和商品实物寄去，以免丢失，给问题的处理带来麻烦。如果投诉内容比较重要，最好亲自将材料送交消协，并进行口头补充说明。

消费者协会处理投诉的程序如下：①接受投诉后，即向被投诉单位或主管部门发出转办单，并附上投诉信，要求按有关法律、法规、政策，在一定期限内答复。一般情况下在正式立案后的十五日内处理完毕；超期未办的，再次催促或采取其他办法，直到办结为止。②对内容复杂、争议较大的投诉，消协将直接或会同有关部门共同处理。需要鉴定的，将提请有关法定鉴定部门鉴定并出具书面鉴定结论。鉴定所需的费用一般由鉴定结论的责任方承担。③对涉及面广、危及广大消费者权益的或者损害消费者权益情节严重又久拖不决的重要投诉，将向政府或有关部门及时反映，同时通过大众传播媒介予以揭露、批评，并配合有关职能部门进行查处。消协处理消费者与经营者争议纠纷，坚持自愿、合法原则。在消协的主持下，双方以事实为依据，以法律为准绳，自愿协商，达成协议。消协对所有投诉均会及时给予答复和处理。消协受理投诉不收费。

（2）调查

消费者协会受理了投诉后，应抓紧对争议事实进行调查，向双方和其他知情人调查了解争议产生的原因、经过、争议所涉及的商品或者服务的情况，需要请相关鉴定部门鉴定的，消费者协会可以请相关的鉴定机关出具鉴定报告。

（3）调解

调解是当事人选择解决纠纷的方式之一。根据《人民调解法》的规定，一方面，经人民调解委员会调解达成调解协议后，当事人之间就调解协议的履行或者调解协议的内容发生争议的，一方当事人可以向人民法院提起诉讼。另一方面，经人民调解委员会调解达成调解协议后，双方当事人认为有必要的，可以自调解协议生效之日起三十日内共同向人民法院申请司法确认，人民法院应当及时对调解协议进行审查，依法确认调解协议的效力。人民法院依法确认调解协议有效，一方当事人拒绝履行或者未全部履行的，对方当事人可以向人民法院申请强制执行。而当人民法院依法确认调解协议无效的，当事人可以通过人民调解方式变更原调解协议或者达成新的调解协议，也可以向人民法院提起诉讼。

挖掘机油箱漏油，消费者维权获赔

　　2010 年 11 月 2 日，宁安市沙兰镇消费者王先生花 4.8 万元在"牡丹江市山东杰达工程机械有限公司"购买了一台"杰达牌"ZL－18 型挖掘机。提货后，王先生当场给挖掘机加了 300 元钱的柴油。从牡丹江市区到宁安市沙兰镇全程 75 公里，300 元的油量应该足够了，但王先生途中又接连加了两次、共计 250 元的柴油，才总算将挖掘机开到家。仔细检查后发现，是油箱漏油所致。为此，商家派修理人员对该挖掘机进行了修理。但在接下来的 20 多天里，该挖掘机转向助力泵等多处机械又陆续出现问题，先后维修多次仍然无法正常使用。王先生认为该车存在严重质量问题，提出退车要求，但经营者只同意修理不同意退车。12 月 6 日，王先生将此事投诉到牡丹江市消协。消协将该挖掘机送检，检测结论是存在严重质量问题。最终，商家将购车款 47500 元退给了消费者。

（三）向有关行政部门投诉

　　消费者在购买使用商品或者接受服务受到损害时，可以向各级人民政府所属的与保护消费者权益有关的行政部门投诉。这些部门包括工商行政管理、技术监督、价格管理、卫生、防疫、进出口商品检验等部门。消费者可以根据自己受损害的情况和性质，向上述有关部门提出投诉。行政部门接到投诉后从两方面进行工作：一是经过调查了解弄清事实，对消费者和经营者之间的纠纷进行调解，使双方经过自愿平等协商达成解决问题的协议；二是对查证属实的经营者的违法行为，依据国家有关法律、法规予以行政制裁。根据《消费者权益保护法》第 46 条规定，消费者向有关行政部门投诉的，该部门应当自收到投诉之日起七个工作日内，予以处理并告知消费者。行政部门受理投诉后应该做到：①阅读核准投诉材料，消费者投诉要有文字材料或由本人签字盖章的详细口述笔录；②对缺少凭证和情况未说明的投诉，应及时通知投诉人，待补齐所需材料后予以受理；③对非消费者权益争议的投诉（如属于行政诉讼、刑事诉讼内容的投诉），及时告知投诉人不能受理的原因，并尽量指导其找到相关的部门进行申诉、起诉等；④设置专人负责处理消费者投诉。

（四）根据仲裁协议提请仲裁

　　仲裁，是指当事人双方根据事前或者事后达成的仲裁协议，自愿将纠纷提交给仲裁机构处理，仲裁机构作出的裁决对双方当事人具有约束力的一种法律制度。通过仲裁解决争议的前提条件是，消费者和经营者都必须同意采用此方式解决纠纷并达成仲裁协议。《仲裁法》的基本原则：①自愿原则；②独立仲裁原则；③根据事实，符合法律规定，公平合理地解决纠纷的原则。我国仲裁的基本制度包括：①协议仲裁制度；②或裁或审制度；③一裁终局制度。仲裁委员会是民间性的常设机构，仲裁委员会可以在直辖市和省、自治区人民政府所在地的市设立，也可以根据需要在其他的市设立，不按行政区划层层设立。目前，在我国直辖市、省会城市和部分设区的城市设有仲裁委员会。仲裁委员会独立于行政机关，根据《仲裁法》规定，平等主体的公民、法人和其他组织之间发生的合同纠纷和其他财产权益纠纷，可以申请仲裁。仲裁委员会对案件的管辖权取决于双方当事人是否达成仲裁协议。达成仲裁协议的，仲裁委员会才有权受理；没有达成仲裁协议的，仲裁委员会就无权受理。同时，当事人可以在仲裁协议中选择仲裁委员会和仲裁形式。仲裁没有级别管辖和地域管辖的限制。仲裁程序包括申请和受理、仲裁庭的组成、开庭和裁决等。根据《仲裁法》的规定，仲裁实行一裁终局的制度，裁决作出后，当事人就同一纠纷再申请仲裁或者向人民法院起诉的，仲裁委员会或者人民法院不予受理，但当事人有足够理由不服裁决的，可在收到裁决书六个月内向仲裁委员会所在地的中级人民法院申请撤销裁决。

（五）向人民法院提起诉讼

诉讼是指消费者与经营者发生纠纷后，由消费者根据民事诉讼法有关规定，向人民法院提起民事诉讼，法院以司法方式解决平等主体之间的纠纷，由法院代表国家行使审判权解决民事争议。它既不同于群众自治组织性质的人民调解委员会以调解方式解决纠纷，也不同于由民间性质的仲裁委员会以仲裁方式解决纠纷。民事诉讼的强制性既表现在案件的受理上，又反映在裁判的执行上。调解、仲裁均建立在当事人自愿的基础上，只要有一方不愿意选择上述方式解决争议，调解、仲裁就无从进行。民事诉讼则不同，只要原告起诉符合民事诉讼法规定的条件，无论被告是否愿意，诉讼均会发生。诉讼外调解协议的履行依赖于当事人的自觉，不具有强制力；法院裁判则不同，当事人不自动履行生效裁判所确定的义务，法院可以依法强制执行。民事诉讼是依照法定程序进行的诉讼活动，无论是法院还是当事人和其他诉讼参与人，都需要按照民事诉讼法设定的程序实施诉讼行为，违反诉讼程序常常会引起一定的法律后果。正因为如此，民事诉讼形成了自己特有的机制，诉讼中的和解制度和调解制度，对当事人处分其权利具有独特的意义和作用。对法院发生法律效力的判决，胜诉的一方当事人可以申请执行，也可以不申请执行。

第二节　消费者求偿主体的法律规定

《消费者权益保护法》具体规定了消费者应该享有的权利和经营者负有的义务。发生消费争议的背后是消费者所主张的利益，能否通过法定途径从经营者那里得到应有的赔偿。由于流通环节多层次化，经营方式多样化，使消费者对求偿主体无法明确，在提出损害权益的赔偿时会陷入困境。消费者可能不知道向谁主张权利，经营者也会规避责任，最终法律赋予消费者的权利无法真正实现，经营者的义务也无法完全履行。《消费者权利保护法》专门规定了消费者求偿主体范围和在何种情况下经营者对消费者受到的损害负有赔偿责任。

一、向销售者要求赔偿

《消费者权益保护法》第 40 条第 1 款规定：消费者在购买、使用商品时，其合法权益受到损害的，可以向销售者要求赔偿。销售者赔偿后，属于生产者的责任或者属于向销售者提供商品的其他销售者的责任的，销售者有权向生产者或者其他销售者追偿。《消费者权益保护法》之所以这样规定，是为了简化消费者主张赔偿的程序，使消费者的权利得到及时救济。

案例分析

超标化肥烧稻苗，农户获赔超百万

2010 年 5 月 5 日，查哈阳农场水稻种植户白春梅、宋桂柱等 18 人到齐齐哈尔垦区消协投诉，反映他们总计花费 9000 多元价款在海洋农资连锁店和汇亿农技推广有限公司丰收分公司购买的"固体调酸专家育苗剂"烧死了 800 亩水稻秧苗一事。接到投诉后，齐齐哈尔垦区消协立即成立调查小组，到事发地进行调查，并将该育苗剂委托质检部门进行检测。检测结果显示，该育苗剂中硫含量严重超标，为不合格产品。经调解，商家赔偿白春梅、宋桂柱等 18 户水稻种植户人民币 6 万元和价值 95 万元的合格化肥，赔偿价值总计超百万。

使用质量不合格的产品造成本人或第三人人身伤害的，可以向谁要求赔偿？

二、向销售者要求赔偿，或向生产者要求赔偿

《消费者权益保护法》第 40 条第 2 款规定：消费者或者其他受害人因商品缺陷造成人身、财产损害的，可以向销售者要求赔偿，也可以向生产者要求赔偿。属于销售者责任的，生产者赔偿后，有权向销售者追偿。那么，反过来，属于生产者责任的，销售者赔偿后，有权向生产者追偿。因产品存在缺陷造成他人的损害，除产品的缺陷是由于销售者的过错造成的外，都应由产品的生产者依法承担无过错责任。即产品的生产者是产品责任的主体。那么，缺陷产品的受害人能否直接向产品的销售者要求赔偿呢？按照产品质量法的规定，受害人可以直接向产品的生产者要求赔偿，也可以先向产品的销售者要求赔偿。销售者在先行赔偿后，有权向缺陷产品的生产者追偿。当

然，如果产品的缺陷是由于销售者的过错造成的，销售者只能自己承担赔偿责任。如果受害人向产品的生产者要求赔偿，生产者赔偿后，发现应属于产品销售者的责任的，生产者也有权向销售者追偿。产品质量法的这一规定，体现了对产品质量受害人的优先保护。《消费者权益保护法》赋予了受害人选择权，生产者、销售者对受害者的责任是基于不同原因产生的；受害者对生产者和销售者均享有分别独立的请求权；生产者和销售者对受害者受到损害来讲，没有共同目的，主观上没有联络，也没有共同行为；生产者、销售者均不分比例、份额负全部清偿义务，任何一方清偿了全部债务，受害者的权利就全部实现，无权再向另一方主张权利；生产者和销售者之间存在终局责任人。

> **案例分析**

　　前段时间几个朋友一起在李某家里喝啤酒，李某到家附近小卖部买啤酒，刚把酒瓶拎到家，瓶身突然爆炸，落下的碎玻璃插在李某和两个朋友的脚上和腿上，三个人都不同程度地受伤，后经了解，是因这种啤酒的瓶子质量有问题造成的。上述人身伤害事故应该向谁要求赔偿？《消费者权益保护法》规定："消费者或者其他受害人因商品缺陷造成人身、财产损害的，可以向销售者要求赔偿，也可以向生产者要求赔偿。属于销售者责任的，生产者赔偿后，有权向销售者追偿。"上述情况系人身受损害，当然可以选择向销售商品的小商店或啤酒的生产厂家索赔，具体向小商店还是生产厂家索赔则是消费者的权利。就人身、财产受损害后消费者可以向经销售者索赔，也可以向生产家索赔的问题，不仅在《消费者权益保护法》中有规定，《民法通则》、《产品质量法》等法律中也有规定。《民法通则》第122条规定："因产品质量不合格造成他人财产、人身损害的，产品制造者、销售者应当依法承担民事责任。运输者、仓储者对此负有责任的，产品制造者、销售者有权要求赔偿损失。"《产品质量法》第43条规定："因产品存在缺陷造成人身、他人财产损害的，受害人可以向产品的生产者要求赔偿，也可以向产品的销售者要求赔偿。属于产品的生产者的责任，产品的销售者赔偿的，产品的销售者有权向产品的生产者追偿。属于产品的销售者的责任，产品的生产者赔偿的，产品的生产者有权向产品的销售者追偿。"

三、向服务者要求赔偿

　　消费者权利是消费者在消费生活中所享有的权利，是消费者利益在法律上的表现。消费者享有获得有关消费和消费者权益保护方面的知识的权利。《消费者权益保护法》第40条规定，消费者在接受服务时，其合法权益受到损害的，可以向服务者要求赔偿。消费者在接受服务时造成其权益的损害，一般都是提供服务者不履行或者不适当履行其法定或约定义务造成的。服务的消费与商品消费尽管不同，但是，损害消费者权益时其本质是一致的，都是违反法定或约定义务，应该承担责任。

案例分析

为索赔2.20元邱建东自费数千出庭——向服务欺诈索赔的尝试

1997年1月，邱建东到北京出差期间，发现两家公话代办处在收取电话费时，没有执行邮电部关于夜间、节假日长话收费半价的规定，分别向其多收了0.55元话费。于是邱建东分别向北京市西城区人民法院和东城区人民法院提起诉讼，要求两公话代办处双倍赔偿多收取的0.55元话费，即各索赔1.10元。打官司期间，邱建东两度自费数千元飞往北京出庭。1997年年底，两个案件分别审结，其结果为一胜一负：北京市西城区人民法院支持邱建东的诉讼请求即"双倍赔偿"，判决被告向原告邱建东支付1.10元；而北京市东城区人民法院则判决支持"原值赔偿"，即赔偿0.55元话费。邱建东在西城区法院获得的胜利使该案被评选为"1997年全国侵害消费者权益十大案件"之一，1999年邱建东还获得了中消协颁发的"全国城市保护消费者权益十佳志愿者"光荣称号。

点评：在此之前出现的打假案件，基本上是针对商品欺诈进行的诉讼。邱建东的诉讼行为，使消费者以及各界对服务欺诈行为的危害予以思考和重视。如果仅就邱建东案件所获得的赔偿而言，似乎是得不偿失。但是，这种行为是对经营者欺诈行为的警示，受益的将是更广大的消费者，具有公益诉讼的性质。

四、向变更后承受其权利和义务的企业要求赔偿

《消费者权益保护法》第41条规定：消费者在购买、使用商品或者接受服务时，其合法权益受到损害，因原企业分立、合并的，可以向变更后承受其权利义务的企业要求赔偿。

企业主体变更带来了责任主体变化，企业的合并和分立是经济生活中的常见现象，同合并一样，分立也是公司迅速扩大经营，提高市场竞争力的重要手段。分立将一个公司分为多个独立承接民事责任的公司，具有分散经营风险之功效，因此，成为现代企业调整组织结构的一个重要手段。

（一）公司的合并形式和法律效果

（1）吸收合并：吸收合并是指一个公司吸收其他公司后存续，被吸收公司解散，合并后存续公司应办理变更登记，解散公司应办理注销登记。

（2）新设合并：新设合并是指两个或两个以上的公司合并设立一个新的公司，合

并各方解散，新设公司应办理设立登记，解散公司应办理注销登记。

根据公司法规定，公司合并，应当由合并各方签订合并协议，并编制资产负债表及财产清单。公司应当自作出合并决议之日起十日内通知债权人，并于三十日内在报纸上公告。债权人自接到通知书之日起三十日内，未接到通知书的自公告之日起四十五日内，可以要求公司清偿债务或者提供相应的担保。公司合并时，合并各方的债权、债务，应当由合并后存续的公司或者新设的公司承继。

（二）公司分立形式和法律效果

公司的分立，是指一个公司依法定程序分为两个或两个以上公司的法律行为。实践中，公司往往根据专业化分工的需要，将原公司中从事某一类或某一部分业务的机构独立出来，另行成立一个公司法人，使其独立对外承担民事责任，以便独立经营。

（1）新设分立。是指一个公司将其全部资产分割设立两个或两个以上的公司的行为。例如，A公司将其全部资产一分为二，分别设立了B、C两个公司，在B、C公司诞生之同时，A公司归于消灭。在新设分立的情况下，原公司解散，需办理注销登记，新设公司需办理设立登记。

（2）派生分立。是指一个公司以其部分资产设立另一个公司的法律行为。例如，A公司以其部分资产另外设立B公司，A公司不因B公司的成立而消灭，只是发生资产额的减少。在派生分立的情况下，原公司虽存续，却减少了注册资本，应依法办理变更登记，派生的公司则应办理设立登记。

《中华人民共和国公司法》（简称《公司法》）第176条规定了公司分立之后债权债务的承受问题，"公司分立前的债务由分立后的公司承担连带责任。但是，公司在分立前与债权人就债务清偿达成的书面协议另有约定的除外"，不仅明确了当事人双方有权就公司分立后的债务清偿问题自主约定，而且新增了连带责任的规定。很显然，这一规定对于保护债权人的利益十分有利，而且也有利于实务操作程序的简化和账务处理的便利。

《消费者权益保护法》在归责问题上延续了《民法通则》和《公司法》相关规定，保证了消费者求偿权的落实，避免了因为企业主体变更而推卸责任的现象。

五、向营业执照的持有人要求赔偿

由于在我国借用他人营业执照进行非法经营的现象为较普遍，所以，《消费者权益保护法》第42条对此作了专门规定：使用他人营业执照的违法经营者提供商品或者服务，损害消费者合法权益的，消费者可以向其要求赔偿，也可以向营业执照的持有人要求赔偿。出租、出借或转让营业执照供他人使用，是违法行为。因此，当消费者的权益受到侵害或产生消费者权益纠纷时，为避免违法使用他人营业执照的经营者与营业执照的持有人相互推诿、逃避法律责任，消费者既可以依法向违法履行义务或不当履行义务的经营者要求赔偿，也可以向营业执照的持有人要求赔偿。即违法使用他人营业执照的经营者与营业执照的持有人对消费者的损失承担连带责任，消费者向其中任何一人要求损害赔偿，其必须履行。

营业执照登记人与实际经营人不一致——向营业执照的持有人索赔

消费者小贾在某电脑超市购买了一台促销价3800元的电脑，回家使用时却发现电脑经常出现黑屏，存在严重的质量问题。小贾随即找到电脑超市负责人要求退换，但超市认为电脑本身没有问题，属于小贾使用不当造成故障，拒绝退换。小贾无奈之下，向回龙观司法所求助。经司法所工作人员调查得知，该电脑超市的营业执照负责人并非该超市现有经营者，营业执照是超市经营者向朋友张某借用的。司法所工作人员根据《消费者权益保护法》第42条"使用他人营业执照的违法经营者提供商品或者服务，损害消费者合法权益，消费者可以向其要求赔偿，也可以向营业执照的持有人要求赔偿"的规定认为：出借营业执照供他人使用，是违法行为。消费者的合法权益受到侵害时，既可以向使用他人营业执照的违法经营者要求赔偿，也可以向营业执照的持有人要求赔偿，使用他人营业执照的经营者和营业执照的持有人对消费者承担连带责任。同时，根据《消费者权益保护法》第40条"消费者在购买、使用商品时，其合法权益受到损害的，可以向销售者要求赔偿。销售者赔偿后，属于生产者的责任或者属于向销售者提供商品的其他销售者的责任的，销售者有权向生产者或者其他销售者追偿"的规定，如果电脑存在质量问题，销售者赔偿后，还可以向电脑的生产者或者其他销售者进行追偿。当事人双方听了司法所工作人员深入浅出的法律分析后，当即同意为贾某更换一台新电脑，经营者同时表示，将尽快办理自己的营业执照。

六、向展销会、租赁柜台的销售者或服务者要求赔偿，也可以向展销会举办者、柜台出租者要求赔偿

"消费者在展销会、租赁柜台购买商品或者接受服务，其合法权益受到损害的，可以向销售者或者服务者要求赔偿。展销会结束或者柜台租赁期满后，也可以向展销会的举办者、柜台的出租者要求赔偿。展销会的举办者、柜台的出租者赔偿后，有权向销售者或者服务者追偿。"这是我国《消费者权益保护法》第43条，关于消费者在展销会、租赁柜台购买商品或者接受服务，其合法权益受到损害时，对求偿主体的规定。该条规定包含了三层意思：

（1）消费者在展销会期间或者从租赁柜台购买商品或者接受服务，其合法权益受到损害的，可以向销售者或者服务者要求赔偿。展销会是指由一个或者多个主办单位

发起，在一定的地点和一定的期限内，召集众多参展单位来展示、销售其商品或者提供服务的活动。租赁柜台是指商家或者柜台的所有者，将其柜台在一定的期间出租给个人或者单位经营，由其收取租金的活动。消费者在展销会结束之前或者从商店的租赁柜台购买商品或者接受服务，其所应当享有的人身健康或者财产安全等合法权益受到损害时，消费者首先应当直接向销售者或者服务者提出赔偿要求，要求其承担因不合格商品或者低劣服务所造成的相应损失。

（2）展销会结束或者柜台租赁期满后，也可以向展销会的举办者、柜台的出租者要求赔偿。由于展销会和租赁柜台有一个共同的特点，就是都有一定的时间期限。在展销会结束或者柜台租赁期满后，作为消费者很难再找到参展单位或者柜台租赁者，这样就必然会给消费者在发现合法权益受到损害要求索赔时带来诸多困难，因此我国《消费者权益保护法》明确规定，在展销会结束或者柜台租赁期满后，消费者可以向展销会的举办者、柜台的出租者要求赔偿。对于消费者的合理赔偿要求，展销会的举办者、柜台的出租者不得以非经销者或者服务的提供者为借口，拒绝赔偿。

（3）展销会的举办者、柜台的出租者赔偿后，有权向销售者或者服务者追尝。为了保护展销会举办者、柜台出租者的权益，展销会的举办者、柜台的出租者在向消费者先行赔付后，如果认为消费者的合法权益受到的损害，应当由商品的销售者或者服务的提供者来承担时，其有权向商品的销售者或者服务的提供者进行追尝，要求商品的销售者或者服务的提供者承担其先行赔付的损失。

七、消费者通过网络交易平台购买商品或者接受服务，其合法权益受到损害的，可以向销售者或者服务者要求赔偿

随着信息技术发展，网购逐渐成为人们购物的重要方式之一。但这种消费方式因消费者主要通过经营者提供的图片、文字、别人评价等选择商品，不易辨别商品的真实性，消费者投诉持续增加。为秉持公平理念，平衡消费者和经营者之间信息不对称问题，保护消费者的权益，明确消费者在网络交易中求偿主体是提供公平交易环境的有力措施。

（一）网络交易平台购买商品或者接受服务，消费者求偿权无法落实现状分析

目前，网络交易频繁，一旦网络交易发生纠纷，经营者往往想方设法推诿扯皮，消费者获赔权难以得到实现。主要表现有三个方面：

（1）由于网络的虚拟性，其真正实姓名是否和网络上注册的一致，是难以确定的，甚至很多网上交易的店铺并没有进行注册登记，这导致经营者在实施侵权行为后，消费者和监管部门难以找到现实中的经营者。

（2）由于网络信息者表现为数据，而数据信息的无形性使得网络案件的证据与特定的主体之间的关联难以确定，经营者在发现侵权行为被追查时，往往利用信息技术

毁灭证据。

（3）由于网络交易涉及多个环节，不仅是交易双方，还包括交易平台服务提供商，还涉及物流商等多个环节，消费者的权益受损害，往往不是一个环节造成的，出现各个环节之间相互推诿扯皮的现象。

（二）网络交易平台提供者责任

网络交易平台提供者不能提供销售者或者服务者的真实名称、地址和有效联系方式的，消费者也可以向网络交易平台提供者要求赔偿；网络交易平台提供者作出更有利于消费者的承诺的，应当履行承诺。网络交易平台提供者赔偿后，有权向销售者或者服务者追偿。网络交易平台提供者明知或者应知销售者或者服务者利用其平台侵害消费者合法权益，未采取必要措施的，依法与该销售者或者服务者承担连带责任。2010年国家工商总局颁布《网络商品交易及有关服务行为管理暂行办法》，要求网络交易平台提供者承担三项义务：①对利用平台的经营者主体身份进行审查；②与经营者就平台进入与退出制度、消费者权益保障等方面的内容进行约定；③发生消费纠纷，向消费者提供经营者真实的登记信息并积极协助消费者维权。已经在工商行政管理部门登记注册并领取营业执照的法人、其他经济组织或者个体工商户，通过网络从事商品交易及有关服务行为的，应当在其网站主页面或者从事经营活动的网页醒目位置公开营业执照登载的信息或者其营业执照的电子链接标识。通过网络从事商品交易及有关服务行为的自然人，应当向提供网络交易平台服务的经营者提出申请，提交其姓名和地址等真实身份信息。具备登记注册条件的，依法办理工商登记注册。

《消费者权益保护法》44条规定："网络交易平台提供者明知或者应知销售者或者服务者利用其平台侵害消费者合法权益，未采取必要措施的，依法与该销售者或者服务者承担连带责任。"根据法条规定，网络交易平台提供者作为第三方，承担有限责任：一是在无法提供销售者或者服务者的真实名称、地址和有效联系方式的情况下，承担先行赔偿责任；二是在明知或应知销售者或者服务者利用平台损害消费者权益的情形下，未采取必要措施的，承担连带责任。同时规定，网络交易平台做出更有利于消费者的承诺的，应当履行承诺，防止承诺不兑现。上述规定有助于督促网络交易平台履行应尽审核义务，有助于解决实践中网购异地消费，一旦发生纠纷难以找到经营主体的突出问题，有助于消费者索赔权的实现，对于维护网购消费者的合法权益具有重要作用。需要特别关注的是，本条所讲主要是网购买卖合同中，网络交易平台何时承担责任的问题。作为服务合同的提供主体，网络交易平台除审核义务、信息披露义务外，还负有其他应尽义务，如：保障网络服务安全、告知消费者风险防范、规范信用评估服务、保护消费者个人信息、制定纠纷解决规则及协助解决争议、协助出证义务等，网络交易平台不履行应尽义务，损害消费者权益的，也要承担相应责任。网络商品经营者和网络服务经营者向消费者提供商品或者服务，应当事先向消费者说明商品或者服务的名称、种类、数量、质量、价格、运费、配送方式、支付形式、退换货方式等主要信息，采取安全保障措施确保交易安全可靠，并按照承诺提供商品或者服务。网上交易的商品或者服务应当符合法律、法规、规章的规定。法律法规禁止交易的商品或者服务，经营者不得在网上进行交易。网络商品经营者和网络服务经营者向消费者提供商品或者服务，应当遵守《消费者权益保护法》和《产品质量法》等法律、法规、规章的规定，不得损害消费者合法权益。实践中，存在网络交易平台的提供者明知食品、药品的生产者、销售者利用其平台侵害消费者权益而放任的情形，此种情况下构成共同侵权。依照侵权责任法的有关规定，网络交易平台提供者与食品、药品生产者、销售者承担连带责任。

案例分析

吴女士在某大型网购平台上的一家手表网店中购买了一款某进口知名品牌手表。实际收到货后，吴女士发现自己购买的手表并非正品，于是便联系卖家退货，但通过网店中所留的电话、邮件等均无法联系上。吴女士向网购平台工作人员反映，他们在核实后表示，对方当时提供验证的身份证件系假冒，目前他们做的只能是将这家网店关闭，吴女士所遭受的损失只能自己承担。网上购物方式与普通的购物不同，对于商家是否具经营资质、信誉等情况，买家无从查证，这就需要网络平台加强审查和监管。但是，由于卖家众多，网购平台只是提供一个交易平台，买卖自由，双方自愿，要求网购平台进行直接监管也是不现实的。为此，此次修改后的《消费者权益保护法》对网购平台的责任进行了清晰定位，即网购平台不能提供销售者或者服务者的真实名称、地址和有效联系方式的，承担赔偿责任。上述案例中，根据修改后的《消费者权益保护法》，吴女士有权要求网购平台承担赔偿责任。

八、因虚假广告消费者权益受到损害的，可以向经营者或者广告的发布者要求赔偿

在当今我国社会主义市场经济的形势下，商业广告作为一种极其有效的促销手段，其内容多种多样，其形式也呈现出多元化，从报刊、广播、电影、电视到商店橱窗、路标路牌等，广告所起的作用也日趋重要，它既是商品生产者和销售者重要的促销手段，同时也成为消费者购买商品的重要依据。在现实生活中，确实有少数商品的生产者和经营者看中了广告宣传面广、影响力大的特点，利用消费者对某些商品的性能、品质不甚了解，容易盲目轻信广告的心理，制作虚假广告，向消费者传递虚假或者引人误解的商品或者服务信息，使消费者产生误解，从而诱导消费者购买或者接受与自己真实意愿不相符的商品或者服务，使自己的合法权益受到侵害。对于利用虚假广告蒙骗消费者、损害消费者的合法权益的行为，消费者可以依照法律的规定，向经营者

要求赔偿。与此同时，我国《消费者权益保护法》第45条还规定了广告的经营者发布虚假广告应承担的责任。广告经营者作为商品生产者和经营者同消费者的中介组织，其应当严格按照全国人大常委会颁布的《广告法》和国务院及其部委发布的行政法规的规定，承办和代理广告业务，并且负有审查广告内容，查验有关证明的责任；拥有要求广告客户提供真实的姓名、地址等必要的证明文件的权利；并且不得制作与广告客户真实内容不符甚至夸大其词的虚假广告。对于广告的经营者懈怠管理造成虚假广告的发布，或者有意同广告客户合谋制造虚假广告的，消费者可以请求行政主管部门依照《广告法》和相关的行政法规予以惩处。对于广告的经营者不能提供经营者的真实姓名、地址，使消费者合法利益受到损害而无处索赔的，广告经营者应当承担赔偿责任。

案例分析

虚假宣传坑人不浅，降糖不成反而住院

　　2010年7月30日，齐齐哈尔市消费者赵女士参加了"一品堂蜂胶专卖店"举办的免费血糖测试活动。商家测试后，声称赵女士的血糖高达9.0，于是向她推荐一种叫作"糖清"的保健品，并且称该保健品对糖尿病患者有明显治疗作用，同时没有任何副作用。赵女士相信了他们的宣传，花590元购买了十盒，还获得赠品五盒。赵女士按照说明书的要求开始服用。8月1日下午3点半左右，赵女士突然不省人事，说不出话来，家人急忙将其送往齐齐哈尔医学院附属第三医院抢救。医院的诊断结果为，服用不宜保健品引发不良反应。赵女士住院12天，花去治疗费用3000多元。赵女士找经营者讨说法，经营者只同意支付一半。8月12日，赵女士将此事投诉到齐齐哈尔市消协。消协认定，经营者把保健品当作药品出售的行为是对商品或者服务作引人误解的虚假宣传，应当承担责任。经调解，经营者向消费者赔偿医疗费、医疗期间的护理费、因误工减少的收入等共计6600元。

分析与思考

　　1. 2003年2月20日，赵某在本市某商场购买由A厂生产的冰箱一台，同年同月24日又购得一部B公司生产的多功能电源保护器，次日在家中安装好冰箱和电源保护器。半个月后，一日赵某下班回家发现，因冰箱电路出现故障，高温下导致冰箱起火，烧毁部分家具及用品，因发现及时，幸未发生重大火灾。为此，赵某向法院起诉，状告某商场、A冰箱厂和B公司，要求维护消费者权益，赔偿损失，由三个单位负连带责任。

　　某商场辩称，该冰箱是本商场销售的商品，赔偿责任应由产品的制造者承担，销

售者不应承担责任。A 冰箱厂辩称，本厂生产的产品均符合国家标准，以往从未发生过此种情况，无证据证生产者有过错，无法认定生产者应承担责任；B 公司的电源保护器失灵可能是事故的主要原因。B 公司辩称，赵某违反有关安装说明的要求，违章安装，无视说明书的警示说明，导致电源器失效酿成事故，冰箱电源线路有问题使冰箱起火是根本原因。法院在调查过程中，经技术监督局对 A 厂的冰箱和 B 公司的电源保护器进行质量鉴定，认定：①该品牌和型号的电冰箱线路连接上存在某些缺陷，一般情况下不会出故障，在特定的情况下会适中产生高温；②电源保护器已经被烧毁无法鉴定，但对同样商品检测，没有发现质量问题；③原先赵某在安装电源保护器与冰箱时，未按说明书正确安装，使保护器无法发挥正常作用，导致冰箱等物品被烧毁。

请问法院该如何判决，为什么？

2. 在甲公司举办的商品展销会期间，消费者李红从标明参展单位为乙公司的展位柜台购买了一台丙公司生产的家用电暖气，使用时发现有漏电现象，无法正常使用。由于展销会已经结束，李红先后找到甲公司、乙公司，方得知展销会期间乙公司将租赁的部分柜台转租给了丁公司，该电暖气系由丁公司卖出的。在这种情况下，李红如何主张其索赔权？运用《消费者权益保护法》相关规定，分析求偿权主体。

第七章　侵犯消费者权益的法律责任

 本 章 导 读

　　《消费者权益保护法》规定了消费者享有的权利、经营者所负的义务，使得处于弱势地位的消费者与处于强势地位的经营者之间在法律上趋于平衡。消费者的权益受到国家法律的保障，一旦消费者权益受到侵害，我们需要运用法律规定的责任形式保障消费者的权益。《消费者权益保护法》规定了经营者应当承担的民事责任、行政责任和刑事责任。履行保护消费者权益的国家行政机关及其工作人员不积极履行保护职责、滥用职权等应当承担相应的行政责任、刑事责任。

　　法律责任是指公民、法人或者其他组织不履行法律所规定的义务所导致的由国家直接确认的一种新的法律义务，通常是对不履行义务者的制裁。法律责任由法律明确规定，具有强制性。以性质为标准，可以将法律责任划分为民事责任、行政责任（行政处分和行政处罚）和刑事责任。根据行为人承担责任的方式，可以将责任划分为财产责任、行为责任、人身责任等。

第一节　消费者权益保护中的民事责任

　　消费者权益是消费者的权利与利益的简称，是指消费者依法所享有的权利以及该权利受到法律保护时给消费者带来的应得利益。根据《消费者权益保护法》的规定，消费者有以下重要权利：安全权、知情权、选择权、公平交易权、获得赔偿权、结社权、获得知识的权利、受尊重权、个人信息受保护权、批评监督权。此外，我国目前已经形成了一系列由《消费者权益保护法》及《产品质量法》、《食品安全法》、《反不正当竞争法》等法律、法规组成的消费者权益保护法律体系。

一、民事责任概述

　　民事责任指因为民事主体在民事活动中实施了民事违法行为，根据民事法律规范的规定所承担的对其不利的民事法律后果。民事责任是法律责任的一种，是保障民事

权利实现的重要措施，旨在使民事受害者的民事权益得以恢复。民事责任的特征主要表现为：

（1）民事责任具有强制性。强制性特征将民事责任与道德责任和其他社会责任相区别。民事责任的强制性表现在两个方面：一方面，民事主体的行为侵犯他人的合法权益，法律明确规定了相应的民事责任；另一方面，如果民事主体不主动依据法律规定承担责任，权益受侵害方可以诉请国家机关强制其承担法律责任。

（2）民事责任主要是财产性责任。民事责任以财产责任为主，非财产性责任为辅。如果一方不履行义务侵犯到对方合法权益，通常以财产性补偿或赔偿的方式予以恢复。当财产性民事责任难以实现补偿或赔偿时，民事法律规范还规定诸如赔礼道歉、消除影响等非财产性的责任形式。

（3）民事责任具有可协商性。民事责任的双方可以就责任的承担方式和范围自由协商，法律不禁止。

民事主体承担民事责任，需具备下列条件。

第一，损害事实的客观存在。损害是指某一行为或事件使民事主体的权利遭受某种不利的影响。权利主体只有在受损害的情况下才能够请求法律上的救济。损害包括人身损害和财产损害，可以是直接损害，也可以是间接损害。

第二，民事行为的违法性。民事行为对法律禁止性或命令性规定的违反。除了法律有特别规定之外，行为人只应对自己的行为造成的不利后果承担责任。

第三，违法行为与损害事实之间的因果关系。作为构成民事责任要件的因果关系是指行为人的行为与损害事实之间存在的前因后果的必然联系。

《消费者权益保护法》第48条到55规定了经营者违反法律规定所要承担的民事责任。

二、《消费者权益保护法》规定承担民事责任的情形

（一）商品或服务存在缺陷

《产品质量法》第46条对缺陷做出了明确的规定，产品缺陷是指产品存在危及人身、他人财产安全的不合理的危险；产品有保障人体健康和人身、财产安全的国家标准、行业标准的，是指不符合该标准。因此，判断产品是否存在缺陷，有法定标准和一般标准两种。法定标准，是国家或行业针对某类产品制定的，保障人体健康和人身、财产安全的标准。在判断产品是否有缺陷时，有法定标准的，应当优先适用法定标准；没有法定标准时，方才适用一般标准。一般标准是指产品是否存在危及人身、他人财产安全的不合理的危险。

《消费者权益保护法》第7条第2款规定，消费者有权要求经营者提供的商品和服务，符合保障人身、财产安全的要求。本法第18条还规定，经营者应当保证其提供的商品或者服务符合保障人身、财产安全的要求。对可能危及人身、财产安全的商品和

服务，应当向消费者作出真实的说明和明确的警示，并说明和标明正确使用商品或者接受服务的方法以及防止危害发生的方法。

根据《产品质量法》第42条规定，由于销售者的过错使产品存在缺陷，造成人身、他人财产损害的，销售者应当承担赔偿责任。销售者不能指明缺陷产品的生产者也不能指明缺陷产品的供货者的，销售者应当承担赔偿责任。结合《侵权责任法》的规定，生产者、销售者所生产经营的产品存在缺陷造成他人损害的，应当承担侵权责任，属于无过错的归则原则。但如果销售者需要分担产品缺陷造成消费者损害的，以销售者存在过错为前提，属于过错的归责原则。

此外，对于缺陷产品的侵权还作了例外规定，即生产者在特殊情况下可以免责。《产品质量法》第41条第2款规定，如果生产者能够证明未将产品投入流通的，或者产品投入流通时引起损害的缺陷尚不存在的，或者将产品投入流通时的科学技术水平尚不能发现缺陷的存在的，生产者不需要承担赔偿责任。

近些年来，随着服务行业的发展，消费者对于服务质量的要求也在提高。服务的优劣关系到消费者的需求能否得到满足。优质的服务往往可以使消费者获得充分的满足，而劣质的服务不仅不能让消费者满足，甚至会给消费者带来损害。在服务存在缺陷时，消费者支付费用不仅得不到回报，还可能带来财产或人身的损害。

延伸阅读

很多女性朋友都有在美容院美容护肤的经历，不少人还遇到一些烦心事。王小姐的经历就是其中之一，她美容却"美"出痘了。某天她来到一家美容护肤院做纯中药去黄褐斑美白治疗。第二天早晨，宋小姐一觉醒来，感觉脸部皮肤刺痒。她拿镜子一照，发现脸颊两侧红肿，且长了许多痘痘。宋小姐早饭也没心思吃，直接到美容院询问原因。美容师告知属正常现象，再做一下脸部护理，即可消除红肿现象，且痘痘也会随之消失。宋小姐便做了脸部护理。到了下午两点，宋小姐的整个脸部都红肿了，且长满了痘痘，俨然成了一张"关公脸"。宋小姐即刻找到美容院，美容师仍告知属正常现象，需继续做护理，宋小姐害怕了，无奈之下投诉到消费者权益保护委员会。最后在消费者权益保护委员会的协调下，双方达成一致协议，由美容院赔偿消费者医药费、误工费等共计2200元。该案是美容服务项目对某一特殊消费者存有缺陷造成的，美容院应对此负责。

来源：《美容消费，当心温柔陷阱》，载《解放日报》2010年3月5日。

（二）不具备商品应当具备的使用性能而出售时未作说明的

商品的性能是商品使用价值的体现，每一商品都应当具有其特殊的使用性能，否则该商品就没有使用价值或者其使用价值受到贬损。"不具备商品应当具备的使用性能"是指不具备商品的特定用途和使用价值;"出售时未作说明"是指经营者没有在销售该商品时向消费者事先说明该商品不具备特定用途和使用价值。经营者必须告诉消费者商品的具体情况,即使在价格上做出让步,经营者也不能免除其法律责任。

(三) 不符合在商品或者其包装上注明采用的商品标准

商品或者商品的包装上应该标明商品的具体情况,以便消费者可以判断该商品的状况,这也是消费者行使其知情权的前提。"不符合在商品或者其包装上注明采用的商标标准"是指不符合在商品或者其包装上注明采用的国家标准、行业标准或者企业标准等。按照我国标准化法的规定,强制性商品标准无论是否注明都不得违反;而其他一些属于资源采用的标准,是否采用由使用者自己确定。但是,在商品包装上一旦注明其采用的标准,就意味着该商品是符合其标准的商品,表明该商品的相关质量与商品或其包装上注明的商品标准是一致的。如果流通的商品质量状况与标注的标准不一致,经营者就违反了其应当承担的对商品质量的保证义务,应当依法承担相应的民事责任。

(四) 不符合商品说明、实物样品等方式表明的质量状况的

商品说明、实物样品是经营者向消费者介绍商品基本情况的一种手段,是消费者了解商品具体情况的依据。经营者以上述方式对商品质量状况做出说明的,应当保证其提供的商品的实际质量状况和商品说明或者实物样品相一致。如果不相一致,经营者同样违反商品质量的保证义务,应当承担责任。

(五) 生产国家明令淘汰的商品或者销售失效、变质的商品的

所谓国家明令淘汰的商品,是指国家行政机关按照一定的程序,发布行政命令,宣布不得继续生产、销售的产品。国家明令淘汰的产品包括:①产品性能落后、耗能高、污染环境严重的产品,如自1982年以来,机电部会同有关部委淘汰了15批共601种机电产品。②危及人体健康和人身、财产安全的产品,如1982年卫生部发文共淘汰了27种药品,1991年国务院办公厅发文淘汰了6种农药。③违反法律规定的产品,如非法定计量单位的计量器具。对于国家明令淘汰的产品,国家都要规定具体的淘汰时间,在这个时间以后,禁止销售该淘汰产品。

失效是指商品失去了本来应当具有的效力、作用。变质是指产品内在质量发生了本质性的物理、化学变化,失去了产品应当具备的使用价值。失效、变质并不等于超过安全使用期和失效日期,即已经超过安全使用期和失效日期的产品,虽多数是失效、变质的产品,但并不一定全是失效、变质的产品;而尚未超过安全使用期和失效日期的产品,也可能会发生产品变质,应以实际检测结果为依据。失效、变质的产品,由于其功能、效力、作用等皆已丧失或大部分已丧失,已经不具备应有的安全性、适用性等必要的性能,很容易对人体健康造成危害,因此,法律规定禁止销售失效、变质的产品。销售者违反这一法定义务,要承担相应的法律责任;造成人身、财产损害的,

要承担赔偿责任。

（六）销售的商品数量不足的

经营者向消费者销售商品，应当符合双方约定的数量，或者符合商品标准的数量。如果经营者提供低于约定数量的商品，属于违约行为，应当承担相应的违约责任。

（七）服务的内容和费用违反约定的

经营者向消费者提供服务，大多数也是通过合同进行的，应当遵守合同的约定，向消费者提供符合合同约定的服务内容、服务标准，如果不符合应当承担违约责任。

（八）对消费者提出的修理、重做、更换、退货、补足商品数量、退还货款和服务费用或者赔偿损失的要求，故意拖延或者无理拒绝的。

根据《消费者权益保护法》第24条的规定，经营者提供的产品不符合约定时，经营者应当承担修理、重做、更换、退货、补足商品数量、退还货款和服务费、赔偿损失等法律责任。法律为经营者设定了弥补其违约的基本形式，一旦其故意拖延或者无理由拒绝，会给消费者带来其他方面的损失，因此，法律将上述内容以法律的形式确定下来。

（九）法律、法规规定的其他损害消费者权益的情形

《消费者权益保护法》明确列举了八种情形，但其无法涵盖所有情形，因此该法采取一种兜底性条款，以更加全面的方式保护消费者的合法权益。本项规定中的法律是指全国人民代表大会及其常务委员会制定的法律、国务院制定的行政法规、有权的地方人民代表大会及其常务委员会制定的地方性法规。除此之外的其他规范性文件中损害消费者权益的情形是否能够纳入本项的内容之中，需要结合实际情况进行判断。

三、《消费者权益保护法》规定民事责任的承担方式

根据法律规定，因为经营者提供的商品或者服务给他人的人身、财产造成损害的，应当承担赔偿责任。赔偿责任的方式有多种，针对不同的损害后果，受害者可以请求不同的赔偿责任方式。以下将根据对消费者权益损害的性质不同进行分类阐述。

（一）造成消费者财产损害的

《消费者权益保护法》对经营者造成消费者财产损害的民事责任作了具体规定，除了消费者与经营者另有约定以外，这些责任形式主要有修理、重做、更换、退货、补足商品数量、退还货款和服务费用、赔偿损失。上述责任形式多数是建立在经营者和消费者之间存在合同关系的基础上，性质上属于合同法规定的违约责任。如合同法规定，一方当事人提供的商品质量不符合要求，应当按照当时的约定承担违约责任，如果没有约定违约责任或者约定不明，依照合同的相关规定无法确定的，可以合理选择要求对方承担修理、更换、重做、退货、减少价款或者报酬等违约责任。

此外，根据《产品质量法》的规定，因产品存在缺陷，造成受害人财产损失的，

侵害人应当恢复原状或者折价赔偿。受害人因此遭受其他重大损失的，侵害人应当赔偿损失。所谓其他重大损失，实际上是其他间接损失，包括可得利益的损失。例如，因空调漏电引起火灾，烧毁了房屋和家具，空调制造商就应给受害者再造一幢原样的房子、一套原样的家具。如果无法恢复原状也可以按照现行价格将房子和家具折为现金赔偿。如果被烧毁的房子是间饭馆，空调制造商还须赔偿饭馆停业的经济损失。

（二）造成消费者人身损害的

1. 人身损害的一般赔偿

人身损害赔偿指自然人的生命、健康、身体受到不法侵害，造成伤害、残疾、死亡及精神损害，要求赔偿义务人以财产进行赔偿的一项法律制度。人身损害赔偿中权利主体是自然人，客体是该自然人的身体健康权或生命权，赔偿的方式是财产赔偿，赔偿的义务人是致人损害的致害方，也就是商品的生产者、经营者，或者服务的提供者。

人身损害的一般赔偿是指根据《消费者权益保护法》第49条的规定，无论是致伤、致残还是致死，商品的生产者、经营者以及服务的提供者均应当支付的费用。上述费用包括医疗费、护理费、交通费等为治疗和康复支出的合理费用，以及因误工减少的收入。

根据《消费者权益保护法》第49条、《产品质量法》第44条的规定，经营者提供商品或者服务，造成消费者或其他受害人人身伤害的，应承担民事赔偿责任（构成犯罪的，依法追究刑事责任），支付下列费用。

（1）医疗费。医疗费是指消费者或者其他受害人身体遭受损害后所接受的医学上的检查、治疗和康复而必须支付的必要的合理的费用。主要包括：挂号费、医药费、治疗费、检查费、住院费、代用器官费及内固定器材费、再次手术费等，一般来说其中医药费所占比例最大，其数额也最高。

医疗费根据医疗机构出具的医药费、住院费等收款凭证，结合病例和诊断证明等相关证据确定。医疗费赔偿计算的标准，按照医院对消费者或者其他受害人的创伤治疗所必需的费用计算，凭据支付。"凭据支付"是指凭县级以上医院的医疗收费单据支付。在没有县级以上医院的地方，需要紧急抢救或治疗轻微创伤的，可以凭其医疗单位的单据根据具体的案情由法院进行确认。侵权的商家对治疗的必要性和合理性有异议的，应当承担相应的举证责任。对必要性和合理性的认定一般需要考虑以下因素：

① 应以所在地治疗医院的诊断证明和医药费、住院费的单据为凭。

② 擅自购买与损害无关的药品或治疗其他疾病的，其费用不予赔偿。

③ 消费者或者其他受害人重复检查同一科目而结果相同的，原则上应仅认定首次检查的费用，但治疗医院确需再次检查的除外。如检查结果不一致，确诊之前的检查

费用均应认定。

④ 消费者或者其他受害人确需住院治疗或观察的费用应属赔偿的范围。但出院通知下达后故意拖延，或治疗与损害无关的疾病而延长住院时间的，其延长住院时间的费用不予赔偿。

⑤ 消费者或者其他受害人进行的与损害有关的必要的补救治疗费用，应予赔偿。

（2）治疗期间的护理费。是指因商家出售的商品或者提供的服务造成侵权后，消费者或者其他受害人住院期间，由于身体健康等原因行动能力和自理能力都有一定程度的降低，需要家人或者其他亲属的陪同和护理，商家应根据一定的标准予以赔偿的费用。护理费的发生是消费者或者其他受害人恢复健康所必需的，与商家的侵权行为的因果关系也是直接的。

最高人民法院《关于审理人身损害赔偿案件适用法律若干问题的解释》第 21 条规定，护理费根据护理人员的收入状况和护理人数、护理期限确定。护理人员有收入的，参照误工费的规定计算；护理人员没有收入或者雇佣护工的，参照当地护工从事同等级别护理的劳务报酬标准计算。护理人员原则上为一人，但医疗机构或者鉴定机构有明确意见的，可以参照确定护理人员人数。护理期限应计算至受害人恢复生活自理能力时止。受害人因残疾不能恢复生活自理能力的，可以根据其年龄、健康状况等因素确定合理的护理期限，但最长不超过二十年。

（3）交通费。是指消费者或者其他受害人及其必要的陪护人员因就医或者转院治疗实际发生的用于交通的费用。实践中，对于交通费的计算一般参照侵权行为发生地的国家机关一般工作人员的出差车旅费标准支付。交通费必须符合以下条件才能够由侵权商家进行赔偿：

①交通费是受害人及其必要的陪护人员因就医，包括陪护人员陪护病人、受害人转院治疗实际发生的费用。实践中，转院治疗的交通费争议较大，我们认为交通费应当包括转院以及到有关单位配置残疾用具所支出的交通费用。通常情况下，将受到伤害的消费者或者其他受害人送往就近医院救治，但如果医院救治能力有限，受害人不得不转往其他医院，转院交通费用在所难免。此外，转院必须得到第一次救治医院的同意。②赔偿义务人赔偿交通费以受害人提供的正式票据为支付凭证，没有正式票据的一律不赔。正式票据包括正式的税务发票，如汽车票、火车票、船票、出租汽车票等。③正式票据应当与就医地点、时间、人数相符合。如不符合，就应从赔偿额中扣除相应的款项。

（4）因误工减少的收入是指消费者或者其他受害人因经营者的过错导致不能正常工作而减少的工资收入。一般由消费者或者其他受害人所在单位出据相应的减少收入证明。但是因为消费者或者其他受害人从事的工作和岗位千差万别，收入的方式和数量形形色色，现代社会的收入分配的多样性导致了误工费计算的复杂性。在审判实践中，法院根据所审理的案件进行了总结。《最高人民法院关于审理人身损害赔偿案件适用法律若干问题的解释》中认为，误工费根据受害人的误工时间和收入状况确定。误工时间根据受害人接受治疗的医疗机构出具的证明确定。受害人因伤致残持续误工的，误工时间可以计算至定残日前一天。

针对受害人的工作收入状况的不同，分为两类：①受害人有固定收入的，误工费按照实际减少的收入计算。②受害人无固定收入的，按照其最近三年的平均收入计算；受害人不能举证证明其最近三年的平均收入状况的，可以参照受诉法院所在地相同或者相近行业上一年度职工的平均工资计算。

案例分析

消费者李女士于 2010 年 5 月 30 日在绍兴某家居专卖店购买了一套家具并获赠一张床垫。家具搬进卧室不到一个月，全家人均感到不适，特别是李女士和其儿子出现头痛、咽痛、胸闷等症状。过了两天，年仅四岁的儿子突然发烧，吃药后仍是高热不退，于是马上到绍兴市妇保院进行诊治，经拍片、验血检查后，医生说要住院治疗，对其作详细了解，听李女士刚搬新居，医生建议做一次空气检测。李女士请来了环保部门专业人员进行检测，检测结果让李女士大吃一惊，家装整体合格，而床垫甲醛严重超标。这个结果让李女士无法接受，于是与经销商进行了联系，经销商却说赠送的产品不受质量保证。李女士对这一说法十分气愤。再次交涉，经销商叫李女士自己跟厂家去说。厂方派工作人员到李女士家实地查看后表示：一、承认该床垫有质量问题，二、愿意承担相应的赔偿。并承诺两天内给予回复。可等到的结果是，只同意更换床垫和赔偿医药费，不同意误工费、交通费、营养费等的赔偿。李女士难以接受，向绍兴市消费者权益保护委员会镜湖分会投诉。

镜湖分会接到投诉后，工作人员立即与三方取得了联系，李女士反映情况属实，经调查、取证，发现该床垫甲醛的释放量为 0.39 毫克/立方米，大大超过我国《居室空气中甲醛的卫生标准》规定，居室空气中甲醛的最高容许浓度为 0.08 毫克/立方米。镜湖分会指出，李女士购买的床垫甲醛超标事实确凿，根据《侵权责任法》第 41 条"因产品存在缺陷造成他人损害的，生产者应当承担侵权责任"和第 43 条"因产品存在缺陷造成损害的，被侵权人可以向产品的生产者请求赔偿，也可以向产品的销售者请求赔偿"，以及第 16 条："侵害他人造成人身损害的，应当赔偿医疗费、护理费、交通费等为治疗和康复支出的合理费用，以及因误工减少的收入"，第 21 条"侵权行为危及他人人身、财产安全的，被侵权人可以请求侵权人承担停止侵害、排除妨碍、消除危险等侵权责任"相关法律条款规定，厂方应立即停止侵害，为消费者李女士无条件更换床垫，并赔偿医疗费、误工费、交通费等合理费用。最终双方达成一致协议：一、厂方无条件免费为消费者李女士更换床垫一张，并保证更换的床垫符合国家标准。二、厂方自愿一次性赔偿给消费者李女士医疗费、误工费、交通费、营养费等经济损失合计人民币 18000 元。

2. 消费者或者其他受害者受到伤残的

《消费者权益保护法》第 49 条规定，经营者提供商品或者服务，造成消费者或者其他受害人残疾的，除了应当赔偿医疗费、护理费、交通费等为治疗和康复支出的合理费用，以及因误工减少的收入，还应当赔偿残疾生活辅助具费和残疾赔偿金。

对于残疾的赔偿范围，我国的立法有一个发展变化的过程。根据《民法通则》第 119 条的规定，受害人残疾的，应当赔偿医疗费、因误工减少的收入、残废者生活补助费等费用，对于是否赔偿被扶养人生活费和残疾赔偿金没有明确规定。《产品质量法》第 44 条规定，除了赔偿医疗费、治疗期间的护理费、因误工减少的收入等费用，造成残疾的还应当支付残疾者生活自助具费、生活补助费、残疾赔偿金以及由其扶养的人所必需的生活费等费用。修订之前的《消费者权益保护法》第 41 条与《产品质量法》的规定完全一致。修订之后的《消费者权益保护法》第 49 条则修改为："经营者提供商品或者服务，造成消费者或者其他受害人人身伤害的，应当赔偿医疗费、护理费、交通费等为治疗和康复支出的合理费用，以及因误工减少的收入。造成残疾的，还应当赔偿残疾生活辅助具费和残疾赔偿金。"这一规定与 2009 年公布的《侵权责任法》相一致。

（1）残疾生活辅助具费是指因伤致残的消费者或者其他受害者为补偿其遭受创器官功能、辅助其实现生活自理或者从事生产劳动而制的生活自助器具所需的费用，其性质属于消费者或者其他受害者增加生活上需要而支出的必要费用，这种费用支出的损失同经营者销售的商品或者提供的服务有因果关系，根据人身损害赔偿全部赔偿原则和填补损害的功能，对于消费者或者其他受害人的这种损失应当进行赔偿，以弥补受害人的损失。

对残疾辅助器具费，注意结合全部赔偿费用的计算统筹确定，或在鉴定受害人护理级别或劳动能力丧失程度时，应考虑残疾辅助器具弥补生活自理能力和劳动能力的作用，进行综合评定。

延伸阅读

对残疾辅助器具没有统一的规定，大致有以下几种：

① 肢残者用的支辅器、假肢及其零部件、假眼、代步工具（汽车、摩托车）、生活自助具、特殊卫生用品；

② 视力残疾者使用的盲杖、导盲镜、助视器、盲人阅读器；

③ 语言、听力残疾者使用的语言训练器、助听器；

④ 智力残疾者使用的行为训练器、生活能力训练用品。

此外，关于残疾辅助器具的赔偿期限和更换等问题也没有统一的标准，很难实施，对此，一些地方法院自定标准。

关于赔偿期限，上海市高级人民法院《关于审理道路交通事故损害赔偿案件若干问题的解答》第5条规定："依据《最高人民法院关于审理人身损害赔偿案件适用法律若干问题的解释》第32条的规定，残疾辅助器具的赔偿期限应参照护理费的赔偿期限确定。即，残疾辅助器具费的赔偿期限根据受害者的年龄、健康等状况等因素确定，但最长不超过二十年。超过确定年限后，赔偿权利人向人民法院起诉请求继续给付残疾辅助器具费用的，经法院审理查明，赔偿权利人确需继续配制辅助器具的，法院应当判令义务人继续给付残疾辅助器具费用五至十年。"四川省高级人民法院、四川省公安厅、四川省民政部《交通工伤伤害意外人身损害中伤残人员假肢辅助器具暂行办法》规定："假肢辅助器具的使用年限按70年计算，即以伤残人员定残之日起，连续计算至70周岁。"

关于更换周期和辅助器具价格，四川省高级人民法院、四川省公安厅、四川省民政部《交通工伤伤害意外人身损害中伤残人员假肢辅助器具暂行办法》规定："定残时年龄在18周岁以下的，其假肢使用年限按五年更换一次；18~50周岁，每七年更换一次；50~70岁，每九年更换一次。假肢费用包括安装和维修费用，1.8万~2.2万元一具。"重庆市规定工伤职工配置辅助器具费用的限额是：大腿假肢使用年限五年，含训练费，7400元/具。《杭州市工伤职工配置辅助器具管理办法》规定，大腿假肢9000元/具。云南省调整企业职工辅助器具配置项目及标准：大腿假肢气压关节合金材料，使用年限五年，每具费用1.5万~2.2万元。河北省工伤职工辅助器具配置项目及费用限额标准：大腿假肢使用期限三年，1万元/具；山西省工伤职工配置辅助器具管理办法（试行）规定：国产大腿假肢使用年限三年，每具7000元；进口使用年限6年，1.2万元/具。

来源：残疾辅助器具费的计算年限应如何确定，http://www.chinacourt.org/article/detail/2014/02/id/1220052.shtml。

（2）残疾赔偿金是消费者或者其他受害人身体致残后特有的一个赔偿项目，如果人身体受伤而没有致残疾就没有该项赔偿内容。根据《最高人民法院关于审理人身损害赔偿案件适用法律若干问题的解释》第25条的规定，残疾赔偿金是指对受害人因人身遭受损害致残而丧失全部或者部分劳动能力的财产赔偿。由于人身损害造成的残疾受害人致使劳动能力部分丧失或者全部丧失，因而，受害人遭受人身损害以后，会减少或者丧失自己的收入。这种损失，是人身损害的直接后果，是一种财产损失。对于这种财产损失，应当由赔偿义务人进行赔偿。上述司法解释将残疾赔偿金的性质界定为对受害人未来的预期收入损失，并且确定了赔偿标准。赔偿标准是：按照审理案件的法院所在地上一年度城镇居民人均可支配收入或者农村居民人均纯收入标准，自定

残之日起按二十年计算。但六十周岁以上的，年龄每增加一岁减少一年；七十五周岁以上的，按五年计算。此外，对于受害人因伤致残但实际收入没有减少，或者伤残等级较轻但造成职业妨害严重影响其劳动就业的，可以对残疾赔偿金作相应调整。

与此同时，虽然《最高人民法院关于审理人身损害赔偿案件适用法律若干问题的解释》还规定了如果受害人有被扶养人，可以要求赔偿被扶养人的生活费，属于单列的赔偿项。这里所指的被扶养人，是指事实上依靠受害人实际扶养而没有其他生活来源的人，排除了与受害人有法定的扶养义务关系而本身有生活来源的人。但是在《侵权责任法》中，没有单列被扶养人生活费的赔偿项目，修订后的《消费者权益保护法》也没有将被扶养人的生活费单列出来。为了解决该问题，最高人民法院发布了《最高人民法院关于适用〈中华人民共和国侵权责任法〉若干问题的通知》（法发〔2010〕23号）规定，如果受害人有被抚养人，应当依据《最高人民法院关于审理人身损害赔偿案件适用法律若干问题的解释》第28条的规定，将被抚养人生活费计入残疾赔偿金或死亡赔偿金，解决受害人有被扶养人的情况下的生活费赔偿问题。这一规定在消费者或者其他受害人因为消费而受伤害致残的赔偿中也可以适用。

3. 消费者或者其他受害者死亡的

根据《消费者权益保护法》第49条规定，经营者提供商品或者服务，造成消费者或者其他受害人人身伤害的，应当赔偿医疗费、护理费、交通费等为治疗和康复支出的合理费用，以及因误工减少的收入。造成死亡的，还应当赔偿丧葬费和死亡赔偿金。

根据上述规定，经营者提供商品或者服务，造成消费者或者其他受害人死亡的，除了赔偿医疗费、护理费、交通费等费用外，还应当赔偿丧葬费和死亡赔偿金。医疗费、护理费、交通费等费用的赔偿内容上文已有阐述，本部分不再重复论述。以下重点论述丧葬费与死亡赔偿金部分。

（1）丧葬费是指侵害自然人的生命权致使受害人死亡的，受害人的亲属对死亡的受害人进行安葬所产生的丧葬费用的支出。一般用于逝者服装、整容、遗体存放、运送、告别仪式、火化、骨灰盒、骨灰存放等，这些费用是因为侵权者的侵权行为产生的，侵权者有义务赔偿。

《最高人民法院关于审理人身损害赔偿案件适用法律若干问题的解释》只规定了一种丧葬费的赔偿办法，即丧葬费按照审理案件的法院所在地上一年度职工月平均工资标准，以六个月总额计算。

（2）死亡赔偿金是指消费者或者其他受害者因为经营者提供的产品或者服务造成生命终结时的一项财产赔偿项目，是对受害者近亲属的赔偿。它具有以下几个特点：第一，死亡赔偿金不是死者的遗产。根据遗产的概念我们得知，其是死者生前已经取得的合法财产；而死亡赔偿金的产生、实际取得均发生在死者死亡之后。第二，死亡赔偿金不是夫妻共同财产。夫妻共同财产是指夫妻关系存续期间，夫妻一方或双方所取得的合法财产，而死亡赔偿金产生于一方死亡即夫妻关系终结之后。第三，死亡赔偿金是对死者近亲属的补偿，并非对死者自身的补偿，是对受害人近亲属因受害人死亡导致的生活资源的减少和丧失的补偿。虽然法律规定的词语为死亡赔偿金，但是其本身是对受害者近亲属家庭的财产补偿。

根据《最高人民法院关于审理人身损害赔偿案件适用法律若干问题的解释》的规定，死亡赔偿金按照审理案件的法院所在地上一年度城镇居民人均可支配收入或者农村居民人均纯收入标准，按二十年计算。但六十周岁以上的，年龄每增加一岁减少一年；七十五周岁以上的，按五年计算。

（三）人身自由、个人信息权受到侵害的

随着社会的发展和文明的进步，自然人的人格尊严、人身自由、个人信息等越来越受到人们的重视。《消费者权益保护法》立足于我国现实状况以及人们的权益诉求，强调保护消费者的人格尊严、人身自由、个人信息等权益，并且明确侵权者的法律责任，体现了法律的人文精神与关怀。

《消费者权益保护法》第 50 条明确了两个方面的内容，一方面明确了经营者所侵犯的权益范围，另一方面明确了经营者承担的民事责任的方式。

1. 权益范围

（1）人格尊严

人格尊严是指自然人作为一个"人"所应有的最起码社会地位并且受到他人和社会的最基本尊重，是自然人对自身价值的认识与其在社会上享有的最起码尊重的结合。人格尊严具有基本性和主客观价值复合性。因此，判断自然人人格尊严是否受到侵害，不仅要考虑自然人的主观自尊感受，还要从客观角度考虑其在通常社会范围内所享有的作为"人"的最基本尊严是否被贬损。

人格尊严是消费者的人身权的重要组成部分，一般认为它包括姓名权、名誉权、荣誉权、肖像权等。消费者的人格尊严受到尊重，是消费者最起码的权利之一。

背景资料

在中国消费者权益保护状况调查结果中，针对目前保护消费者人格尊严权的现状，有 44.56% 的参与者表示"一般"，评价为"较好"、"不好"、"说不清"、"很好"的占比分别为 26.57%、13.51%、9.39%、5.97%。对消费者人格尊严和民族风俗习惯受尊重权得不到有力保障的原因，有 25.05% 的消费者认为是"行政部门监管不到位"；有 27.16% 的消费者认为是"经营者法律意识不强，缺乏尊重消费者的意识"；有 33.67% 的消费者认为是"法律规定不完善，处罚力度小"；有 14.12% 的消费者认为是"部分消费者缺乏法律意识和维权意识"。

当人格尊严和民族风俗习惯受尊重权受到侵害时，您将如何进行维权？在中国消费者权益保护状况调查结果中，有 65.77% 的参与者表示会"与商家直接交涉"；有

40.46%的参与者表示会"发微博声讨及向媒体投诉";有33.57%的参与者表示会"向市场监管部门申诉";有42.96%的参与者表示会"向消费者组织投诉";有26.23%的参与者表示会"自认倒霉";有12%的参与者表示会"向法院起诉"。

针对如何加强消费者人格尊严和民族风俗习惯受尊重权保护力度的问题,有68.88%的消费者选择"加大对经营者侵权行为的处罚力度";有69.76%的消费者选择"完善立法,进一步规范商家行为";有72.52%的消费者选择"加强执法,督促执法部门积极履职";有61.9%的消费者选择"完善社会监督,消协、行业协会、媒体形成合力";有53.42%的消费者选择"加强教育,增强消费者的维权意识"。❶

来源:2013年中国消费者权益保护状况调查,人格尊严权调查,http://www.ccn.com.cn/news/yaowen/2013/0315/478288.html。

（2）人身自由

人身自由是指公民在法律范围内有独立行为而不受他人干涉,不受非法逮捕、拘禁,不被非法剥夺、限制自由及非法搜查身体的一种自由。人身自由不受侵犯,是公民最起码、最基本的权利,是公民参加各种社会活动和享受其他权利的先决条件。

2. 责任方式

《消费者权益保护法》第50条规定,经营者侵害消费者的人格尊严或者侵犯消费者人身自由的,应承担以下几种形式的民事法律责任。

（1）停止侵害

经营者实施的侵害行为仍在继续,受害的消费者或者其他受害人可以依法要求经营者采取有效措施停止侵害行为,主要是要求经营者不再继续实施侵害行为。这种责任方式能够及时制止侵害,防止侵害后果继续扩大。对于这种责任方式,主要以侵害行为正在进行为条件,对于未发生或者已经终止的侵权行为则不适用。此种责任形式可以与其他责任形式并用,如受害者在要求侵权者停止侵害时,如果权益有损害,可以同时要求损害赔偿。

（2）恢复名誉、消除影响

恢复名誉是指使消费者或者其他受害者的名誉、荣誉等变成受到侵害之前的样子。

消除影响是采用一定形式公开消除因侵权行为造成的不良影响以恢复受害人固有人格形象的一种民事责任方式。消除影响是指侵权行为在一定空间范围内对受害者造成不良影响,侵权行为人采取一定的措施在同样的空间范围内将不良影响予以消除,从而使得不良影响消失,以便受害者能够继续正常从事各项活动。

消除影响、恢复名誉之间的关系比较紧密,二者常常同时被采用为侵权责任的承担方式。《侵权责任法》将消除影响、恢复名誉置于同一个项下并行的责任方式也表明

---

❶　2013年中国消费者权益保护状况调查,人格尊严权调查,http://www.ccn.com.cn/news/yaowen/2013/0315/478288.html（访问日期:2014年3月15日）。

二者之间的关系。

（3）赔礼道歉

赔礼道歉并没有明确的法律界定，依照普通大众最为朴素的理解，如果某个主体在社会交往过程中对他人的人身权益造成妨碍或者损害后，在认识到自己行为的不当的前提下，向对方表示歉意并请求对方谅解的一种情感表达行为。这种情感表达行为源于人的道德上的内疚感或负罪感。通过这种责任形式，侵权行为人可以对自己的侵权行为在道德层面进行"补救"，寻求道德上、良心上的解脱。在 20 世纪 70 年代早期，高夫曼从社会学的角度指出了道歉的社会动因，他认为道歉是一种补救性交换形式（remedial intercjamge），当一个人已经或将要侵犯他人的利益或活动范围，或者他发现自己将要给别人留下不好的印象，或者以上两种情况兼而有之的时候，这个人可能要采取补救性行为，其目的是获得一种令自己满意的自我界定（definition of himself）。

经营者的行为如果对消费者或者其他受害者的权益造成侵害，应当根据法律的规定向受害者赔礼道歉，寻求谅解，以弥补受害者的精神创伤。

（4）赔偿损失

所谓赔偿损失，是指经营者提供的产品或者服务，给消费者或者其他受害者的人格尊严、人身自由、个人信息权益造成损害的，除了要停止侵害、消除影响、恢复名誉、赔礼道歉之外，还需要对消费者或者其他受害者因此而造成的损失进行赔偿。这里的赔偿损失仅限于对消费者的人格尊严、人身自由或者个人信息依法的权利受到侵害的情况。

（5）精神损害赔偿

《消费者权益保护法》规定，经营者有侮辱诽谤、搜查身体、侵犯人身自由等侵害消费者或者其他受害人人身权益的行为，造成严重精神损害的，受害人可以要求精神损害赔偿。这是《消费者权益保护法》首次明确规定精神损害赔偿。

精神损害赔偿是一种特殊的损害赔偿责任，特殊之处在于精神损害是一种无形损害，很难确定统一的赔偿标准。最高人民法院在《关于确定民事侵权精神损害赔偿责任若干问题的解释》中有一个不确定的标准，由法官根据个案的具体情况进行判断。上述司法解释规定，法官在确定精神损害赔偿时需要根据以下要素来确定：①侵权人的过错程度，法律另有规定的除外；②侵害的手段、场合、行为方式等具体情节；③侵权行为所造成的后果；④侵权人的获利情况；⑤侵权人承担责任的经济能力；⑥受诉法院所在地平均生活水平。上述司法解释考虑到精神损害赔偿案件的多样性，不同的精神损害赔偿案件的具体情况差异较大，损害后果也不尽相同，故而最高人民法院在司法解释中规定由法官根据上述六种因素进行裁量，从而确定个案的精神损害赔偿数额。

如果经营者提供的产品或者服务给消费者或者其他人的精神带来损害，应当承担赔偿责任。此外，根据《产品质量法》的规定，产品侵权采取的是严格责任原则，产品生产者的过错不应当作为精神损害赔偿考虑的因素之一。换句话说，法官在审理产品或者服务侵权的精神损害赔偿案件时要排除上述司法解释第一项的因素。

四、其他特殊责任形式：惩罚性赔偿

惩罚性赔偿（Punitive damages），又称为惩罚性损害赔偿或报复性赔偿、示范性赔偿，是指经营者给付消费者或者其他受害者超过其财产损害范围的一种经济赔偿。

《消费者权益保护法》第 55 条规定两种惩罚性赔偿的情形，第一种是经营者提供的商品或者服务有欺诈行为的；第二种是经营者明知商品或者服务存在缺陷仍然向消费者提供并且造成消费者或者其他受害人死亡或者健康严重损害的。针对前一种情形，消费者可以要求经营者支付三倍的赔偿，赔偿的标准是商品的价款或服务的费用；针对后一种情形，受害者除要求经营者赔偿损失之外，还可以要求经营者承担两倍以下的惩罚性赔偿。

（一）经营者有欺诈性行为的

只有经营者的行为存在欺诈，消费者才可以要求惩罚性赔偿的适用，欺诈就成为适用惩罚性赔偿的条件。由于《消费者权益保护法》没有对"欺诈"做出明确的解释，对于"欺诈"的构成要件，学理上主要的争论焦点在于《消费者权益保护法》中规定的"欺诈"与《民法通则》、《合同法》中的"欺诈"是否同一含义，其构成要件是否相同。

延伸阅读 ❶

一派观点认为《消法》❷ 中规定的"欺诈"与《民法通则》、《合同法》中的"欺诈"应该是同一含义，申言之，对《民法通则》第 58 条的"欺诈"概念、《合同法》上的"欺诈"概念和《消费者权益保护法》的"欺诈"概念，必须采取同样的文义、同样的构成要件。但是我国的《民法通则》中也没有给欺诈下定义，因此应当参考学说解释和最高法院的解释，在我国这两种解释基本是一致的，即是指"一方当事人，故意告知对方虚假情况，或者故意隐瞒真实情况，诱使对方当事人作出错误意思表示的，可以认定为欺诈行为"。因此，我国《消法》第 55 条所说的"欺诈"以"故意"为构成要件，"过失"即使"重大过失"也不构成欺诈行为。依据《消法》对消费者特殊保护的立法目的及参考发达国家法院的经验，法官在判断经营者的欺诈故意时应当采用举证责任转换的法技术，要求经营者就自己不具有"故意"举证。有的学者进一步指出，欺诈行为应具备四个构成要件：①须有欺诈之故意；②经营者必须有欺诈

---

❶ 董文军：《论我国〈消费者权益保护法〉中的惩罚性赔偿》，载《当代法学》，2006 年第 2 期。
❷ 本材料中《消法》是《消费者权益保护法》的简称。

行为；③消费者必须基于欺诈而陷入错误判断；④消费者必须基于错误判断而作出意思表示。

另一派观点认为，基于消费者的弱者性，法律在保护消费者的时候应该注意到他与经营者的区别，实施倾斜保护。因此对"欺诈"的认识就有别于一般民事法律制度中对平等的法律主体之间行为的法律规制，既无须考虑经营者的主观状态，也无须考虑消费者是否基于欺诈陷入错误判断并且作出错误的意思表示，只要经营者实施了欺诈行为，就可以认定《消法》中规定的"欺诈"已经成立。有的学者结合澳大利亚《商业法》中对消费者保护的规定，分析了如何认定我国《消法》中的欺诈行为。强调对欺诈行为应当以客观的方法检验和认定，在确定欺诈行为时，只要商家的行为按其性质足以使消费者产生误解并且足以给他们带来某种不利益，就可以被认定为欺诈行为。第55条规定的欺诈行为的民事责任应当被理解为一种无过错责任（或者说严格责任），被控售假者的主观状态是无须考虑的。从某种意义上说，消费者保护案件可以被看作个别经营者与全体消费者之间的案件。特定请求人的主观状态并不影响《消费者权益保护法》第55条的适用。如果经营者的行为足以误导一般消费者，他就构成欺诈，即使特定请求人为"知假买假"仍是如此。

来源：董文军，论我国《消费者权益保护法》中的惩罚性赔偿，载《当代法学》2006年02期。

国家工商行政管理局1996年施行了《欺诈消费者行为处罚办法》，该办法中确定的欺诈行为是指经营者在提供商品（以下所称商品包括服务）或者服务中，采取虚假或者其他不正当手段欺骗、误导消费者，使消费者的合法权益受到损害的行为。

该办法第3条明确列举十二种欺诈行为：①销售掺杂、掺假，以假充真，以次充好的商品的；②采取虚假或者其他不正当手段使销售的商品份量不足的；③销售"处理品"、"残次品"、"等外品"等商品而谎称是正品的；④以虚假的"清仓价"、"甩卖价"、"最低价"、"优惠价"或者其他欺骗性价格表示销售商品的；⑤以虚假的商品说明、商品标准、实物样品等方式销售商品的；⑥不以自己的真实名称和标记销售商品的；⑦采取雇佣他人等方式进行欺骗性的销售诱导的；⑧作虚假的现场演示和说明的；⑨利用广播、电视、电影、报刊等大众传播媒介对商品作虚假宣传的；⑩骗取消费者预付款的；⑪利用邮购销售骗取价款而不提供或者不按照约定条件提供商品的；⑫以虚假的"有奖销售"、"还本销售"等方式销售商品的。

该办法第4条还规定，经营者在向消费者提供商品中，有下列情形之一，且不能证明自己确非欺骗、误导消费者而实施此种行为的，应当承担欺诈消费者行为的法律责任：①销售失效、变质商品的；②销售侵犯他人注册商标权的商品的；③销售伪造产地、伪造或者冒用他人的企业名称或者姓名的商品的；④销售伪造或者冒用他人商品特有的名称、包装、装潢的商品的；⑤销售伪造或者冒用认证标志、名优标志等质量标志的商品的。

根据《欺诈消费者行为处罚办法》的规定，我们可以对欺诈作出一般的界定，即经营者故意隐瞒真实情况或者故意告知消费者虚假情况，欺骗消费者，诱使消费者作出错误的意思表示。在实际生活中，欺诈可以分为故意隐瞒真实情况使消费者陷入错误认识的欺诈和故意告知消费者虚假情况的欺诈。前一种情况是指经营者负有向消费者告知真实情况的义务而故意不告知；后一种情况是指经营者故意告知虚假情况。

针对经营者的欺诈行为，消费者可以根据《消费者权益保护法》第48条至54条向经营者主张请求权，还可以根据第55的规定要求经营者承担惩罚性的赔偿责任。惩罚性的赔偿金额是购买商品或者接受服务的费用的三倍，最低赔偿额度为五百元。如果其他法律有规定，依照相关规定。如《食品安全法》规定，生产不符合食品安全标准的食品或者销售明知是不符合食品安全标准的食品，消费者除要求赔偿损失外，还可以向生产者或者销售者要求支付价款十倍的赔偿金。

（二）明知有缺陷仍然向消费者提供造成死亡或者健康严重损害的

根据《产品质量法》的规定，缺陷是指经营者生产、销售的商品或者提供的服务不符合保障人体健康，人身、财产安全的国家标准、行业标准；没有国家标准、行业标准的，存在危及人身、他人财产安全的不合理危险。商品或者服务存在缺陷的，对消费者或者其他人的人身、财产安全构成了严重的威胁，经营者在明知商品或者服务存在缺陷的情况下仍然向消费者提供，其主观恶性较大，法律要加大对这种情况的惩处。

消费者获得本项赔偿的前提条件之一是有损害后果，即有死亡或者有健康严重损害的结果出现。

惩罚性赔偿金额的计算，受害者在根据《消费者权益保护法》第49条、51条获得赔偿之后，可以要求上述赔偿数额的两倍以下赔偿，例如，受害者根据第49条、第51条的获得赔偿是80万元，受害者可以根据惩罚性赔偿的要求，诉请经营者承担160万元以下的赔偿，具体赔偿金额由法院根据具体情况进行判断。

第二节　侵犯消费者权益中的行政责任

行政机关对于消费者权益的保护是消费者维护权利的坚强后盾。侵犯消费者权益中的行政责任是指经营者提供的商品或者服务以及国家机关工作人员的行为违反消费者权益保护法的规定而应当承担的行政法律上的责任，主要包括两种，即针对经营者违法的行政处罚与针对国家机关工作人员的行政处分。

经营者的违法行为在损害消费者合法权益的同时，往往也违反了国家的行政管理法规，损害了社会公共利益。对于经营者违法经营的行政责任，我国《消费者权益保护法》、《产品质量法》、《反不正当竞争法》、《食品安全法》、《广告法》等，都作了明确的规定。以下以《消费者权益保护法》为主进行论述。

侵犯消费者权益承担行政责任的情形

（一）经营者承担的行政责任

1. 根据《消费者权益保护法》的规定，经营者在符合下列条件时，应当承担行政责任，即相关行政机关做出行政处罚。

（1）提供的商品或者服务不符合保障人身、财产安全要求的。经营者提供的商品或者服务符合保障人身、财产安全要求是指商品或者服务符合国家强制性标准、地方标准和行业标准，不存在危及人身、财产安全的不合理危险。

（2）在商品中掺杂、掺假，以假充真，以次充好，或者以不合格商品冒充合格商品的。掺杂、掺假是指经营者以牟取利润为目的，故意在产品中掺入杂质或者作假，进行欺骗性经营活动，使产品中有关物质的含量不符合国家有关法律、法规、标准或合同中规定的一种违法行为。其中，掺入的杂质或其他物质，都是无价值或低价值的。以假充真是指生产者、销售者隐匿产品或物品原有名称、属性，以欺骗的手段，谎称是消费者所需要的产品进行销售，以此牟取利润。以次充好是指产品质量、性能指标达不到或者完全达不到产品的标准或技术要求，但生产者、销售者却谎称产品完全符合标准或技术要求，以此来欺骗用户、消费者，达到推销产品的目标。以不合格商品冒充合格商品是指经营者将不符合国家标准、地方标准或行业标准的商品进行伪装，充当合格的商品进行销售的违法行为。

（3）生产国家明令淘汰的商品或者销售失效、变质的商品的。❶

（4）伪造商品的产地，伪造或者冒用他人的厂名、厂址，篡改生产日期，伪造或者冒用认证标志等质量标志的。伪造商品的产地是指商品的经营者在所生产、销售的商品上隐瞒事实，标示虚伪的商品产地，来欺骗交易对象、损害消费者权益的违法行为。《产品标识标注规定》第18条更加明确要求："生产者标注的产品的产地应当是真实的。产品的产地应当按照行政区划的地域概念进行标注。本规定所称产地，是指产品的最终制作地、加工地或者组装地。"因此，产品产地是与行政区划的地域概念紧密联系的。我国幅员辽阔，产品因产地不同，其性能、质量指标等会有较大差异。尤其是一些土特产品，其风味、质地等质量特征和特性与产地的气候、环境有着密切联系。伪造产地将极大地损害消费者的知情权。

伪造或者冒用他人的厂名、厂址是指商品的经营者在所生产、经营的商品上隐瞒事实，标示虚伪的商品厂名、厂址或者未经他人同意使用他人的厂名、厂址。篡改生产日期是指经营者改动、删改商品上的生产日期，以欺骗消费者。质量标志，包括认

---

❶ 具体分析见本章第一节《消费者权益保护法》规定承担民事责任的第五种情形。

证标志和名优标志两大类。认证标志又分产品质量标志和企业管理体系认证标志。我国现行产品质量标志有 14 种，包括食品市场准入标志 QS、中国强制认证标志 CCC 或 3C 等。国际上则有欧盟安全认证标志 CE、美国认证标志 UL 等。ISO9001、ISO14001 则为企业质量管理体系认证。名优标志是证明企业产品符合政府规定优质标准的一种标志。质量标志在使用上具有严格的特定性，即主体特定、对象特定和时间特定。只有证书核准的经营者才可使用质量标志，并且只能用在核准的产品上。同时，由于一般证书有期限要求，故须在核准时间段内使用。伪造或者冒用认证标志等质量标志是指经营者在商品或者服务上隐瞒自己没有达到质量标准的事实或者未经他人同意将某种质量标志使用在自己的商品或者服务上。

（5）销售的商品应当检验、检疫而未检验、检疫或者伪造检验、检疫结果的。检验检疫是指国家检验检疫机关依照法律、法规的规定对进出口商品实施强制性的措施，对商品是否携带传染性疾病进行检测，以保障人民的生命健康。对商品的检验检疫规定的一般法为《中华人民共和国国境卫生检疫法》（简称《国境卫生检疫法》）、《进出口商品检验法》。上述两部法律对进出口的商品进行检验、检疫有明确的列举，国内经营者必须依据法律的规定接受检验、检疫；否则，销售未经检验、检疫的商品就是违法行为。伪造虚假的检验、检疫结果也是违法行为，是一种欺骗消费者的行为，应当接受法律的制裁。

（6）对商品或者服务作虚假或者引人误解的宣传的。虚假或者引人误解的宣传是指经营者在商品、服务上，以广告或其他方法，对商品或服务的质量、制作成分、性能、产地等情况作虚假或引人误解宣传的行为。虚假或者引人误解的宣传行为欺骗和误导了消费者，侵害消费者的合法权益。

（7）拒绝或者拖延有关行政部门责令对缺陷商品或者服务采取停止销售、警示、召回、无害化处理、销毁、停止生产或者服务等措施的。

（8）对消费者提出的修理、重做、更换、退货、补足商品数量、退还货款和服务费用或者赔偿损失的要求，故意拖延或者无理拒绝的。

（9）侵害消费者人格尊严、侵犯消费者人身自由或者侵害消费者个人信息依法得到保护的权利的。

（10）法律、法规规定的对损害消费者权益应当予以处罚的其他情形。

《消费者权益保护法》规定的经营者应承担行政责任的九种情形，一旦经营者实施了上述违法行为损害消费者的权益，有关行政机关有权依法作出行政处罚。

2. 作出行政处罚的依据与主体

（1）依据

《消费者权益保护法》是保护消费者权益的一般法，相关行政机关根据《消费者权益保护法》第 56 条的规定对违法者作出行政处罚。但是如果其他法律、法规对违法经营者的行为作出处罚有具体的规定，依照法律适用的"特别法优于一般法"原则，适用其他特别法。这些特别法主要包括《产品质量法》、《食品安全法》、《农产品质量法》、《药品管理法》、《广告法》、《食品安全法实施条例》、《药品管理法实施条例》等。根据《消费者权益保护法》的规定，还应当包括地方性的法规，如《上海市实施〈中华人民共和国食品安全法〉办法》、《北京市食品安全条例》等。

（2）主体

《消费者权益保护法》第56条规定，其他法律、法规对于处罚机关有规定的，依照其规定。如对农产品质量的监督管理，由农业部门负责，如果农产品经营者的行为违反了《农产品质量法》的规定，也违法了《消费者权益保护法》的规定，那么就适用《农产品质量法》的规定，由农业部门根据法律作出行政处罚决定。如果其他法律、法规没有规定，一般情况下由工商行政管理部门作出行政处罚决定；如果其他有关行政部门根据《消费者权益保护法》也有相关的执法权，其也可以作出行政处罚决定，以保障消费者权益，从而保障整个市场秩序。

3. 行政处罚的种类

《消费者权益保护法》第56条规定，经营者有违反本条所规定的情形之一，工商行政管理部门或者其他有关行政部门可以作出责令改正，可以根据情节单处或者并处警告、没收违法所得、处以违法所得一倍以上十倍以下的罚款，没有违法所得的，处以五十万元以下的罚款；情节严重的，责令停业整顿、吊销营业执照。根据这一条的规定，行政机关可以采取的行政处罚种类有警告、没收违法所得、罚款、责令停业整顿、吊销营业执照。

（1）警告

警告是有关行政机关对于违法经营者实施违法行为的一种书面形式的谴责和告诫，是国家对违法经营者的违法行为所作的正式否定评价。警告属于声誉罚的一种。对于违法经营者而言，警告的制裁作用是对其形成心理压力、不利的社会舆论环境。采用警告这种处罚形式的重要目的是使受到处罚的经营者认识到其行为的违法性和对社会的危害，纠正违法行为并不再继续违法。警告作为正式的处罚形式之一，必须是要式行为，要由有权的行政机关作出，并且向经营者本人宣布和送达。

（2）没收违法所得

违法所得是指经营者通过违法行为所获得的某种物质利益，主要是指金钱收入，如违法经营所获得的违法利润等。没收违法所得是指行政机关将经营者违法所得的财产收归国有的一种制裁方法。没收违法所得是财产罚的一种。

（3）罚款

罚款是有关行政机关强迫违法的经营者在一定期限内向国家缴纳一定数额的金钱的处罚形式。罚款属于财产罚的一种，它的作用是对违法的经营者予以经济制裁。罚款是一种被采用得比较多的处罚种类，在实践中也是问题最多、运用最乱的一种处罚形式。法律对于罚款作出了许多限制性的规定，如罚款的数额应该由法律、法规作出规定，行政处罚机关只能在法定幅度内决定罚款数额。

（4）责令停业整顿

责令停业整顿是指有关行政机关对违法从事生产、经营活动的主体暂时性停止生产经营活动和其他业务活动的一种制裁方法。责令停业整顿对经营者的物质利益损失较大，是一种比较严厉的处罚，一般适用违法程度比较严重的行为。但是责令停业整顿不同于关闭企业，关闭企业是一种终结性的决定，而责令停业整顿是暂时性的，一般有一定的期限。如果受到责令停业整顿的经营者能够在限期内纠正违法行为，可以恢复生产、经营活动。

（5）吊销营业执照

吊销营业执照是指工商行政管理机关永久性地取消违法经营者持有的营业执照，使其不再具有从事经营活动的资格的处罚。被吊销营业执照的经营者的经营资格被取消，不得再从事各种经营活动。

4. 其他应受行政处罚的行为

为了确保行政机关能够依法执行职务，《消费者权益保护法》规定，对于拒绝、阻碍有关行政部门工作人员依法执行职务，未使用暴力、威胁方法的，由公安机关依照《中华人民共和国治安管理处罚法》（简称《治安管理处罚法》）的规定处罚。《消费者权益保护法》作为一部保护消费者合法权益、维护社会经济秩序的法律，规定阻碍行政部门工作人员依法执行职务行为的法律责任十分必要。根据《治安管理处罚法》第50条的规定，阻碍国家机关工作人员依法执行职务的，处警告或者二百元以下罚款；情节严重的，处五日以上十日以下拘留，可以并处五百元以下罚款。

5. 行政救济

《消费者权益保护法》为了保障经营者的权益不受到行政机关滥用权力的侵犯，规定经营者对行政处罚决定不服的，可以自收到处罚决定之日起六十日内向上一级机关申请复议；对复议决定不服的，可以自收到复议决定书之日起十五日内向人民法院提起诉讼；复议机关逾期不作决定的，申请人可以在复议期满之日起十五日内向人民法院提起诉讼。经营者也可以直接向人民法院提起诉讼。

（二）国家机关工作人员承担的行政责任

《消费者权益保护法》是保护消费者权益的基本法，该法律能够有效保护消费者权益的主要原因之一，就是法定的行政机关的工作人员能够依法行使行政职权，如果行政机关的工作人员在履行职务过程中玩忽职守或者包庇侵害消费者权益的经营者，社会危害性非常大。因此，《消费者权益保护法》规定了国家机关工作人员如果有上述行为，应当承担相应的法律责任。通过这种规定，促使国家机关的工作人员依法行使职权，切实履行保护消费者合法权益的职责。

《消费者权益保护法》第61条规定，国家机关工作人员玩忽职守或者包庇经营者侵害消费者合法权益的，由其所在单位或者上级机关给予行政处分。

1. 国家机关工作人员承担行政责任的情形

（1）玩忽职守

玩忽职守是指国家机关工作人员不负责任，不履行或者不正确地履行自己的工作职责，致使公共财产、国家或者人民的利益造成损失的行为。在消费者权益保护领域，与经营者相比较，消费者始终处于弱势的地位，如果保护消费者权益的国家机关工作人员不负责任，不履行或者不正确履行自己的工作职责，消费者的权益更容易受到侵犯而不能得到保护。因此，《消费者权益保护法》对国家机关工作人员的这种行为设置了明确的法律责任。

（2）包庇经营者侵害消费者合法权益的行为

包庇是指国家机关工作人员对侵害消费者权益的经营者提供隐藏住所、财物，帮助其逃匿或者作假证明。同玩忽职守一样，国家机关工作人员的此种行为会给消费者权益、社会秩序造成不良影响，甚至造成较大损害，因此法律规定对有此类行为的国家机关工作人员进行处理。

2. 国家机关工作人员承担行政责任的种类

《消费者权益保护法》规定，对于国家机关工作人员有玩忽职守、包庇经营者侵害消费者合法权益的行为，由国家机关工作人员所在单位或者上级机关给予行政处分。行政处分属于内部行政行为，由行政机关基于行政隶属关系依法作出。它具有强烈的约束力，国家机关工作人员不服，行政主体可以强制执行。行政处分种类有警告、记过、记大过、降级、撤职、开除。

（1）警告。对违反行政法律规范的国家机关工作人员提出告诫，使其认识应负的行政责任，以便加以警惕，使其注意并改正错误，不再犯此类错误。这种处分适用于违反行政法律规范轻微的国家机关工作人员。该种行政处分的处分期为6个月。

（2）记过。行政机关记载或者登记违反行政法律规范的国家机关工作人员的过错，以示惩处之意。这种处分适用于违反行政法律规范行为比较轻微的人员。该种行政处分的处分期为12个月。

（3）记大过。行政机关记载或登记违反行政法律规范的国家机关工作人员的较大或较严重的过错，以示严重惩处的意思。这种处分适用于违反行政法律规范比较严重，给国家、公共利益、消费者的权益造成一定损失的人员。该种行政处分的处分期为18个月。

（4）降级。行政机关对违反行政法律规范的国家机关工作人员降低其工资等级。这种处分适用于违反行政法律规范，并使国家、公共利益、消费者的权益造成一定损失，但其仍然可以继续担任现任职务的人员。该种行政处分的处分期为24个月。

（5）撤职。行政机关对违反行政法律规范的国家机关工作人员撤销现任职务。这种处分适用于严重违反行政法律规范，已不适宜担任现任职务的人员。该种行政处分的处分期为24个月。

（6）开除。行政机关对违反行政法律规范的国家机关工作人员取消其公职。这种处分适用于严重违反行政法律规范，并且已丧失国家机关工作人员基本条件的人员。

公务员在受处分期间不得晋升职务和级别，其中受记过、记大过、降级、撤职处分的，不得晋升工资档次；受撤职处分的，按照规定降低级别；受开除处分的，不得被行政机关重新录用或聘用。

第三节　侵犯消费者权益中的刑事责任

一、侵犯消费者权益刑事责任概述

刑事责任是指经营者实施了国家刑事法律规定的行为所必须承担的法律后果，也就是犯罪行为必须受到刑罚的制裁。

刑事责任与民事责任、行政责任有着显著的区别。刑事责任与行政责任的不同之处有：一是追究的违法行为不同，追究行政责任的是一般违法行为，追究刑事责任的是犯罪行为；二是追究责任的机关不同，追究行政责任由国家特定的行政机关依照有关法律的规定决定，追究刑事责任只能由司法机关依照《刑法》的规定决定；三是承担法律责任的后果不同，追究刑事责任是最严厉的制裁，可以判处死刑，比追究行政责任严厉得多。民事责任与刑事责任的不同之处在于：一是两者产生的前提不同。刑事责任产生的前提是做出犯罪行为，因而刑事责任与行为人的犯罪行为有着必然的联系；而民事责任产生的前提是违反民事义务，因而民事责任与民事主体违反民事义务的行为有着必然的联系。二是责任承担的主体不同。刑事责任只能由犯罪人对国家承担责任；而民事责任是违反民事义务的行为人对被侵害人承担责任而不是向社会或国家承担责任，因而是否实际地追究民事责任，可以被侵害人的意志为转移，民事侵权行为人可因被侵害人的同意而被免除责任。三是主观方面不同。刑事责任的成立一般以犯罪人的故意为常态，刑事责任的成立及大小受行为人意志状态和行为人主观恶性的影响，对于过失犯罪只有在法律明文规定为犯罪时，才可以认定为犯罪；而民事责任绝大多数是因过失行为所导致的，其责任范围一般也不受主观恶性大小的影响。四是制裁目的不同。民事责任是一种事后补救性质的责任，它主要体现的是一种损害—补救关系，遵循"无损害就无赔偿"的原则。而刑事责任的形式主要是剥夺或限制自由，最重要的是剥夺生命；刑事责任也有经济制裁，如没收、罚金，但这些要上缴国库。它设立的目的是通过惩罚犯罪分子以达到教育、预防的社会作用。

按照刑法犯罪构成的理论，承担刑事责任的一般构成要件有四个，即犯罪主体、犯罪主观方面、犯罪客体、犯罪客观方面。在犯罪主体方面，行为人必须是达到法定刑事责任年龄，具有责任能力的人。犯罪主观方面是指行为人实施违法行为是主观上有故意或者过失。犯罪客体是指行为人的行为侵害了刑事法律所保护的社会关系。犯罪客观方面是指行为人实施的违法行为造成了一定的社会危害后果。

《消费者权益保护法》规定，经营者违反本法规定提供商品或者服务，侵害消费者合法权益，构成犯罪的，依法追究刑事责任。结合《中华人民共和国刑法》（以下简称《刑法》）的规定，经营者的违法行为可能涉及的罪名有《刑法》破坏社会主义市场经济秩序罪章节中的生产、销售伪劣商品罪、侵犯知识产权罪、扰乱市场秩序罪。《消费者权益保护法》第61条规定，国家机关工作人员玩忽职守或者包庇经营者侵害消费者合法权益的行为情节严重、构成犯罪的，依法追究刑事责任。根据《刑法》规定，经营者的违法行为可能涉及的罪名有《刑法》中的受贿罪、渎职罪。《消费者权益保护法》中规定的经营者或者国家机关工作人员触犯刑法的，应当将案件移送公安机关，由公安机关作出相应处理。

二、现行法律对侵犯消费者权益刑事责任的规定

（一）生产、销售伪劣产品罪

生产、销售伪劣产品罪，是指生产者、销售者在产品中掺杂、掺假，以假充真，以次充好或者以不合格产品冒充合格产品，销售金额达5万元以上的行为。生产、销售伪劣产品罪为选择性罪名，在司法实践中，法院会根据行为发生的具体情况进行定罪，分别为生产伪劣产品罪、销售伪劣产品罪或者生产、销售伪劣产品罪。生产、销售伪劣产品罪的部分都是属于这种情况，以下不予赘述。

根据刑法犯罪构成理论，生产、销售伪劣产品罪的犯罪构成有：

（1）主体

本罪的行为主体是自然人、单位，表现为产品的生产者和销售者两类。生产者即产品的制造者（含产品的加工者），销售者即产品的批量或零散经销卖者。至于生产者、销售者是否具有合法的生产许可证或者营业执照，不影响本罪的成立。

（2）主观方面

本罪的主观方面表现为故意，一般具有非法牟利的目的。犯罪行为人的故意表现为在生产领域内有意制造伪劣产品。而在销售领域内分两种情况，一是在销售产品中故意掺杂、掺假；二是明知是伪劣产品而售卖。

（3）客体

本罪侵犯的客体是国家对普通产品质量的监督和管理制度。普通产品是指除《刑法》另有规定的食品、药品、医用器材、涉及人身和财产安全的电器、农药、兽药、化肥、种子、化妆品等以外的产品。国家通过法律、法规等对产品的标准、产品的市场监督检查、产品经营者的责任与义务、损害赔偿等作出了规定。本罪的犯罪主体侵犯了上述产品监督和管理制度，生产、销售不符合产品质量标准的产品扰乱产品质量监督管理秩序，同时侵犯消费者的合法权益。

（4）客观方面

本罪的客观方面表现为生产者、销售者的生产、销售行为违反国家产品质量监督与管理的法律、法规等的规定。违反产品质量管理法律、法规一般是指违反《产品质量法》、《标准化法》、《计量法》，以及有关省、自治区、直辖市制定的关于产品质量的地方性法规、规章等。本罪在客观方面的行为可具体表现为以下四种：①掺杂、掺假；②以假充真；③以次充好；④以不合格产品冒充合格产品。生产、销售伪劣产品的金额达到5万元以上的情节是构成生产、销售伪劣产品罪在客观上所要求的内容。

（二）生产、销售假药罪概念

生产、销售假药罪是指生产、销售假药，足以严重危害人体健康的行为。根据刑法犯罪构成理论，生产、销售假药罪的犯罪构成有：

（1）主体

本罪的犯罪主体为自然人、单位，表现为假药的生产者和销售者两类主体。生产者即药品的制造、加工、采集、收集个人或者单位，销售者即药品的批量或零散经销售卖者。

（2）主观方面

本罪的主观方面表现为故意，通常情况下经营者是出于营利的目的，但是生产者、销售者是否出于营利目的并不影响本罪的成立。行为人的主观故意表现在生产领域内有意制造假药，即认识到假药足以危害人体健康而对此持有希望或放任的态度；在销售领域内必须具有明知是假药而售卖的心理状态，对于过失不构成犯罪。

（3）客体

本罪既侵犯了国家对药品的监督和管理制度，又侵犯了药品消费者的身体健康权。药品，是指用于预防、治疗、诊断人的疾病，有目的地调节人的生理机能并规定有适应证、用法和用量的物质。国家制定了许多关于药品监督和管理的法律法规，建立了一套保证药品质量、增进药品疗效、保障用药安全的完整监督和管理制度。生产、销售假药的行为构成对国家关于药品监督和管理制度的侵犯，并同时危害消费者的身体健康。

（4）客观方面

本罪的客观方面表现为生产者、销售者违反国家的药品监督和管理的法律、法规，生产、销售假药，足以严重危害人体健康的行为。违反药品监督和管理的法律、法规主要是指违反《药品管理法》、《药品管理法实施办法》、《药品生产质量管理规范》等法律法规。《刑法》也做了明确规定，该法第141条第2款规定："本条所称假药，是指依照《中华人民共和国药品管理法》的规定属于假药和按假药处理的药品、非药品。"生产假药的行为表现为一切制造、加工、采集、收集假药的活动，销售假药的行为是指一切有偿提供假药的行为。生产、销售假药是两种行为，可以分别实施，也可以既生产假药又销售假药，同时存在两种行为。按照法律关于本罪的客观行为规定，只要具备其中一种行为即符合该罪的客观要求。如果行为人同时具有上述两种行为，仍视为一个生产、销售假药罪，不实行数罪并罚。

（三）生产、销售劣药罪

生产、销售劣药罪是指经营者违反国家药品监督和管理的法律法规生产、销售劣药，对人体健康造成严重危害的行为。本罪为结果犯罪，即无后果不构成犯罪。

根据刑法犯罪构成理论，本罪的犯罪构成有：

（1）主体

本罪的犯罪主体是一般主体，即自然人、单位。

（2）主观方面

本罪在主观方面表现为故意。故意的内容分为两部分：一是行为人明知其生产或销售的是劣药而且其生产或销售劣药的行为可能会对人体健康造成严重危害；二是行为人对上述危害结果的发生采取放任的心理态度。在司法实践中本罪的犯罪主体多数具有牟取利益的目的，但法律没有要求构成本罪必须以营利为目的，故无论犯罪主体的主观目的是什么都不影响本罪的构成。

（3）客体

本罪犯罪客体是复杂客体，既包括国家对药品的监督和管理制度，又包括公民的健康权。

（4）客观要件

本罪在客观方面表现为生产、销售劣药，对人体健康造成严重危害的行为。"对人体健康造成严重危害"是指造成用药人残疾或者其他严重后遗症，或因服用劣药延误治疗，致使病情加剧而引起危害、死亡等严重后果。

（四）生产、销售不符合安全标准的食品罪

生产、销售不符合安全标准的食品罪是指违反国家食品安全监督与管理法律法规，生产、销售不符合国家食品安全标准的食品，足以造成严重食物中毒事故或者其他严重食源性疾病的行为。

根据刑法犯罪构成理论，本罪的犯罪构成有：

（1）主体

本罪的犯罪主体是一般主体，即自然人、单位。

（2）主观方面

本罪在主观方面表现为故意。故意的内容分为两部分：一是行为人明知其生产或销售的是不符合安全标准的食品而且其生产或销售不符合安全标准食品的行为可能会对人体健康造成严重危害的结果；二是行为人对上述危害结果的发生采取放任的心理态度。在司法实践中本罪的犯罪主体多数具有牟取利益的目的，但法律没有要求构成本罪必须以营利为目的，故无论犯罪主体的主观目的是什么都不影响本罪的构成。

（3）客体

本罪犯罪客体是复杂客体，既包括国家对食品的监督和管理制度，又包括公民的健康权。

（4）客观要件

本罪在客观方面表现为违反国家食品安全管理法规，生产、销售不符合安全标准的食品，足以造成严重食物中毒事故或者其他严重食源性疾患的行为。本罪属于危险犯。本罪不但要求行为人有实施生产、销售不符合安全标准的食品的行为，而且还必须足以造成严重食物中毒事故或者其他严重食源性疾患的行为，如果不足以造成严重食物中毒事故或者其他严重食源性疾患的，不构成本罪。

（五）生产、销售有毒、有害食品罪

生产、销售有毒、有害食品罪是指在生产、销售的食品中掺入有毒、有害的非食品原料或者销售明知掺有有毒、有害的非食品原料的食品的行为。

根据刑法犯罪构成理论，本罪的犯罪构成有：

（1）主体

本罪的主体为一般主体，即自然人、单位。其中单位既包括合法的食品生产者、销售者，也包括非法的食品生产者、销售者。

（2）主观方面

本罪的主观方面为故意，一般是出于获取非法利润的目的。故意表现为行为人明知其掺入食品中的是有毒、有害的非食品原料或明知其销售的是掺有有害的非食品原料的食品，并且其行为可能会造成食物中毒事故或其他食源性疾患，却对此危害结果采取放任的心理态度，但造成食物中毒事故或其他食源性疾患并非行为人的犯罪目的，如果行为人对其结果作为犯罪目的积极追求，则构成其他性质的罪。本罪的犯罪目的一般是牟取非法利益，但犯罪目的不是本罪的必要条件。

（3）客体方面

本罪侵犯的客体是复杂客体，即国家对食品安全监督管理制度以及不特定消费者的身体健康权。国家为保障人民群众的生命健康，颁布了一系列关于食品安全的法律法规，建立起对食品安全的监督与管理制度，而生产、销售有毒、有害食品就侵犯了上述食品安全的监督与管理制度。与此同时，在生产、销售的食品中掺入有毒、有害的非食品原料，会对消费者的生命健康造成很大威胁，因此这种行为也侵犯了消费者的生命健康权。

（4）客观方面

本罪在客观方面表现为食品经营者违反国家食品安全监督管理的法律法规，在生产、销售的食品中掺入有毒、有害的非食品原料或者销售明知掺有有毒、有害的非食品原料的食品行为。所谓食品，是指各种供人食用或者饮用的成品和原料以及按照传统既是食品又是药品的物品，但是不包括以治疗为目的的物品。"有毒、有害的非食品原料"是指无任何营养价值，根本不能食用，对人体具有生理毒性，食用后会引起不良反应，损害肌体健康的不能食用的原料。本罪主要表现为两种行为：一是行为人在生产、销售的食品中掺入有毒、有害的非食品原料的行为；二是行为人明知是掺有有毒、有害的非食品原料的食品而予以销售。

（六）生产、销售不符合标准的医用器材罪

生产、销售不符合标准的医用器材罪是指生产不符合保障人体健康的国家标准的医疗器材、医用卫生材料或者销售明知是不符合保障人体健康的国家标准、卫生标准的医疗器械、医用卫生材料，对人体健康造成严重危害的行为。

根据刑法犯罪构成理论，本罪的犯罪构成有：

（1）主体

本罪的主体是一般主体，即自然人、单位。既包括取得生产、销售资格的自然人和单位，也包括未取得生产、销售资格的自然人和单位。

（2）主观方面

本罪的主观方面为故意，一般是出于获取非法利润的目的。

（3）客体

本罪侵犯的客体为复杂客体。其主要客体为国家对医疗用品的专门管理制度，次要客体为消费者的人身健康权。

（4）客观方面

本罪在客观方面表现为：行为人明知是不符合保障人体健康的国家标准、行业标准的医疗器械、医用卫生材料而生产、销售。刑法所关注的是所生产、销售的产品本身的质量。只要是由于产品本身质量问题而造成了对人体健康严重危害的，即构成本罪。

（七）生产、销售不符合安全标准的产品罪

生产、销售不符合安全标准的产品罪是指生产不符合保障人身、财产安全的国家标准、行业标准的电器、压力容器、易燃易爆产品或者其他不符合保障人身、财产安全的国家标准、行业标准的产品，或者销售明知是以上不符合保障人身、财产安全的国家标准、行业标准的产品，造成严重后果的行为。

根据刑法犯罪构成理论，本罪的犯罪构成有：

（1）主体

本罪的主体要件为一般主体，即达到刑事责任年龄、具有刑事责任能力的任何人均可构成本罪，也包括单位。

（2）主观方面

本罪的主观方面是故意。故意在生产环节上表现为对所生产的电器、压力容器等产品是否符合标准采取放任的态度，或者明知所生产的产品不符合保障人身、财产安全的有关标准而仍然继续生产；在销售环节上表现为明知所销售的产品不符合标准而仍然予以出售。

（3）客体

本罪侵犯的客体为复杂客体，即国家对生产销售电器、压力容器、易燃易爆产品等的安全监督和管理制度以及公民的生命健康权。《产品质量法》第8条规定："可能危及人身健康和人身、财产安全的工业产品，必须符合保障人体健康、人身财产安全的国家标准、行业标准；未制定国家标准、行业标准的，必须符合保障人体健康、人身财产安全的要求。"国家还通过其他法律法规等规定了这些产品的国家标准和行业标准以及监督抽查的管理制度和生产、销售许可证制度。凡生产、销售不符合保障人身、财产安全标准的产品，即侵犯了国家对这类产品的监督管理制度。这类产品若不符合质量标准，往往会危及人身安全，造成重大财产损失等。

（4）客观方面

本罪的客观方面表现为生产或者销售不符合保障人身、财产安全的国家标准、行业标准的电器、压力容器、易燃易爆产品或者其他不符合保障人身、财产安全的国家标准、行业标准的产品，并且造成严重后果的行为。

本罪为结果犯罪，其不仅要求有生产、销售上述不符合标准的产品的行为，而且必须造成严重后果才可构成本罪。如果仅具有上述行为，而没有严重的后果，即没有造成危害结果，或虽有危害结果但不是严重的危害结果；也不能构成本罪，构成犯罪也是他罪。

（八）生产、销售不符合卫生标准的化妆品罪

生产、销售不符合卫生标准的化妆品罪是指生产不符合卫生标准的化妆品，或者销售明知是不符合卫生标准的化妆品，造成严重后果的行为。

根据刑法的犯罪构成理论，本罪的犯罪构成有：

（1）主体

本罪的主体要件为一般主体，即自然人、单位。

（2）主观方面

本罪的主观方面是故意，即行为人故意生产不符合卫生标准的化妆品或者明知是不符合卫生标准的化妆品而故意销售。本罪的犯罪目的多数是牟取利益，但本罪并不以此为构成要件。

（3）客体

本罪侵犯的是复杂客体，即国家对化妆品的卫生监督和管理制度及公民的健康权。国家为加强对化妆品的卫生监督，保证化妆品的卫生质量和使用安全，保障消费者的人身健康，制定了《产品质量法》、《化妆品卫生标准》等一系列法律、法规，对产品质量的监督、化妆品生产的卫生标准、审查批准化妆品生产企业卫生许可证、化妆品卫生质量和使用安全监督、对进口化妆品的审查批准、对经营化妆品的卫生监督、生产者和经营者的产品质量责任和义务等作了全面的规定，形成了比较完整的化妆品卫生质量监督管理制度。

（4）客观方面

生产、销售不符合卫生标准的化妆品的行为包括但不限于：①未取得"化妆品生产企业卫生许可证"的单位，非法生产化妆品；未取得健康证而直接从事化妆品生产的人员生产化妆品；②生产化妆品所需要的原料、辅料以及直接接触化妆品的容器和包装材料不符合国家规定的卫生标准；③使用化妆品新原料生产化妆品，未经国务院卫生行政部门批准；④生产特殊用途的化妆品即用于护发、养发、染发、烫发、脱毛、美乳、健美、防臭、祛斑、防晒的化妆品等，未经国务院卫生行政部门批准、取得批准文号；⑤生产的化妆品不符合化妆品卫生标准或生产的化妆品未经卫生质量检验；⑥销售不符合卫生标准的化妆品，是指化妆品经营单位和个人明知是不符合卫生标准的化妆品而仍决意出售。生产、销售不符合卫生标准的化妆品的行为必须造成了严重的后果。否则，虽有生产、销售行为，但没有造成实际危害后果，或者虽然造成危害后果但不属于严重后果，或者虽属严重后果但不是因为生产、销售的行为所引起如被害人使用不当等，则都不能构成本罪。

（九）虚假广告罪

虚假广告罪是指广告主、广告经营者、广告发布者违反国家规定，利用广告对商品或服务作虚假宣传，情节严重的行为。

根据刑法犯罪构成理论，本罪的构成要件有：

（1）主体

本罪的主体为特殊主体，即广告主、广告经营者和广告发布者。广告主，是指为推销商品或者提供服务，自主或者委托他人设计、制作、发布广告的法人、其他经济组织或者个人。广告经营者，是指受委托提供广告设计、制作、代理服务的法人、其他经济组织或者个人。广告发布者，是指为广告主或者广告主委托的广告经营者发布广告的法人或者其他经济组织。本罪主体既可以是自然人，也可以是单位。单位犯本罪的实行两罚制，即对单位判处罚金，对其直接负责的主管人员和其他责任人员，依规定追究刑事责任。

（2）主观方面

本罪在主观方面只能是故意。广告主明知自己的虚假广告行为违反了广告管理法规规定的广告内容的真实性，而积极实施了这种行为，作引人误解的虚假宣传，欺骗用户和消费者，以达到牟取巨额非法利益的目的。广告经营者构成虚假广告罪，既可以是直接故意，又可以是间接故意。广告发布者构成虚假广告罪既可以是直接故意，也可以是间接故意。

（3）客体

本罪侵犯的客体是社会主义市场经济条件下商品正当的交易活动和竞争活动，也侵犯了消费者的合法权益。《消费者权益保护法》规定了虚假广告侵害消费者的民事责任。为了进一步保护市场秩序，保护消费者的合法权益，刑事法律制度规定了更严厉的制裁措施。

（4）客观方面

本罪在客观方面表现为广告主、广告经营者和广告发布者实施了情节严重的虚假广告行为。构成本罪在客观方面表现为违法者实施了违反国家广告监督和管理的法律法规的行为。虚假广告罪的行为主要表现是利用广告作虚假宣传；广告经营者明知他人要求制作、设计的广告内容虚假仍然制作、设计，或不查验有关证明文件、核实广告内容；广告发布者违反有关规定，不认真核实内容的真实性或明知内容虚假仍决意发布。本罪属情节犯，其不仅要求具有违反国家规定，利用虚假广告对商品或服务作虚假宣传的行为，而且必须达到情节严重的程度才能构成本罪。

（十）逃避商检罪

逃避商检罪是指违反进出口商品检验法的规定，逃避商品检验，将必须经商检机构检验的进口商品未报经检验而擅自销售、使用，或者将必须经商检机构检验的出口商品未报经检验合格而擅自出口，情节严重的行为。

根据刑法犯罪构成理论，本罪的犯罪构成包括：

（1）主体

本罪的主体是一般主体，即自然人和单位。实际构成本罪的是非法销售使用和出口应当经过商检而未经商检的进出口商品的单位及个人。

（2）主观方面

本罪在主观方面表现为过失，这是针对行为可能造成的重大经济损失的结果而言的，即行为人对这种结果应当预见但因自己疏忽大意而没有预见，或者虽已预见其有可能发生，但却轻信能够避免，从而发生了这种严重危害结果。至于逃避商检的行为本身，则是出于故意，即明知行为违法仍然决意为之。

（3）客体

本罪侵犯的客体是国家对进出口商品检验的管理秩序。本罪的对象必须是根据进出口商品检验的商品种类表和其他法律、行政法规规定必须经商检机构检验的进出口商品，对于不在这一范围内的商品的擅自销售、使用的行为，不构成本罪。

（4）客观方面

本罪在客观方面表现为违反国家进出口商品检验法的规定，逃避国家对进出口商品的检验，情节严重的行为。

具有违反国家进出口检验法的行为是本罪成立的前提条件。依照进出口商品检验法的有关规定，逃避检验的非法行为是指下列三种行为：①对应当进行检验的进口商品，未报经检验而擅自在境内销售或使用的；②对应当进行检验的出口商品，未报经检验合格后就擅自出口的；③经过商检机构的抽查检验，认为是不合格的商品而擅自出口的。

此外，违反进出口商品检验法的行为必须是情节严重的行为，才能构成本罪，情节严重主要是指造成重大经济损失。所谓重大经济损失，一般是指直接经济损失数额达到巨大的。所谓直接经济损失，是指与行为有着直接因果关系而造成公共财产毁损、减少的实际价值，其是行为人无法挽回的那部分经济损失。

（十一）假冒注册商标罪

假冒注册商标罪是指违反商标管理法律法规，未经注册商标所有人许可，在同一种商品上使用与其注册商标相同的商标，违法所得数额较大或者有其他严重情节的行为。

根据刑法犯罪构成理论，本罪的犯罪构成有：

（1）主体

本罪的主体为一般主体，自然人和单位均能成为本罪主体。就自然人而言，只要行为人达到了法定刑事责任年龄，具有刑事责任能力，实施了假冒注册商标的行为，即可构成犯罪。就单位而言，若实施了假冒他人注册商标的行为，构成犯罪的，实行两罚制，即对单位判处罚金，对直接负责的主管人员和其他直接责任人员追究刑事责任。

（2）主观方面

本罪在主观方面表现为故意，即行为人明知某一商标是他人的注册商标，未经注册商标所有人的许可，在同一种商品上使用与该注册商标相同的商标。一般情况下，假冒注册商标罪的行为人都具有获利的目的，但依本条规定，"以营利为目的"不是假冒注册商标罪的必要构成要件，可能有些假冒商标的行为是为了损害他人注册商标的信誉。不论是出于什么动机或目的，均不影响本罪的构成。

（3）客体

本罪所侵害的客体是国家有关商标的监督和管理制度以及他人的注册商标的专用权。犯罪对象是他人已经注册的商品商标。所谓商标是指企事业单位和个体工商业者用来标明其商品或服务项目的显著特征，并便于区别于他人所生产、销售的商品及服务项目。

（4）客观方面

本罪在客观方面表现为行为人未经注册商标所有人许可，在同一种商品上使用与他人注册商标相同的商标，情节严重的行为。

（十二）销售假冒注册商标的商品罪

销售假冒注册商标的商品罪是指违反商标监督和管理法律法规，销售明知是假冒注册商标的商品，销售金额较大的行为。

根据刑法犯罪构成理论，本罪的构成要件包括：

（1）主体

本罪的主体为一般主体。自然人和单位均能构成本罪的主体。就自然人而言，只要行为人达到刑事责任年龄且具有刑事责任能力，实施了故意销售假冒注册商标的商品的，就可构成本罪。单位犯本罪的，实行两罚制，对单位判处罚金，并对直接负责的主管人员和其他直接责任人员依照本条规定追究刑事责任。

（2）主观方面

本罪的主观方面是故意，即明知是假冒注册商标的商品，而故意销售给他人。过失不能构成本罪。

（3）客体

本罪侵犯的客体为国家对商标的监督和管理制度以及他人注册商标的专用权。商标专用权是商标权人依法对自己已注册商标的专有使用权，它是构成我国商标管理制度的主要内容。销售假冒注册商标的商品，虽然自己并没有生产假冒注册商标的商品，但其行为使假冒他人注册商标的商品直接流向消费者，危害了消费者的利益。

（4）客观方面

本罪在客观方面表现为行为人非法销售明知是假冒注册商标的商品，销售金额较大的行为。

（十三）非法制造、销售非法制造的注册商标标识罪

非法制造、销售非法制造的注册商标标识罪是指违反商标监督和管理的法律法规，伪造、擅自制造他人的注册商标标识或者销售伪造、擅自制造的注册商标标识，情节严重的行为。

根据刑法犯罪构成理论，本罪有以下犯罪构成要件：

（1）主体

本罪的主体是企事业单位或个人，单位既可以是法人，也可以是非法人；个人既包括持有工商营业执照的个体工商户，亦包括没有营业执照的其他个人。

（2）主观方面

本罪的主观方面是故意，即明知是他人的注册商标标识而仍故意伪造，或明知违反注册商标标识印制委托合同的规定，仍然故意超量制造，或明知是伪造的或擅自制造的他人注册商标标识，却仍故意销售。

（3）客体

本罪所侵害的客体为国家的商标管理制度和他人注册商标的专用权。

（4）客观方面

本罪在客观方面表现为违反商标监督和管理的法律法规，伪造、擅自制造他人注册商标标识或者销售伪造、擅自制造的商标标识，情节严重之行为。

（十四）玩忽职守罪

玩忽职守罪是指国家机关工作人员严重不负责任，不履行或不正确地履行自己的工作职责，致使公共财产、国家和人民利益受重大损失的行为。

根据刑法犯罪构成理论，本罪有以下犯罪构成要件：

（1）主体

本罪的主体是国家机关工作人员。在《消费者权益保护法》中，主要是指履行保

护消费者权益职责的行政机关的工作人员。

（2）主观方面

本罪在主观方面由过失构成，行为人对于其行为所造成重大损失结果，在主观上并不是出于故意而是由于过失造成的。

（3）客体

本罪侵犯的客体是国家机关的正常活动。由于国家机关工作人员对本职工作严重不负责，不遵纪守法，违反规章制度，玩忽职守，不履行应尽的职责义务，给国家、集体和人民利益造成严重损害，从而危害了国家机关的正常活动。在消费者权益保护领域，本罪侵犯的对象是消费者的合法权益。

（4）客观方面

本罪在客观方面表现为履行保护消费者职责的行政机关工作人员违反工作纪律、规章制度，擅离职守，不尽职责义务，或者不正确履行职责义务，致使公共财产、国家和人民利益遭受重大损失的行为。

（十五）滥用职权罪

滥用职权罪是指国家机关工作人员故意逾越职权或者不履行职责，致使公共财产、国家和人民利益遭受重大损失的行为。

根据刑法犯罪构成理论，本罪的犯罪构成主要有：

（1）主体

本罪主体是国家机关工作人员。在《消费者权益保护法》中，主要是指履行保护消费者权益职责的行政机关的工作人员。

（2）主观方面

本罪在主观方面表现为故意，行为人明知自己滥用职权的行为会致使公共财产、国家和人民利益遭受重大损失，并且希望或者放任这种结果发生。

（3）客体

本罪侵犯的客体是国家机关的正常活动。由于国家机关工作人员故意逾越职权，致使国家机关的某项具体工作遭到破坏，给国家、集体和人民利益造成严重损害，从而危害了国家机关的正常活动。在消费者权益保护领域，本罪侵犯的对象是消费者的合法权益。

（4）客观方面

本罪客观方面表现为滥用职权，致使公共财产、国家和人民利益遭受重大损失的行为。滥用职权的行为，必须致使公共财产、国家和人民利益造成重大损失时，才构成犯罪。

（十六）食品监管渎职罪

食品监管渎职罪是指负有食品安全监督管理职责的卫生行政、农业行政、质量监督、工商行政管理、食品药品监督管理等部门的国家机关工作人员，滥用职权或者玩忽职守，导致发生重大食品安全事故或者造成其他严重后果的行为。

根据刑法犯罪构成理论，本罪的犯罪构成要件包括：

（1）主体

本罪的主体是特殊主体，即负有食品安全监督管理职责的国家机关工作人员。我国《食品安全法》将食品安全的监管工作赋予了卫生行政、农业行政、质量监督、工商行政管理、食品药品监督管理部门的工作人员。本罪主体需要结合渎职罪的一般规定和《食品安全法》的相关规定予以认定。

（2）主观方面

本罪的渎职行为可分为滥用职权行为和玩忽职守行为两种类型，所以，对于本罪的主观方面可以从这两个方面出发予以认定。"玩忽职守型"的食品监管渎职罪的主观方面为过失，即应当预见自己玩忽职守的行为可能导致重大食品安全事故或者造成其他严重后果，因为疏忽大意而没有预见，或者已经预见而轻信能够避免。"滥用职权型"的食品监管渎职罪的主观方面，可以参照上述"滥用职权罪"的规定来进行认定。

（3）客体

本罪侵犯的客体为食品监管机关的正常监督管理活动以及公共和个人的合法权益。渎职罪的客体是国家机关的正常管理活动，食品监管渎职犯罪行为不仅会侵害国家机关的正常活动，严重损害国家机关在人民群众心目中的威信，妨碍国家基本职能的实现，而且还会侵犯公共的和个人的合法权益。

（4）客观方面

根据《刑法修正案（八）》关于本罪的规定，本罪的客观方面表现为，负有食品安全监管职责的相关工作人员滥用职权或者玩忽职守，导致发生重大食品安全事故或者发生其他严重后果的行为。具体而言，本罪的渎职行为可分为滥用职权行为和玩忽职守行为两种类型。食品安全监管机关工作人员滥用职权的行为，是指不依法行使食品安全监管职务上的权力的行为，既包括非法地行使本人职务范围内的权力，也包括超越本人职权范围而实施的有关行为。食品安全监管玩忽职守的行为，是指严重不负责任，不履行职责或者不正确履行职责的行为，如擅离职守、马虎行事、敷衍塞责等。不履行，是指行为人应当履行且有条件、有能力履行职责，但违背职责没有履行，其中包括擅离职守的行为；不正确履行，是指在履行职责的过程中，违反职责规定，马虎草率、粗心大意。

（十七）商检徇私舞弊罪

商检徇私舞弊罪是指国家商检部门、商检机构的工作人员徇私舞弊，故意伪造检验结果的行为。

根据刑法犯罪构成理论，本罪的构成要件有：

（1）主体

本罪的主体为特殊主体，即国家商检部门、商检机构的工作人员。所谓国家商检部门，是指国务院商品检验部门，即国家进出口商品检验局。所谓商检机构，是指国家商检部门设在各地的进出口商品检验机构，即各省、市、自治区进出口商品检验局。

（2）主观方面

本罪在主观方面只能由故意构成。若犯罪主体主观方面表现为故意但不存在徇私，而滥用职权伪造、出具虚假商检结果的，如果造成公共财产、国家和人民利益重大损失，则应以滥用职权罪定罪，而不定为本罪。

（3）客体

本罪侵犯的客体是国家进出口商品检验部门、机构的正常活动及国家其他有关机关的正常活动。进出口商检验制度是一种国际惯例，对于保证进出口商品的质量，维护对外贸易有关各方的合法权益，促进对外经济贸易关系的顺利发展具有重要作用。从事进出口商品检验工作的人员责任重大，如果徇私舞弊，致使不合格的商品进口或出口，或者合格的商品不能进口或出口，就会损害我国的经济利益，破坏对外经贸关系，甚至影响我国的国际声誉。

（4）客观方面

本罪在客观方面表现为国家商检部门、商检机构的工作人员徇私舞弊，故意伪造检验结果的行为。

徇私舞弊，伪造检验结果，是指行为人明知商检制度和《进出口商品检验法》等法律法规有关商品检验的规定，却为图私利、徇私情，有法不依，有章不循，滥用职权，违背事实，作黑白颠倒的商检结果或者出具虚假的商品检验证单的行为。

（十八）商检失职罪

商检失职罪是指国家商检部门、商检机构的工作人员玩忽职守，严重不负责任，对应当检验的物品不检验，或者延误检验出证，错误出证，导致国家利益遭受重大损失的行为。

根据刑法犯罪构成理论，本罪的犯罪构成要件有：

（1）主体

本罪的主体为特殊主体，即国家商检部门、商检机构的工作人员。

（2）主观方面

本罪在主观方面只能由过失构成，故意不构成本罪。

（3）客体

本罪侵犯的客体是国家进出口商品检验部门、机构的正常活动及国家其他有关机关的正常活动。

（4）客观方面

本罪在客观方面表现为国家商检部门、商检机构的工作人员玩忽职守，严重不负责任，对应当检验的物品不检验，或者延误检验出证，错误出证，导致国家利益遭受重大损失的行为。所谓玩忽职守，严重不负责任，是指不履行职守或者不正确、不认真履行自己的职守。

（十九）动植物检疫徇私舞弊罪

动植物检疫徇私舞弊罪是指动植物检疫机关的检疫人员徇私舞弊，伪造检疫结果的行为。

根据刑法犯罪构成理论，本罪的犯罪构成要件有：

（1）主体

本罪的主体是特殊主体，即动植物检疫机关的检疫人员。动植物检疫机关，包括国家动植物检疫机关及其在对外开放的口岸和进出境动植物检疫业务集中的地点设立的口岸动植物检疫机关。

（2）主观方面

本罪在主观方面必须是出于故意，即行为人明知自己的徇私舞弊行为是违反有关法律规定的，明知自己行为可能产生的后果，而对这种后果的发生持希望或者放任的态度。

（3）客体

本罪侵犯的客体是国家动植物检疫机关的正常活动。徇私舞弊行为使国家动植物检疫法律、法规的顺利实施受到严重干扰，损害了国家动植物检疫机关的威信，影响国家动植物检疫机关的正常活动。进出口动植物检疫工作对于防止动植物传染病，促进对外经济贸易的发展，具有十分重要的意义。在消费者权益保护领域，国家动植物检疫机关徇私舞弊还会侵害消费者的合法权益。

（4）客观方面

本罪在客观方面表现为检疫人员徇私舞弊，伪造检疫结果的行为。根据《中华人民共和国进出境动植物检疫法》（简称《进出境动植物检疫法》）及其实施条例规定，进出境的动植物、动植物产品和其他检疫物，装载动植物、动植物物品和其他检疫物的容器、包装铺垫材料以及来自动植物检疫区的运输工具、进境拆解的废旧船舶，有关法律、行政法规、国际条约规定或者贸易合同约定应当实施进出境动植物检疫的其他货物物品应当依法进行检疫。伪造检疫结果是指滥用职权，出具虚假的、不符合应检物品实际情况的检疫结果，如根本不对应检动植物等检疫物进行检疫而放任危害结果出具检疫结果；明知为不合格的检疫物品为了徇私仍然签发、出具检疫合格的单证或在海关报关单上加盖检疫合格印章，为检疫合格的检疫物品出具不合格的检疫证明等。其具体表现在所出具的检疫放行通知单、动物过境许可证、动物检疫证书、植物检疫证书、动物健康证书、兽医卫生证书、熏蒸消毒证书等由检疫机关出具的有关动植物及其产品以及其他检疫物健康或者卫生情况检疫证书中。

（二十）动植物检疫失职罪

动植物检疫失职罪是指动植物检疫机关的检疫人员严重不负责任，对应当检疫的物品不检疫，或者延误检疫出证、错误出证，致使国家遭受重大损失的行为。

根据刑法犯罪构成理论，本罪的构成要件有：

（1）主体

本罪的主体是特殊主体，即动植物检疫机关的检疫人员。动植物检疫机关，包括国家动植物检疫机关及其在对外开放的口岸和进出境动植物检疫业务集中的地点设立的口岸动植物检疫机关。

（2）主观方面

本罪在主观方面只能由过失构成，故意不构成本罪。

（3）客体

本罪侵犯的客体是国家动植物检疫机关的正常活动。徇私舞弊行为使国家动植物检疫法律、法规的顺利实施受到严重干扰，损害了国家动植物检疫机关的威信，影响国家动植物检疫机关的正常活动。与此同时，国家机关工作人员徇私舞弊的行为还会导致消费者的合法权益受到侵害。

（4）客观要件

本罪在客观方面表现为动植物检疫机关的检疫人员严重不负责任，对应当检疫的物品不检疫，或者延误检疫出证、错误出证，致使国家利益遭受重大损失的行为。

严重不负责任，是一种严重违背职责义务的行为。我国《进出境动植物检疫法》对检疫机关及其工作人员规定了一系列的职责，如对进出境的动植物、动植物产品和其他检疫物，装载动植物、动植物产品和其他检疫物的装载容器、包装物，以及来自动植物疫区的运输工具，应依照该法规定实施检疫；对输入、输出动植物、动植物产品和其他检疫物，由口岸动植物检疫机关实施检疫。经检疫合格的，检疫机关应签发检疫单证或检疫证书；经检疫不合格的，应签发《检疫处理通知单》。输入、输出的动植物、动植物产品和其他检疫物，需调离海关监管区检疫的，检疫机关应签发《检疫调离通知单》，等等。动植物检疫机关的检疫人员不履行或不忠实履行所规定的这些职责，严重不负责任，对应当检疫的物品不检疫，或者不按照规定的地点和期限检疫出证，或者出具与实际情况不相符合的检疫单证，致使国家利益遭受重大损失的，符合本罪的客观特征。

（二十一）放纵制售伪劣商品犯罪行为罪

放纵制售伪劣商品犯罪行为罪是指对生产、销售伪劣商品犯罪行为负有追究责任的国家机关工作人员，徇私舞弊，不履行法律规定的追究职责，情节严重的行为。

根据刑法犯罪构成理论，本罪的构成要件有：

（1）主体

本罪的主体为特殊主体，即负有追究责任的国家机关工作人员。主要是指负有法律规定的查处生产、销售伪劣商品的违法犯罪行为的义务的国家工作人员，包括各级政府中主管查禁生产、销售伪劣商品的人员；行业主管部门如技术监督部门和工商行政管理部门中的人员。

（2）主观方面

本罪在主观方面是故意。即明知是有生产、销售伪劣商品犯罪行为的犯罪分子而不予追究刑事责任。

（3）客体

本罪侵犯的客体是国家对产品质量的监督管理制度。《产品质量法》确定了产品质量监督管理的机构、职责和制度，规定了产品质量责任，并列举了构成犯罪的生产、销售伪劣商品的种种行为。这些规定对于加强产品质量的监督管理，明确产品质量责任，惩治生产、销售伪劣商品的行为，保护消费者的合法权益，保障人体健康以及人身、财产安全，维护社会经济秩序，有着十分重要的意义。国家机关工作人员徇私舞弊，不履行法律规定的追究职责，必然会损害消费者的合法权益。

（4）客观方面

本罪在客观方面表现为徇私舞弊，对生产、销售伪劣商品犯罪的行为不履行法律规定的追究责任，情节严重的行为。构成本罪表现为不作为。构成本罪，必须是不履行法律规定的追究生产、销售伪劣商品犯罪行为达到情节严重的程度。情节严重，一般是指多次不追究生产、销售伪劣商品犯罪的企事业单位或者个人；或者对多个有生产、销售伪劣商品犯罪行为的单位或者个人不予追究；或者不追究性质严重的生产、销售伪劣商品的企事业单位或者个人；或者因不追究行为造成严重的后果或恶劣的影响。

分析与思考

1. 2014年4月，农户赵某在钱某经营的生产资料商店购买价值人民币5000元的化肥。5月，赵某在使用化肥后经有关部门鉴定其购买的化肥全部为假肥，钱某对假肥的鉴定没有异议，并在诉讼中承认自己所销售化肥是从没有经营化肥资格的孙某处进货，在销售中没有告知原告，故同意退还全部货款。而赵某要求被告按照《消费者权益保护法》第55条规定赔偿，即经营者提供商品或者服务有欺诈行为的，应当按照消费者的要求增加赔偿其受到的损失，增加赔偿的金额为消费者购买的价格或者接受服务的费用的三倍。而钱某辩称，自己在进货和销售过程中主观上也并不是明知该化肥是假化肥，因此不具有欺诈行为，故不同意三倍赔偿。

请根据相关法律规定分析本案。

2. 薛先生于2014年3月16日在某县某五金交电部购买了一台"奔星"牌民用水暖炉，价值330元。2014年4月10日，因水暖炉发生泄漏引起一氧化碳中毒，导致薛先生家人一死一伤。2014年4月17日，薛先生向某法院提起诉讼，诉请该五金交电部赔偿全部损失。

请根据法律规定，帮助薛先生撰写其诉请的赔偿项目及计算依据。

附录　相关法律条文及阅读资料

《中华人民共和国消费者权益保护法》修改前后对照表
（文中黑体字为本次修改的内容）

修改前法	现行法
第一章　总则	**第一章　总则**
第一条　为保护消费者的合法权益，维护社会经济秩序，促进社会主义市场经济健康发展，制定本法。	**第一条**　为保护消费者的合法权益，维护社会经济秩序，促进社会主义市场经济健康发展，制定本法。
第二条　消费者为生活消费需要购买、使用商品或者接受服务，其权益受本法保护；本法未作规定的，受其他有关法律、法规保护。	**第二条**　消费者为生活消费需要购买、使用商品或者接受服务，其权益受本法保护；本法未作规定的，受其他有关法律、法规保护。
第三条　经营者为消费者提供其生产、销售的商品或者提供服务，应当遵守本法；本法未作规定的，应当遵守其他有关法律、法规。	**第三条**　经营者为消费者提供其生产、销售的商品或者提供服务，应当遵守本法；本法未作规定的，应当遵守其他有关法律、法规。
第四条　经营者与消费者进行交易，应当遵循自愿、平等、公平、诚实信用的原则。	**第四条**　经营者与消费者进行交易，应当遵循自愿、平等、公平、诚实信用的原则
第五条　国家保护消费者的合法权益不受伤害。 　国家采取措施，保障消费者依法行使权利，维护消费者的合法权益。	**第五条**　国家保护消费者的合法权益不受伤害。 　国家采取措施，保障消费者依法行使权利，维护消费者的合法权益。 　**国家倡导文明、健康、节约资源和保护环境的消费方式，反对浪费。**
第六条　保护消费者的合法权益是全社会的共同责任。 　国家鼓励、支持一切组织和个人对损害消费者合法权益的行为进行社会监督。 　大众传播媒介应当做好维护消费者合法权益的宣传，对损害消费者合法权益的行为进行舆论监督。	**第六条**　保护消费者的合法权益是全社会的共同责任。 　国家鼓励、支持一切组织和个人对损害消费者合法权益的行为进行社会监督。 　大众传播媒介应当做好维护消费者合法权益的宣传，对损害消费者合法权益的行为进行舆论监督。

修改前法	现行法
第二章　消费者的权利	**第二章　消费者的权利**
第七条　消费者在购买、使用商品和接受服务时享有人身、财产安全不受损害的权利。 　消费者有权要求经营者提供的商品和服务，符合保障人身、财产安全的要求。	**第七条**　消费者在购买、使用商品和接受服务时享有人身、财产安全不受损害的权利。 　消费者有权要求经营者提供的商品和服务，符合保障人身、财产安全的要求。
第八条　消费者享有知悉其购买、使用的商品或者接受的服务的真实情况的权利。 　消费者有权根据商品或者服务的不同情况，要求经营者提供商品的价格、产地、生产者、用途、性能、规格、等级、主要成分、生产日期、有效期限、检验合格证明、使用方法说明书、售后服务，或者服务的内容、规格、费用等有关情况。	**第八条**　消费者享有知悉其购买、使用的商品或者接受的服务的真实情况的权利。 　消费者有权根据商品或者服务的不同情况，要求经营者提供商品的价格、产地、生产者、用途、性能、规格、等级、主要成分、生产日期、有效期限、检验合格证明、使用方法说明书、售后服务，或者服务的内容、规格、费用等有关情况。
第九条　消费者享有自主选择商品或者服务的权利。 　消费者有权自主选择提供商品或者服务的经营者，自主选择商品品种或者服务方式，自主决定购买或者不购买任何一种商品、接受或者不接受任何一项服务。 　消费者在自主选择商品或者服务时，有权进行比较、鉴别和挑选。	**第九条**　消费者享有自主选择商品或者服务的权利。 　消费者有权自主选择提供商品或者服务的经营者，自主选择商品品种或者服务方式，自主决定购买或者不购买任何一种商品、接受或者不接受任何一项服务。 　消费者在自主选择商品或者服务时，有权进行比较、鉴别和挑选。
第十条　消费者享有公平交易的权利。 　消费者在购买商品或者接受服务时，有权获得质量保障、价格合理、计量正确等公平交易条件，有权拒绝经营者的强制交易行为。	**第十条**　消费者享有公平交易的权利。 　消费者在购买商品或者接受服务时，有权获得质量保障、价格合理、计量正确等公平交易条件，有权拒绝经营者的强制交易行为。
第十一条　消费者因购买、使用商品或者接受服务受到人身、财产损害的，享有依法获得赔偿的权利。	**第十一条**　消费者因购买、使用商品或者接受服务受到人身、财产损害的，享有依法获得赔偿的权利。
第十二条　消费者享有依法成立维护自身合法权益的社会团体的权利。	**第十二条**　消费者享有依法成立维护自身合法权益的社会**组织**的权利。
第十三条　消费者享有获得有关消费和消费者权益保护方面的知识的权利。 　消费者应当努力掌握所需商品或者服务的知识和使用技能，正确使用商品，提供自我保护意识。	**第十三条**　消费者享有获得有关消费和消费者权益保护方面的知识的权利。 　消费者应当努力掌握所需商品或者服务的知识和使用技能，正确使用商品，提供自我保护意识。

续表

修改前法	现行法
第二章　消费者的权利	**第二章　消费者的权利**
第十四条　消费者在购买、使用商品和接受服务时，享有其人格尊严、民族风俗习惯得到尊重的权利。	**第十四条**　消费者在购买、使用商品和接受服务时，享有其人格尊严、民族风俗习惯得到尊重的权利，**享有个人信息依法得到保护的权利。**
第十五条　消费者享有对商品和服务以及保护消费者权益工作进行监督的权利。 消费者有权检举、控告侵害消费者权益的行为和国家机关及其工作人员在保护消费者权益工作中的违法失职行为，有权对保护消费者工作提出批评、建议。	**第十五条**　消费者享有对商品和服务以及保护消费者权益工作进行监督的权利。 消费者有权检举、控告侵害消费者权益的行为和国家机关及其工作人员在保护消费者权益工作中的违法失职行为，有权对保护消费者工作提出批评、建议。
第三章　经营者的义务	**第三章　经营者的义务**
第十六条　经营者向消费者提供商品或者服务，应当依照《中华人民共和国产品质量法》和其他有关法律、法规的规定履行义务。 经营者和消费者有约定的，应当按照约定履行义务，但双方的约定不得违背法律、法规的规定。	**第十六条**　经营者向消费者提供商品或者服务，应当依照本法和其他有关法律、法规的规定履行义务。 经营者和消费者有约定的，应当按照约定履行义务，但双方的约定不得违背法律、法规的规定。 **经营者向消费者提供商品或者服务，应当恪守社会公德，诚信经营，保障消费者的合法权益；不得设定不公平、不合理的交易条件，不得强制交易。**
第十七条　经营者应当听取消费者对其提供的商品或者服务的意见，接受消费者的监督。	**第十七条**　经营者应当听取消费者对其提供的商品或者服务的意见，接受消费者的监督。
第十八条　经营者应当保证其提供的商品或者服务符合保障人身、财产安全的要求。对可能危及人身、财产安全的商品和服务，应当向消费者作出真实的说明和明确的警示，并说明和标明正确的使用商品或者接受服务的方法以及防止危害发生的方法。 经营者发现其提供的商品或者服务存在严重缺陷，即使争取使用商品或者接受服务仍然可能对人身、财产安全造成危害的，应当立即向有关行政部门报告和告知消费者，并采取防止危害发生的措施。	**第十八条**　经营者应当保证其提供的商品或者服务符合保障人身、财产安全的要求。对可能危及人身、财产安全的商品和服务，应当向消费者作出真实的说明和明确的警示，并说明和标明正确的使用商品或者接受服务的方法以及防止危害发生的方法。 **宾馆、商场、餐馆、银行、机场、车站、港口、影剧院等经营场所的经营者，应当对消费者尽到安全保障义务。**

修改前法	现行法
第三章　经营者的义务	第三章　经营者的义务
	第十九条　经营者发现其提供的商品或者服务存在缺陷，**有危及人身、财产安全危险的**，应当立即向有关行政部门报告和告知消费者，并采取停止销售、警示、召回、无害化处理、销毁、停止生产或者服务等措施。采取召回措施的，经营者应当承担消费者因商品被召回支出的必要费用。
第十九条　经营者应当向消费者提供有关商品或者服务的真实信息，不得作引人误解的虚假宣传。 　　经营者对消费者就其提供的商品或者服务的质量和使用方法等问题提出的询问，应当作出真实、明确的答复。 　　商店提供商品应当明码标价。	**第二十条**　经营者向消费者提供有关商品或者服务的**质量、性能、用途、有效期限等信息，应当真实、全面，不得做虚假或者引人误解的宣传。** 　　经营者对消费者就其提供的商品或者服务的质量和使用方法等问题提出的询问，应当作出真实、明确的答复。 　　**经营者提供商品或者服务应当明码标价。**
第二十条　经营者应当标明其真实名称和标记。 　　租赁他人柜台或者场地的经营者，应当标明其真实名称和标记。	**第二十一条**　经营者应当标明其真实名称和标记。 　　租赁他人柜台或者场地的经营者，应当标明其真实名称和标记。
第二十一条　经营者提供商品或者服务，应当按照国家有关规定或者商业惯例向消费者出具购物凭证或者服务单据；消费者索要购物凭证或者服务单据的，经营者必须出具。	**第二十二条**　经营者提供商品或者服务，应当按照国家有关规定或者商业惯例向消费者出具**发票等**购物凭证或者服务单据；消费者索要**发票等**购物凭证或者服务单据的，经营者必须出具。
第二十二条　经营者应当保证在正常使用商品或者接受服务的情况下其提供的商品或者服务应当具有的质量、性能、用途和有效期限；但消费者在购买该商品或者接受该服务前已经知道其存在瑕疵的除外。 　　经营者以广告、产品说明、实物样品或者其他方式表明商品或者服务的质量状况的，应当保证其提供的商品或者服务的实际质量与表明的质量状况相符。	**第二十三条**　经营者应当保证在正常使用商品或者接受服务的情况下其提供的商品或者服务应当具有的质量、性能、用途和有效期限；但消费者在购买该商品或者接受该服务前已经知道其存在瑕疵，**且存在该瑕疵不违反法律强制性规定的除外。** 　　经营者以广告、产品说明、实物样品或者其他方式表明商品或者服务的质量状况的，应当保证其提供的商品或者服务的实际质量与表明的质量状况相符。 　　**经营者提供的机动车、计算机、电视机、电冰箱、空调器、洗衣机等耐用商品或者装饰装修等服务，消费者自接受商品或者服务之日起六个月内发现瑕疵，发生争议的，由经营者承担有关瑕疵的举证责任。**

修改前法	现行法
第三章　经营者的义务	**第三章　经营者的义务**
第二十三条　经营者提供的商品或者服务，按照国家规定或者消费者的约定，承担包修、包换、包退或者其他责任的，应当按照国家规定或者约定履行，不得故意拖延或者无理拒绝。	**第二十四条**　经营者提供的商品或者服务不符合质量要求的，消费者可以依照国家规定、当事人约定退货，或者要求经营者履行更换、修理等义务。没有国家规定和当事人约定的，消费者可以自收到商品之日起七日内退货；七日后符合法定解除合同条件的，消费者可以及时退货，不符合法定解除合同条件的，可以要求经营者履行更换、修理等义务。 依照前款规定进行退货、更换、修理的，经营者应当承担运输等必要费用。
	第二十五条　经营者采用网络、电视、电话、邮购等方式销售商品，消费者有权自收到商品之日起七日内退货，且无须说明理由，但下列商品除外： （一）消费者定做的； （二）鲜活易腐的； （三）在线下载或者消费者拆封的音像制品、计算机软件等数字化商品； （四）交付的报纸、期刊。 除前款所列商品外，其他根据商品性质并经消费者在购买时确认不宜退货的商品，不适用无理由退货。 消费者退货的商品应当完好。经营者应当自收到退货商品之日起七日内返还消费者支付的商品价款。退回商品的运费由消费者承担；经营者和消费者另有约定的，按照约定。
第二十四条　经营者不得以格式合同、通知、声明、店堂告示等方式作出对消费者不公平、不合理的规定，或者减轻、免除其损害消费者合法权益应当承担的民事责任。 格式合同、通知、声明、店堂告示等含有前款所列内容的，其内容无效。	**第二十六条**　经营者在经营活动中使用格式条款的，应当以显著方式提请消费者注意商品或者服务的数量和质量、价款或者费用、履行期限和方式、安全注意事项和风险警示、售后服务、民事责任等与消费者有重大利害关系的内容，并按照消费者的要求予以说明。 经营者不得以格式条款、通知、声明、店堂告示等方式作出排除或者限制消费者权利、减轻或者免除经营者责任、加重消费者责任等对消费者不公平、不合理的规定，**不得利用格式条款并借助技术手段强制交易**。 格式条款、通知、声明、店堂告示等含有前款所列内容的，其内容无效。

修改前法	现行法
第三章　经营者的义务	第三章　经营者的义务
第二十五条　经营者不得对消费者进行侮辱、诽谤，不得搜查消费者的身体及其携带的物品，不得侵犯消费者的人身自由。	**第二十七条**　经营者不得对消费者进行侮辱、诽谤，不得搜查消费者的身体及其携带的物品，不得侵犯消费者的人身自由。
	第二十八条　采用网络、电视、电话、邮购等方式提供商品或者服务的经营者，以及提供证券、保险、银行等金融服务的经营者，应当向消费者提供经营地址、联系方式、商品或者服务的数量和质量、价款或者费用、履行期限和方式、安全注意事项和风险警示、售后服务、民事责任信息。
	第二十九条　经营者收集、使用消费者个人信息，应当遵循合法、正当、必要的原则，明示收集、使用信息的目的、方式和范围，并经消费者同意，经营者收集、使用消费者个人信息，应当公开其收集、使用规则，不得违反法律、法规的规定和双方的约定收集、使用信息。 经营者及其工作人员对收集的消费者个人信息必须严格保密，不得泄露、出售或者非法向他人提供。经营者应当采取技术措施和其他必要措施，确保信息安全，防止消费者个人信息泄露、丢失。在发生或者可能发生信息泄露、丢失的情况时，应当立即采取补救措施。 经营者未经消费者同意或者请求，或者消费者明确表示拒绝的，不得向其发送商业性信息。
第四章　国家对消费者合法权益的保护	第四章　国家对消费者合法权益的保护
第二十六条　国家制定有关消费者权益的法律、法规和政策时，应当听取消费者的意见和要求。	**第三十条**　国家制定有关消费者权益的法律、法规、**规章和强制性**标准，应当听取消费者和消费者协会等组织**的意见。
第二十七条　各级人民政府应当加强领导，组织、协调、督促有关行政部门做好保护消费者合法权益的工作。 各级人民政府应当加强监督，预防危害消费者人身、财产安全行为的发生，及时制止危害消费者人身、财产安全的行为。	**第三十一条**　各级人民政府应当加强领导，组织、协调、督促有关行政部门做好保护消费者合法权益的工作，**落实保护消费者合法权益的职责。** 各级人民政府应当加强监督、预防危害消费者人身、财产安全行为的发生，及时制止危害消费者人身、财产安全的行为。

续表

修改前法	现行法
第四章 国家对消费者合法权益的保护	**第四章 国家对消费者合法权益的保护**
第二十八条 各级人民政府工商行政管理部门和其他有关行政部门应当依照法律、法规的规定，在各自的职责范围内，采取措施，保护消费者的合法权益。 有关行政部门应当听取消费者及其社会团体对经营者交易行为、商品和服务质量问题的意见，及时调查处理。	**第三十二条** 各级人民政府工商行政管理部门和其他有关行政部门应当依照法律、法规的规定，在各自的职责范围内，采取措施，保护消费者的合法权益。 有关行政部门应当听取消费者**和消费者协会等组织**对经营者交易行为、商品和服务质量问题的意见，及时调查处理。
	第三十三条 有关行政部门在各自的职责范围内，应当定期或者不定期对经营者提供的商品或者服务进行抽查检验，并及时向社会公布抽查检验结果。 有关行政部门发现并认定经营者提供的商品或者服务存在缺陷，有危及人身、财产安全危险的，应当立即责令经营者采取停止销售、警示、召回、无害化处理、销毁、停止生产或者服务等措施。
第二十九条 有关国家机关应当按照法律、法规的规定，惩处经营者在提供商品和服务中侵害消费者合法权益的违法犯罪行为。	**第三十四条** 有关国家机关应当按照法律、法规的规定，惩处经营者在提供商品和服务中侵害消费者合法权益的违法犯罪行为。
第三十条 人民法院应当采取措施，方便消费者提起诉讼。对符合《中华人民共和国民事诉讼法》起诉条件的消费者权益争议，必须受理，及时审理。	**第三十五条** 人民法院应当采取措施，方便消费者提起诉讼。对符合《中华人民共和国民事诉讼法》起诉条件的消费者权益争议，必须受理，及时审理。
第五章 消费者组织	**第五章 消费者组织**
第三十一条 消费者协会和其他消费者组织是依法成立的对商品和服务进行社会监督的保护消费者合法权益的社会团体。	**第三十六条** 消费者协会和其他消费者组织是依法成立的对商品和服务进行社会监督的保护消费者合法权益的社会**组织**。

修改前法	现行法
第五章　消费者组织	第五章　消费者组织
第三十二条　消费者协会履行下列职能： 　　（一）向消费者提供消费信息和咨询服务； 　　（二）参与有关行政部门对商品和服务的监督、检查； 　　（三）就有关消费者合法权益的问题，向有关行政部门反映、查询，提出建议； 　　（四）受理消费者的投诉，并对投诉事项进行调查、调解； 　　（五）投诉事项涉及商品和服务质量问题的，可以提请鉴定部门鉴定，鉴定部门应当告知鉴定结论； 　　（六）就损害消费者合法权益的行为，支持受损害的消费者提起诉讼； 　　（七）对损害消费者合法权益的行为，通过大众传播媒介予以揭露、批评。 　　各级人民政府对消费者协会履行职能应当予以支持。	**第三十七条**　消费者协会履行下列**公益性职责**； 　　（一）向消费者提供消费信息和咨询服务，**提高消费者维护自身合法权益的能力，引导文明、健康、节约资源和保护环境的消费方式**； 　　**（二）参与制定有关消费者权益的法律、法规、规章和强制性标准**； 　　（三）参与有关行政部门对商品和服务的监督、检查； 　　（四）就有关消费者合法权益的问题，向有关部门反映、查询，提出建议； 　　（五）受理消费者的投诉，并对投诉事项进行调查、调解； 　　（六）投诉事项涉及商品和服务质量问题的，**可以委托具备资格的鉴定人鉴定，鉴定人应当告知鉴定意见**； 　　（七）就损害消费者合法权益的行为，支持受损害的消费者提起诉讼**或者依照本法提起诉讼**； 　　（八）对损害消费者合法权益的行为，通过大众传播媒介予以揭露、批评。 　　各级人民政府对消费者协会履行职责应当予以**必要的经费等**支持。 　　**消费者协会应当认真履行保护消费者合法权益的职责。听取消费者的意见和建议，接受社会监督。** 　　**依法成立的其他消费者组织依照法律、法规及其章程的规定，开展保护消费者合法权益的活动。**
第三十三条　消费者组织不得从事商品经营和营利性服务，不得以牟利为目的向社会推荐商品和服务。	**第三十八条**　消费者组织不得从事商品经营和营利性服务，不得以**收取费用或者其他牟取利益的方式**向消费者推荐商品和服务。

修改前法	现行法
第六章　争议的解决	第六章　争议的解决
第三十四条　消费者和经营者发生消费者权益争议的，可以通过下列途径解决： 　　（一）与经营者协商和解； 　　（二）请求消费者协会调解； 　　（三）向有关行政部门申诉； 　　（四）根据与经营者达成的仲裁协议提请仲裁机构仲裁； 　　（五）向人民法院提起诉讼。	第三十九条　消费者和经营者发生消费者权益争议的，可以通过下列途径解决： 　　（一）与经营者协商和解； 　　（二）请求消费者协会**或者依法成立的其他调解组织调解**； 　　（三）向有关行政部门**投诉**； 　　（四）根据与经营者达成的仲裁协议提请仲裁机构仲裁； 　　（五）向人民法院提起诉讼。
第三十五条　消费者在购买、使用商品时，其合法权益受到损害的，可以向销售者要求赔偿。销售者赔偿后，属于生产者的责任或者属于向销售者提供商品的其他销售者的责任的，销售者有权向生产者或者其他销售者追偿。 　　消费者或者其他受害人因商品缺陷造成人身、财产损害的，可以向销售者要求赔偿，也可以向生产者要求赔偿。属于销售者责任的，生产者赔偿后，有权向销售者追偿。 　　消费者在接受服务时，其合法权益受到损害的，可以向服务者要求赔偿。	第四十条　消费者在购买、使用商品时，其合法权益受到损害的，可以向销售者要求赔偿。销售者赔偿后，属于生产者的责任或者属于向销售者提供商品的其他销售者的责任的，销售者有权向生产者或者其他销售者追偿。 　　消费者或者其他受害人因商品缺陷造成人身、财产损害的，可以向销售者要求赔偿，也可以向生产者要求赔偿。属于销售者责任的，生产者赔偿后，有权向销售者追偿。 　　消费者在接受服务时，其合法权益受到损害的，可以向服务者要求赔偿。
第三十六条　消费者在购买、使用商品或者接受服务时，其合法权益受到损害，因原企业分立、合并的，可以向变更后承受其权利义务的企业要求赔偿。	第四十一条　消费者在购买、使用商品或者接受服务时，其合法权益受到损害，因原企业分立、合并的，可以向变更后承受其权利义务的企业要求赔偿。
第三十七条　使用他人营业执照的违法经营者提供商品或者服务，损害消费者合法权益的，消费者可以向其要求赔偿，也可以向营业执照的持有人要求赔偿。	第四十二条　使用他人营业执照的违法经营者提供商品或者服务，损害消费者合法权益的，消费者可以向其要求赔偿，也可以向营业执照的持有人要求赔偿。
第三十八条　消费者在展销会、租赁柜台购买商品或者接受服务，其合法权益受到损害的，可以向销售者或者服务者要求赔偿。展销会结束或者柜台租赁期满后，也可以向展销会的举办者、柜台的出租者要求赔偿。展销会会的举办者、柜台的出租者赔偿后，有权向销售者或者服务者追偿。	第四十三条　消费者在展销会、租赁柜台购买商品或者接受服务，其合法权益受到损害的，可以向销售者或者服务者要求赔偿。展销会结束或者柜台租赁期满后，也可以向展销会的举办者、柜台的出租者要求赔偿。展销会的举办者、柜台的出租者赔偿后，有权向销售者或者服务者追偿。

修改前法	现行法
第六章　争议的解决	第六章　争议的解决
	第四十四条　消费者通过网络交易平台购买商品或者接受服务，其合法权益受到损害的，可以向销售者或者服务者要求赔偿；网络交易平台提供者不能提供销售者或者服务者的真实名称、地址和有效联系方式的，消费者也可以向网络交易平台提供者要求赔偿；网络交易平台提供者作出更有利于消费者的承诺的，应当履行承诺。网络交易平台提供者赔偿后，有权向销售者或者服务者追偿。 　　网络交易平台提供者明知或者应知销售者或者服务者利用其平台侵害消费者合法权益，未采取必要措施的，依法与该销售者或者服务者承担连带责任。
第三十九条　消费者因经营者利用虚假广告提供商品或者服务，其合法权益受到损害的，可以向经营者要求赔偿，广告的经营者发布虚假广告的，消费者可以请求行政主管部门予以惩处。广告的经营者不能提供经营者的真实名称、地址的，应当承担赔偿责任。	第四十五条　消费者因经营者利用虚假广告**或者其他虚假宣传方式**提供商品或者服务，其合法权益受到损害的，可以向经营者要求赔偿。广告经营者、发布者发布虚假广告的，消费者可以请求行政主管部门予以惩处。广告的经营者、**发布者**不能提供经营者的真实名称、地址**和有效联系方式**的，应当承担赔偿责任。 　　广告经营者、发布者设计、制作、发布关系消费者生命健康商品或者服务的虚假广告，造成消费者损害的，应当与提供该商品或者服务的经营者承担连带责任。 　　社会团体或者其他组织、个体在关系消费者生命健康商品或者服务的虚假广告或者其他虚假宣传中向消费者推荐商品或者服务，造成消费者损害的，应当与提供该商品或者服务的经营者承担连带责任。
	第四十六条　消费者向有关行政部门投诉的，该部门应当自收到投诉之日起七个工作日内，予以处理并告知消费者。
	第四十七条　对侵害众多消费者合法权益的行为，中国消费者协会以及在省、自治区、直辖市设立的消费者协会，可以向人民法院提起诉讼。

修改前法	现行法
第七章　法律责任	**第七章　法律责任**
第四十条　经营者提供商品或者服务有下列情形之一的，除本法另有规定外，应当依照《中华人民共和国产品质量法》和其他有关法律、法规的规定，承担民事责任： 　　（一）商品存在缺陷的； 　　（二）不具备商品应当具备的使用性能而出售时未做说明的； 　　（三）不符合在商品或者其包装上注明采用的商品标准的； 　　（四）不符合商品说明、实物样品等方式表明的质量状况的； 　　（五）生产国家明令淘汰的商品或者销售失效、变质的商品的； 　　（六）销售的商品数量不足的； 　　（七）服务的内容和费用违反约定的； 　　（八）对消费者提出的修理、重做、更换、退货、补足商品数量、退还货款和服务费用或者赔偿损失的要求，故意拖延或者无理拒绝的； 　　（九）法律、法规规定的其他损害消费者权益的情形。	**第四十八条**　经营者提供商品或者服务有下列情形之一的，除本法另有规定外，**应当依照其他有关法律、法规的规定，承担民事责任：** 　　（一）商品**或者**服务存在缺陷的； 　　（二）不具备商品应当具备的使用性能而出售时未做说明的； 　　（三）不符合在商品或者其包装上注明采用的商品标准的； 　　（四）不符合商品说明、实物样品等方式表明的质量状况的； 　　（五）生产国家明令淘汰的商品或者销售失效、变质的商品的； 　　（六）销售的商品数量不足的； 　　（七）服务的内容和费用违反约定的； 　　（八）对消费者提出的修理、重做、更换、退货、补足商品数量、退还货款和服务费用或者赔偿损失的要求，故意拖延或者无理拒绝的； 　　（九）法律、法规规定的其他损害消费者权益的情形。 　　**经营者对消费者未尽到安全保障义务，造成消费者损害的，应当承担侵权责任。**
第四十一条　经营者提供商品或者服务，造成消费者或者其他受害人人身伤害的，应当支付医疗费、治疗期间的护理费、因误工减少的收入等费用，造成残疾的，还应当支付残疾者的生活自助费、生活补助费、残疾赔偿金以及由其抚养的人所需的生活费等费用；构成犯罪的，依法追究刑事责任。	**第四十九条**　经营者提供商品或者服务，造成消费者或者其他受害人人身伤害的，应当赔偿医疗费、护理费、**交通费**等为治疗和康复支出的合理费用，以及因误工减少的收入。造成残疾的，还应当赔偿残疾生活辅助具费和残疾赔偿金。造成死亡的，还应当赔偿丧葬费和死亡赔偿金。
第四十二条　经营者提供商品或者服务，造成消费者或者其他受害人死亡的，应当支付丧葬费、死亡赔偿金以及由死者生前抚养的人所必需的生活费等费用；构成犯罪的，依法追究刑事责任。	
第四十三条　经营者违反本法第二十五条规定，侵害消费者的人格尊严或者侵犯消费者的人身自由的，应该停止侵害、恢复名誉、消除影响、赔礼道歉，并赔偿损失。	**第五十条**　经营者侵害消费者的人格尊严、侵犯消费者人身自由或者侵害消费者个人信息依法得到保护的权利的，应该停止侵害、恢复名誉、消除影响、赔礼道歉，并赔偿损失。 　　**第五十一条**　经营者有侮辱诽谤、搜查身体、侵犯人身自由等侵害消费者或者其他受害人人身权益的行为，造成严重精神损害的，受害人可以要求精神损害赔偿。

修改前法	现行法
第七章　法律责任	**第七章　法律责任**
第四十四条　经营者提供商品或者服务，造成消费者财产损害的，应当按照消费者的要求，以修理、重做、更换、退货、补足商品数量、退还货款和服务费用或者赔偿损失等方式承担民事责任。消费者与经营者另有约定的，按照约定履行。	**第五十二条**　经营者提供商品或者服务，造成消费者财产损害的，应当**依照法律规定或者当事人约定承担修理、重做、更换、退货、补足商品数量、退还货款和服务费用或者赔偿损失等民事责任。**
第四十五条　对国家规定或者经营者与消费者约定包修、包换、包退的商品，经营者应当负责修理、更换或者退货。在保修期内两次修理仍不能正常使用的，经营者应当负责更换或者退货。对包修、包换、包退的大件商品，消费者要求经营者修理、更换、退货的，经营者应当承担运输等合理费用。（本条内容移至新条文第二十四条并作修改）	
第四十六条　经营者以邮购方式提供商品的，应当按照约定提供。未按照约定提供的，应当按照消费者的要求履行约定或者退回货款；并应当承担消费者必须支付的合理费用。	
第四十七条　经营者以预收款方式提供商品或者服务的，应当按照约定提供。未按照约定提供的，应当按照消费者的要求履行约定或者退回预付款；并应当承担预付款的利息、消费者必须承担支付的合理费用。	**第五十三条**　经营者以预收款方式提供商品或者服务的，应当按照约定提供。未按照约定提供的，应当按照消费者的要求履行约定或者退回预付款；并应当承担预付款的利息、消费者必须承担支付的合理费用。
第四十八条　依法经有关行政部门认定为不合格的商品，消费者要求退货的，经营者应当负责退货。	**第五十四条**　依法经有关行政部门认定为不合格的商品，消费者要求退货的，经营者应当负责退货。
第四十九条　经营者提供商品或者服务有欺诈行为的，应当按照消费者的要求增加赔偿其受到的损失，增加赔偿的金额为消费者购买商品的价款或者接受服务的费用的一倍。	**第五十五条**　经营者提供商品或者服务有欺诈行为的，应当按照消费者的要求增加赔偿其受到的损失，增加赔偿的金额为消费者购买**商品的价款或者接受服务的费用的三倍；增加赔偿的金额不足五百元的，为五百元。法律另有规定的，依照其规定。** 　　**经营者明知商品或者服务存在缺陷，仍然向消费者提供，造成消费者或者其他受害人死亡或者健康严重损害的，受害人有权要求经营者依照本法第四十九条、第五十一条等规定赔偿损失，并有权要求所受损失二倍以下的惩罚性赔偿。**

修改前法	现行法
第七章　法律责任	**第七章　法律责任**
第五十条　经营者有下列情形之一，《中华人民共和国产品质量法》和其他有关法律、法规对处罚机关和处罚方式有规定的，依照法律、法规的规定执行；法律、法规未作规定的，由工商行政管理部门责令改正，可以依据情节单处或者并处警告、没收违法所得、处以违法所得一倍以上五倍以下的罚款，没有违法所得的，处以一万元以下的罚款；情节严重的，责令停业整顿、吊销营业执照： 　　（一）生产、销售的商品不符合保障人身、财产安全要求的； 　　（二）在商品中掺杂、掺假，以假充真、以次充好，或者以不合格商品冒充合格商品的； 　　（三）生产国家明令淘汰的商品或者销售失效、变质的商品的； 　　（四）伪造商品的产地，伪造或者冒用他人的厂名、厂址，伪造或者冒用认证标志、名优标志等质量标志的； 　　（五）销售的商品应当检验、检疫而未检验、检疫或者伪造检验、检疫结果的； 　　（六）对商品或者服务作引人误解的虚假宣传的； 　　（七）对消费者提出的修理、重做、更换、退货、补足商品数量、退还货款和服务费用或者赔偿损失的要求，故意拖延或者无理拒绝的； 　　（八）侵害消费者人格尊严或者侵犯消费者人身自由的； 　　（九）法律、法规规定的对损害消费者权益应当予以处罚的其他情形。	**第五十六条**　经营者有下列情形之一，**除承担相应的民事责任外**，其他有关法律、法规对处罚机关和处罚方式有规定的，依照法律、法规的规定执行；法律、法规未作规定的，由工商行政管理部门**或者其他有关行政部门**责令改正，可以依据情节单处或者并处警告、没收违法所得、处以违法所得一倍以上**十倍**以下的罚款，没有违法所得的，处以**五十万元**以下的罚款；情节严重的，责令停业整顿、吊销营业执照： 　　（一）**提供的商品或者服务**不符合保障人身、财产安全要求的； 　　（二）在商品中掺杂、掺假，以假充真、以次充好，或者以不合格商品冒充合格商品的； 　　（三）生产国家明令淘汰的商品或者销售失效、变质的商品的； 　　（四）伪造商品的产地，伪造或者冒用他人的厂名、厂址，**篡改生产日期的**，伪造或者冒用认证标志、名优标志等质量标志的； 　　（五）销售的商品应当检验、检疫而未检验、检疫或者伪造检验、检疫结果的； 　　（六）对商品或者服务作**虚假或者**引人误解的宣传的； 　　（七）**拒绝或者拖延有关行政部门责令对缺陷商品或者服务采取停止销售、警示、召回、无害化处理、销毁、停止生产或者服务等措施的；** 　　（八）对消费者提出的修理、重做、更换、退货、补足商品数量、退还货款和服务费用或者赔偿损失的要求，故意拖延或者无理拒绝的； 　　（九）侵害消费者人格尊严、侵犯消费者人身自由**或者侵害消费者个人信息依法得到保护的权利的**； 　　（十）法律、法规规定的对损害消费者权益应当予以处罚的其他情形。 　　**经营者有前款规定情形的，除依照法律、法规规定予以处罚外，处罚机关应当记入信用档案，向社会公布。**

修改前法	现行法
第七章　法律责任	**第七章　法律责任**
	第五十七条　经营者违反本法规定提供商品或者服务，侵害消费者合法权益，构成犯罪的，依法追究刑事责任。
	第五十八条　经营者违反本法规定，应当承担民事赔偿责任和缴纳罚款、罚金，其财产不足以同时支付的，先承担民事赔偿责任。
第五十一条　经营者对行政处罚决定不服的，可以自收到处罚决定之日起十五日内向上一级机关申请复议，对复议决定不服的，可以自收到复议决定书之日起十五日内向人民法院提起诉讼；也可以直接向人民法院提起诉讼。	**第五十九条**　经营者对行政处罚决定不服的，可以**依法申请行政复议或者提起行政诉讼**。
第五十二条　以暴力、威胁等方式阻碍有关行政部门工作人员依法执行职务的，依法追究刑事责任；拒绝、阻碍有关行政部门工作人员依法执行职务，未使用暴力、威胁方法的，由公安机关依照《中华人民共和国治安管理处罚法》的规定处罚。	**第六十条**　以暴力、威胁等方式阻碍有关行政部门工作人员依法执行职务的，依法追究刑事责任；拒绝、阻碍有关行政部门工作人员依法执行职务，未使用暴力、威胁方法的，由公安机关依照《中华人民共和国治安管理处罚法》的规定处罚。
第五十三条　国家机关工作人员玩忽职守或者包庇经营者侵害消费者合法权益的行为的，由其所在单位或者上级机关给予行政处分；情节严重、构成犯罪的，依法追究刑事责任。	**第六十一条**　国家机关工作人员玩忽职守或者包庇经营者侵害消费者合法权益的行为的，由其所在单位或者上级机关给予行政处分；情节严重、构成犯罪的，依法追究刑事责任。
第八章　附　则	**第八章　附　则**
第五十四条　农民购买、使用直接用于农业生产的生产资料，参照本法执行。	**第六十二条**　农民购买、使用直接用于农业生产的生产资料，参照本法执行。
第五十五条　本法自 1994 年 1 月 1 日起施行。	**第六十三条**　本法自 1994 年 1 月 1 日起施行。

中华人民共和国食品安全法

(2009 年 2 月 28 日第十一届全国人民代表大会常务委员会第七次会议通过)

目 录

第一章　总　则

第一条　为保证食品安全，保障公众身体健康和生命安全，制定本法。

第二条　在中华人民共和国境内从事下列活动，应当遵守本法：

（一）食品生产和加工（以下称食品生产），食品流通和餐饮服务（以下称食品经营）；

（二）食品添加剂的生产经营；

（三）用于食品的包装材料、容器、洗涤剂、消毒剂和用于食品生产经营的工具、设备（以下称食品相关产品）的生产经营；

（四）食品生产经营者使用食品添加剂、食品相关产品；

（五）对食品、食品添加剂和食品相关产品的安全管理。

供食用的源于农业的初级产品（以下称食用农产品）的质量安全管理，遵守《中华人民共和国农产品质量安全法》的规定。但是，制定有关食用农产品的质量安全标准、公布食用农产品安全有关信息，应当遵守本法的有关规定。

第三条　食品生产经营者应当依照法律、法规和食品安全标准从事生产经营活动，对社会和公众负责，保证食品安全，接受社会监督，承担社会责任。

第四条　国务院设立食品安全委员会，其工作职责由国务院规定。

国务院卫生行政部门承担食品安全综合协调职责，负责食品安全风险评估、食品安全标准制定、食品安全信息公布、食品检验机构的资质认定条件和检验规范的制定，组织查处食品安全重大事故。

国务院质量监督、工商行政管理和国家食品药品监督管理部门依照本法和国务院规定的职责，分别对食品生产、食品流通、餐饮服务活动实施监督管理。

第五条　县级以上地方人民政府统一负责、领导、组织、协调本行政区域的食品安全监督管理工作，建立健全食品安全全程监督管理的工作机制；统一领导、指挥食品安全突发事件应对工作；完善、落实食品安全监督管理责任制，对食品安全监督管理部门进行评议、考核。

　　县级以上地方人民政府依照本法和国务院的规定确定本级卫生行政、农业行政、质量监督、工商行政管理、食品药品监督管理部门的食品安全监督管理职责。有关部门在各自职责范围内负责本行政区域的食品安全监督管理工作。

　　上级人民政府所属部门在下级行政区域设置的机构应当在所在地人民政府的统一组织、协调下，依法做好食品安全监督管理工作。

　　第六条　县级以上卫生行政、农业行政、质量监督、工商行政管理、食品药品监督管理部门应当加强沟通、密切配合，按照各自职责分工，依法行使职权，承担责任。

　　第七条　食品行业协会应当加强行业自律，引导食品生产经营者依法生产经营，推动行业诚信建设，宣传、普及食品安全知识。

　　第八条　国家鼓励社会团体、基层群众性自治组织开展食品安全法律、法规以及食品安全标准和知识的普及工作，倡导健康的饮食方式，增强消费者食品安全意识和自我保护能力。

　　新闻媒体应当开展食品安全法律、法规以及食品安全标准和知识的公益宣传，并对违反本法的行为进行舆论监督。

　　第九条　国家鼓励和支持开展与食品安全有关的基础研究和应用研究，鼓励和支持食品生产经营者为提高食品安全水平采用先进技术和先进管理规范。

　　第十条　任何组织或者个人有权举报食品生产经营中违反本法的行为，有权向有关部门了解食品安全信息，对食品安全监督管理工作提出意见和建议。

第二章　食品安全风险监测和评估

　　第十一条　国家建立食品安全风险监测制度，对食源性疾病、食品污染以及食品中的有害因素进行监测。

　　国务院卫生行政部门会同国务院有关部门制定、实施国家食品安全风险监测计划。省、自治区、直辖市人民政府卫生行政部门根据国家食品安全风险监测计划，结合本行政区域的具体情况，组织制定、实施本行政区域的食品安全风险监测方案。

　　第十二条　国务院农业行政、质量监督、工商行政管理和国家食品药品监督管理等有关部门获知有关食品安全风险信息后，应当立即向国务院卫生行政部门通报。国务院卫生行政部门会同有关部门对信息核实后，应当及时调整食品安全风险监测计划。

　　第十三条　国家建立食品安全风险评估制度，对食品、食品添加剂中生物性、化学性和物理性危害进行风险评估。

　　国务院卫生行政部门负责组织食品安全风险评估工作，成立由医学、农业、食品、营养等方面的专家组成的食品安全风险评估专家委员会进行食品安全风险评估。

　　对农药、肥料、生长调节剂、兽药、饲料和饲料添加剂等的安全性评估，应当有食品安全风险评估专家委员会的专家参加。

　　食品安全风险评估应当运用科学方法，根据食品安全风险监测信息、科学数据以及其他有关信息进行。

　　第十四条　国务院卫生行政部门通过食品安全风险监测或者接到举报发现食品可能存在安全隐患的，应当立即组织进行检验和食品安全风险评估。

　　第十五条　国务院农业行政、质量监督、工商行政管理和国家食品药品监督管理等有关部门应当向国务院卫生行政部门提出食品安全风险评估的建议，并提供有关信息和资料。

　　国务院卫生行政部门应当及时向国务院有关部门通报食品安全风险评估的结果。

　　第十六条　食品安全风险评估结果是制定、修订食品安全标准和对食品安全实施监督管理的科学依据。

食品安全风险评估结果得出食品不安全结论的，国务院质量监督、工商行政管理和国家食品药品监督管理部门应当依据各自职责立即采取相应措施，确保该食品停止生产经营，并告知消费者停止食用；需要制定、修订相关食品安全国家标准的，国务院卫生行政部门应当立即制定、修订。

第十七条 国务院卫生行政部门应当会同国务院有关部门，根据食品安全风险评估结果、食品安全监督管理信息，对食品安全状况进行综合分析。对经综合分析表明可能具有较高程度安全风险的食品，国务院卫生行政部门应当及时提出食品安全风险警示，并予以公布。

第三章　食品安全标准

第十八条 制定食品安全标准，应当以保障公众身体健康为宗旨，做到科学合理、安全可靠。

第十九条 食品安全标准是强制执行的标准。除食品安全标准外，不得制定其他的食品强制性标准。

第二十条 食品安全标准应当包括下列内容：

（一）食品、食品相关产品中的致病性微生物、农药残留、兽药残留、重金属、污染物质以及其他危害人体健康物质的限量规定；

（二）食品添加剂的品种、使用范围、用量；

（三）专供婴幼儿和其他特定人群的主辅食品的营养成分要求；

（四）对与食品安全、营养有关的标签、标识、说明书的要求；

（五）食品生产经营过程的卫生要求；

（六）与食品安全有关的质量要求；

（七）食品检验方法与规程；

（八）其他需要制定为食品安全标准的内容。

第二十一条 食品安全国家标准由国务院卫生行政部门负责制定、公布，国务院标准化行政部门提供国家标准编号。

食品中农药残留、兽药残留的限量规定及其检验方法与规程由国务院卫生行政部门、国务院农业行政部门制定。

屠宰畜、禽的检验规程由国务院有关主管部门会同国务院卫生行政部门制定。

有关产品国家标准涉及食品安全国家标准规定内容的，应当与食品安全国家标准相一致。

第二十二条 国务院卫生行政部门应当对现行的食用农产品质量安全标准、食品卫生标准、食品质量标准和有关食品的行业标准中强制执行的标准予以整合，统一公布为食品安全国家标准。

本法规定的食品安全国家标准公布前，食品生产经营者应当按照现行食用农产品质量安全标准、食品卫生标准、食品质量标准和有关食品的行业标准生产经营食品。

第二十三条 食品安全国家标准应当经食品安全国家标准审评委员会审查通过。食品安全国家标准审评委员会由医学、农业、食品、营养等方面的专家以及国务院有关部门的代表组成。

制定食品安全国家标准，应当依据食品安全风险评估结果并充分考虑食用农产品质量安全风险评估结果，参照相关的国际标准和国际食品安全风险评估结果，并广泛听取食品生产经营者和消费者的意见。

第二十四条 没有食品安全国家标准的，可以制定食品安全地方标准。

省、自治区、直辖市人民政府卫生行政部门组织制定食品安全地方标准，应当参照执行本法有关食品安全国家标准制定的规定，并报国务院卫生行政部门备案。

第二十五条 企业生产的食品没有食品安全国家标准或者地方标准的，应当制定企业标准，作为组织生产的依据。国家鼓励食品生产企业制定严于食品安全国家标准或者地方标准的企业标准。企业标准应当报省级卫生行政部门备案，在本企业内部适用。

第二十六条 食品安全标准应当供公众免费查阅。

第四章 食品生产经营

第二十七条 食品生产经营应当符合食品安全标准，并符合下列要求：

（一）具有与生产经营的食品品种、数量相适应的食品原料处理和食品加工、包装、贮存等场所，保持该场所环境整洁，并与有毒、有害场所以及其他污染源保持规定的距离；

（二）具有与生产经营的食品品种、数量相适应的生产经营设备或者设施，有相应的消毒、更衣、盥洗、采光、照明、通风、防腐、防尘、防蝇、防鼠、防虫、洗涤以及处理废水、存放垃圾和废弃物的设备或者设施；

（三）有食品安全专业技术人员、管理人员和保证食品安全的规章制度；

（四）具有合理的设备布局和工艺流程，防止待加工食品与直接入口食品、原料与成品交叉污染，避免食品接触有毒物、不洁物；

（五）餐具、饮具和盛放直接入口食品的容器，使用前应当洗净、消毒，炊具、用具用后应当洗净，保持清洁；

（六）贮存、运输和装卸食品的容器、工具和设备应当安全、无害，保持清洁，防止食品污染，并符合保证食品安全所需的温度等特殊要求，不得将食品与有毒、有害物品一同运输；

（七）直接入口的食品应当有小包装或者使用无毒、清洁的包装材料、餐具；

（八）食品生产经营人员应当保持个人卫生，生产经营食品时，应当将手洗净，穿戴清洁的工作衣、帽；销售无包装的直接入口食品时，应当使用无毒、清洁的售货工具；

（九）用水应当符合国家规定的生活饮用水卫生标准；

（十）使用的洗涤剂、消毒剂应当对人体安全、无害；

（十一）法律、法规规定的其他要求。

第二十八条 禁止生产经营下列食品：

（一）用非食品原料生产的食品或者添加食品添加剂以外的化学物质和其他可能危害人体健康物质的食品，或者用回收食品作为原料生产的食品；

（二）致病性微生物、农药残留、兽药残留、重金属、污染物质以及其他危害人体健康的物质含量超过食品安全标准限量的食品；

（三）营养成分不符合食品安全标准的专供婴幼儿和其他特定人群的主辅食品；

（四）腐败变质、油脂酸败、霉变生虫、污秽不洁、混有异物、掺假掺杂或者感官性状异常的食品；

（五）病死、毒死或者死因不明的禽、畜、兽、水产动物肉类及其制品；

（六）未经动物卫生监督机构检疫或者检疫不合格的肉类，或者未经检验或者检验不合格的肉类制品；

（七）被包装材料、容器、运输工具等污染的食品；

（八）超过保质期的食品；

（九）无标签的预包装食品；

（十）国家为防病等特殊需要明令禁止生产经营的食品；

（十一）其他不符合食品安全标准或者要求的食品。

第二十九条 国家对食品生产经营实行许可制度。从事食品生产、食品流通、餐饮服务，应当依法取得食品生产许可、食品流通许可、餐饮服务许可。

取得食品生产许可的食品生产者在其生产场所销售其生产的食品，不需要取得食品流通的许可；取得餐饮服务许可的餐饮服务提供者在其餐饮服务场所出售其制作加工的食品，不需要取得食品生产和流通的许可；农民个人销售其自产的食用农产品，不需要取得食品流通的许可。

食品生产加工小作坊和食品摊贩从事食品生产经营活动，应当符合本法规定的与其生产经营规模、条件相适应的食品安全要求，保证所生产经营的食品卫生、无毒、无害，有关部门应当对其加强监督管理，具体管理办法由省、自治区、直辖市人民代表大会常务委员会依照本法制定。

第三十条　县级以上地方人民政府鼓励食品生产加工小作坊改进生产条件；鼓励食品摊贩进入集中交易市场、店铺等固定场所经营。

第三十一条　县级以上质量监督、工商行政管理、食品药品监督管理部门应当依照《中华人民共和国行政许可法》的规定，审核申请人提交的本法第二十七条第一项至第四项规定要求的相关资料，必要时对申请人的生产经营场所进行现场核查；对符合规定条件的，决定准予许可；对不符合规定条件的，决定不予许可并书面说明理由。

第三十二条　食品生产经营企业应当建立健全本单位的食品安全管理制度，加强对职工食品安全知识的培训，配备专职或者兼职食品安全管理人员，做好对所生产经营食品的检验工作，依法从事食品生产经营活动。

第三十三条　国家鼓励食品生产经营企业符合良好生产规范要求，实施危害分析与关键控制点体系，提高食品安全管理水平。

对通过良好生产规范、危害分析与关键控制点体系认证的食品生产经营企业，认证机构应当依法实施跟踪调查；对不再符合认证要求的企业，应当依法撤销认证，及时向有关质量监督、工商行政管理、食品药品监督管理部门通报，并向社会公布。认证机构实施跟踪调查不收取任何费用。

第三十四条　食品生产经营者应当建立并执行从业人员健康管理制度。患有痢疾、伤寒、病毒性肝炎等消化道传染病的人员，以及患有活动性肺结核、化脓性或者渗出性皮肤病等有碍食品安全的疾病的人员，不得从事接触直接入口食品的工作。

食品生产经营人员每年应当进行健康检查，取得健康证明后方可参加工作。

第三十五条　食用农产品生产者应当依照食品安全标准和国家有关规定使用农药、肥料、生长调节剂、兽药、饲料和饲料添加剂等农业投入品。食用农产品的生产企业和农民专业合作经济组织应当建立食用农产品生产记录制度。

县级以上农业行政部门应当加强对农业投入品使用的管理和指导，建立健全农业投入品的安全使用制度。

第三十六条　食品生产者采购食品原料、食品添加剂、食品相关产品，应当查验供货者的许可证和产品合格证明文件；对无法提供合格证明文件的食品原料，应当依照食品安全标准进行检验；不得采购或者使用不符合食品安全标准的食品原料、食品添加剂、食品相关产品。

食品生产企业应当建立食品原料、食品添加剂、食品相关产品进货查验记录制度，如实记录食品原料、食品添加剂、食品相关产品的名称、规格、数量、供货者名称及联系方式、进货日期等内容。

食品原料、食品添加剂、食品相关产品进货查验记录应当真实，保存期限不得少于二年。

第三十七条　食品生产企业应当建立食品出厂检验记录制度，查验出厂食品的检验合格证和安全状况，并如实记录食品的名称、规格、数量、生产日期、生产批号、检验合格证号、购货者名称及联系方式、销售日期等内容。

食品出厂检验记录应当真实，保存期限不得少于二年。

第三十八条　食品、食品添加剂和食品相关产品的生产者，应当依照食品安全标准对所生产的食品、食品添加剂和食品相关产品进行检验，检验合格后方可出厂或者销售。

第三十九条　食品经营者采购食品，应当查验供货者的许可证和食品合格的证明文件。

食品经营企业应当建立食品进货查验记录制度，如实记录食品的名称、规格、数量、生产批号、保质期、供货者名称及联系方式、进货日期等内容。

食品进货查验记录应当真实，保存期限不得少于二年。

实行统一配送经营方式的食品经营企业，可以由企业总部统一查验供货者的许可证和食品合格的证明文件，进行食品进货查验记录。

第四十条　食品经营者应当按照保证食品安全的要求贮存食品，定期检查库存食品，及时清理变质或者超过保质期的食品。

第四十一条　食品经营者贮存散装食品，应当在贮存位置标明食品的名称、生产日期、保质期、生产者名称及联系方式等内容。

食品经营者销售散装食品，应当在散装食品的容器、外包装上标明食品的名称、生产日期、保质期、生产经营者名称及联系方式等内容。

第四十二条　预包装食品的包装上应当有标签。标签应当标明下列事项：

（一）名称、规格、净含量、生产日期；

（二）成分或者配料表；

（三）生产者的名称、地址、联系方式；

（四）保质期；

（五）产品标准代号；

（六）贮存条件；

（七）所使用的食品添加剂在国家标准中的通用名称；

（八）生产许可证编号；

（九）法律、法规或者食品安全标准规定必须标明的其他事项。

专供婴幼儿和其他特定人群的主辅食品，其标签还应当标明主要营养成分及其含量。

第四十三条　国家对食品添加剂的生产实行许可制度。申请食品添加剂生产许可的条件、程序，按照国家有关工业产品生产许可证管理的规定执行。

第四十四条　申请利用新的食品原料从事食品生产或者从事食品添加剂新品种、食品相关产品新品种生产活动的单位或者个人，应当向国务院卫生行政部门提交相关产品的安全性评估材料。国务院卫生行政部门应当自收到申请之日起六十日内组织对相关产品的安全性评估材料进行审查；对符合食品安全要求的，依法决定准予许可并予以公布；对不符合食品安全要求的，决定不予许可并书面说明理由。

第四十五条　食品添加剂应当在技术上确有必要且经过风险评估证明安全可靠，方可列入允许使用的范围。国务院卫生行政部门应当根据技术必要性和食品安全风险评估结果，及时对食品添加剂的品种、使用范围、用量的标准进行修订。

第四十六条　食品生产者应当依照食品安全标准关于食品添加剂的品种、使用范围、用量的规定使用食品添加剂；不得在食品生产中使用食品添加剂以外的化学物质和其他可能危害人体健康的物质。

第四十七条　食品添加剂应当有标签、说明书和包装。标签、说明书应当载明本法第四十二条第一款第一项至第六项、第八项、第九项规定的事项，以及食品添加剂的使用范围、用量、使用方法，并在标签上载明"食品添加剂"字样。

第四十八条　食品和食品添加剂的标签、说明书，不得含有虚假、夸大的内容，不得涉及疾病预防、治疗功能。生产者对标签、说明书上所载明的内容负责。

食品和食品添加剂的标签、说明书应当清楚、明显，容易辨识。

食品和食品添加剂与其标签、说明书所载明的内容不符的，不得上市销售。

第四十九条　食品经营者应当按照食品标签标示的警示标志、警示说明或者注意事项的要求，销售预包装食品。

第五十条　生产经营的食品中不得添加药品，但是可以添加按照传统既是食品又是中药材的物质。按照传统既是食品又是中药材的物质的目录由国务院卫生行政部门制定、公布。

第五十一条　国家对声称具有特定保健功能的食品实行严格监管。有关监督管理部门应当依法履职，承担责任。具体管理办法由国务院规定。

声称具有特定保健功能的食品不得对人体产生急性、亚急性或者慢性危害，其标签、说明书不得涉及疾病预防、治疗功能，内容必须真实，应当载明适宜人群、不适宜人群、功效成分或者标志性成分及其含量等；产品的功能和成分必须与标签、说明书相一致。

第五十二条　集中交易市场的开办者、柜台出租者和展销会举办者，应当审查入场食品经营者的许可证，明确入场食品经营者的食品安全管理责任，定期对入场食品经营者的经营环境和条件进行检查，发现食品经营者有违反本法规定的行为的，应当及时制止并立即报告所在地县级工商行政管理部门或者食品药品监督管理部门。

集中交易市场的开办者、柜台出租者和展销会举办者未履行前款规定义务，本市场发生食品安全事故的，应当承担连带责任。

第五十三条　国家建立食品召回制度。食品生产者发现其生产的食品不符合食品安全标准，应当立即停止生产，召回已经上市销售的食品，通知相关生产经营者和消费者，并记录召回和通知情况。

食品经营者发现其经营的食品不符合食品安全标准，应当立即停止经营，通知相关生产经营者和消费者，并记录停止经营和通知情况。食品生产者认为应当召回的，应当立即召回。

食品生产者应当对召回的食品采取补救、无害化处理、销毁等措施，并将食品召回和处理情况向县级以上质量监督部门报告。

食品生产经营者未依照本条规定召回或者停止经营不符合食品安全标准的食品的，县级以上质量监督、工商行政管理、食品药品监督管理部门可以责令其召回或者停止经营。

第五十四条　食品广告的内容应当真实合法，不得含有虚假、夸大的内容，不得涉及疾病预防、治疗功能。

食品安全监督管理部门或者承担食品检验职责的机构、食品行业协会、消费者协会不得以广告或者其他形式向消费者推荐食品。

第五十五条　社会团体或者其他组织、个人在虚假广告中向消费者推荐食品，使消费者的合法权益受到损害的，与食品生产经营者承担连带责任。

第五十六条　地方各级人民政府鼓励食品规模化生产和连锁经营、配送。

第五章　食品检验

第五十七条　食品检验机构按照国家有关认证认可的规定取得资质认定后，方可从事食品检验活动。但是，法律另有规定的除外。

食品检验机构的资质认定条件和检验规范，由国务院卫生行政部门规定。

本法施行前经国务院有关主管部门批准设立或者经依法认定的食品检验机构，可以依照本法继续从事食品检验活动。

第五十八条　食品检验由食品检验机构指定的检验人独立进行。

检验人应当依照有关法律、法规的规定，并依照食品安全标准和检验规范对食品进行检验，尊重科学，恪守职业道德，保证出具的检验数据和结论客观、公正，不得出具虚假的检验报告。

第五十九条　食品检验实行食品检验机构与检验人负责制。食品检验报告应当加盖食品检验机构公章，并有检验人的签名或者盖章。食品检验机构和检验人对出具的食品检验报告负责。

第六十条　食品安全监督管理部门对食品不得实施免检。

县级以上质量监督、工商行政管理、食品药品监督管理部门应当对食品进行定期或者不定期的抽样检验。进行抽样检验，应当购买抽取的样品，不收取检验费和其他任何费用。

县级以上质量监督、工商行政管理、食品药品监督管理部门在执法工作中需要对食品进行检验的，应当委托符合本法规定的食品检验机构进行，并支付相关费用。对检验结论有异议的，可以依法进行复检。

第六十一条　食品生产经营企业可以自行对所生产的食品进行检验，也可以委托符合本法规定的食品检验机构进行检验。

食品行业协会等组织、消费者需要委托食品检验机构对食品进行检验的，应当委托符合本法规定的食品检验机构进行。

第六章　食品进出口

第六十二条　进口的食品、食品添加剂以及食品相关产品应当符合我国食品安全国家标准。

进口的食品应当经出入境检验检疫机构检验合格后，海关凭出入境检验检疫机构签发的通关证明放行。

第六十三条　进口尚无食品安全国家标准的食品，或者首次进口食品添加剂新品种、食品相关产品新品种，进口商应当向国务院卫生行政部门提出申请并提交相关的安全性评估材料。国务院卫生行政部门依照本法第四十四条的规定作出是否准予许可的决定，并及时制定相应的食品安全国家标准。

第六十四条　境外发生的食品安全事件可能对我国境内造成影响，或者在进口食品中发现严重食品安全问题的，国家出入境检验检疫部门应当及时采取风险预警或者控制措施，并向国务院卫生行政、农业行政、工商行政管理和国家食品药品监督管理部门通报。接到通报的部门应当及时采取相应措施。

第六十五条　向我国境内出口食品的出口商或者代理商应当向国家出入境检验检疫部门备案。向我国境内出口食品的境外食品生产企业应当经国家出入境检验检疫部门注册。

国家出入境检验检疫部门应当定期公布已经备案的出口商、代理商和已经注册的境外食品生产企业名单。

第六十六条　进口的预包装食品应当有中文标签、中文说明书。标签、说明书应当符合本法以及我国其他有关法律、行政法规的规定和食品安全国家标准的要求，载明食品的原产地以及境内代理商的名称、地址、联系方式。预包装食品没有中文标签、中文说明书或者标签、说明书不符合本条规定的，不得进口。

第六十七条　进口商应当建立食品进口和销售记录制度，如实记录食品的名称、规格、数量、生产日期、生产或者进口批号、保质期、出口商和购货者名称及联系方式、交货日期等内容。

食品进口和销售记录应当真实，保存期限不得少于二年。

第六十八条　出口的食品由出入境检验检疫机构进行监督、抽检，海关凭出入境检验检疫机构签发的通关证明放行。

出口食品生产企业和出口食品原料种植、养殖场应当向国家出入境检验检疫部门备案。

第六十九条　国家出入境检验检疫部门应当收集、汇总进出口食品安全信息，并及时通报相关部门、机构和企业。

国家出入境检验检疫部门应当建立进出口食品的进口商、出口商和出口食品生产企业的信誉记录，并予以公布。对有不良记录的进口商、出口商和出口食品生产企业，应当加强对其进出口食品的检验检疫。

第七章　食品安全事故处置

第七十条　国务院组织制定国家食品安全事故应急预案。

县级以上地方人民政府应当根据有关法律、法规的规定和上级人民政府的食品安全事故应急预案以及本地区的实际情况，制定本行政区域的食品安全事故应急预案，并报上一级人民政府备案。

食品生产经营企业应当制定食品安全事故处置方案，定期检查本企业各项食品安全防范措施的落实情况，及时消除食品安全事故隐患。

第七十一条　发生食品安全事故的单位应当立即予以处置，防止事故扩大。事故发生单位和接收病人进行治疗的单位应当及时向事故发生地县级卫生行政部门报告。

农业行政、质量监督、工商行政管理、食品药品监督管理部门在日常监督管理中发现食品安全事故，或者接到有关食品安全事故的举报，应当立即向卫生行政部门通报。

发生重大食品安全事故的，接到报告的县级卫生行政部门应当按照规定向本级人民政府和上级人民政府卫生行政部门报告。县级人民政府和上级人民政府卫生行政部门应当按照规定上报。

任何单位或者个人不得对食品安全事故隐瞒、谎报、缓报，不得毁灭有关证据。

第七十二条　县级以上卫生行政部门接到食品安全事故的报告后，应当立即会同有关农业行政、质量监督、工商行政管理、食品药品监督管理部门进行调查处理，并采取下列措施，防止或者减轻社会危害：

（一）开展应急救援工作，对因食品安全事故导致人身伤害的人员，卫生行政部门应当立即组织救治；

（二）封存可能导致食品安全事故的食品及其原料，并立即进行检验；对确认属于被污染的食品及其原料，责令食品生产经营者依照本法第五十三条的规定予以召回、停止经营并销毁；

（三）封存被污染的食品用工具及用具，并责令进行清洗消毒；

（四）做好信息发布工作，依法对食品安全事故及其处理情况进行发布，并对可能产生的危害加以解释、说明。

发生重大食品安全事故的，县级以上人民政府应当立即成立食品安全事故处置指挥机构，启动应急预案，依照前款规定进行处置。

第七十三条　发生重大食品安全事故，设区的市级以上人民政府卫生行政部门应当立即会同有关部门进行事故责任调查，督促有关部门履行职责，向本级人民政府提出事故责任调查处理报告。

重大食品安全事故涉及两个以上省、自治区、直辖市的，由国务院卫生行政部门依照前款规定组织事故责任调查。

第七十四条　发生食品安全事故，县级以上疾病预防控制机构应当协助卫生行政部门和有关部门对事故现场进行卫生处理，并对与食品安全事故有关的因素开展流行病学调查。

第七十五条　调查食品安全事故，除了查明事故单位的责任，还应当查明负有监督管理和认证职责的监督管理部门、认证机构的工作人员失职、渎职情况。

第八章　监督管理

第七十六条　县级以上地方人民政府组织本级卫生行政、农业行政、质量监督、工商行政管理、食品药品监督管理部门制定本行政区域的食品安全年度监督管理计划，并按照年度计划组织开展工作。

第七十七条　县级以上质量监督、工商行政管理、食品药品监督管理部门履行各自食品安全监督管理职责，有权采取下列措施：

（一）进入生产经营场所实施现场检查；

（二）对生产经营的食品进行抽样检验；

（三）查阅、复制有关合同、票据、账簿以及其他有关资料；

（四）查封、扣押有证据证明不符合食品安全标准的食品，违法使用的食品原料、食品添加剂、食品相关产品，以及用于违法生产经营或者被污染的工具、设备；

（五）查封违法从事食品生产经营活动的场所。

县级以上农业行政部门应当依照《中华人民共和国农产品质量安全法》规定的职责，对食用农产品进行监督管理。

第七十八条 县级以上质量监督、工商行政管理、食品药品监督管理部门对食品生产经营者进行监督检查，应当记录监督检查的情况和处理结果。监督检查记录经监督检查人员和食品生产经营者签字后归档。

第七十九条 县级以上质量监督、工商行政管理、食品药品监督管理部门应当建立食品生产经营者食品安全信用档案，记录许可颁发、日常监督检查结果、违法行为查处等情况；根据食品安全信用档案的记录，对有不良信用记录的食品生产经营者增加监督检查频次。

第八十条 县级以上卫生行政、质量监督、工商行政管理、食品药品监督管理部门接到咨询、投诉、举报，对属于本部门职责的，应当受理，并及时进行答复、核实、处理；对不属于本部门职责的，应当书面通知并移交有权处理的部门处理。有权处理的部门应当及时处理，不得推诿；属于食品安全事故的，依照本法第七章有关规定进行处置。

第八十一条 县级以上卫生行政、质量监督、工商行政管理、食品药品监督管理部门应当按照法定权限和程序履行食品安全监督管理职责；对生产经营者的同一违法行为，不得给予二次以上罚款的行政处罚；涉嫌犯罪的，应当依法向公安机关移送。

第八十二条 国家建立食品安全信息统一公布制度。下列信息由国务院卫生行政部门统一公布：

（一）国家食品安全总体情况；

（二）食品安全风险评估信息和食品安全风险警示信息；

（三）重大食品安全事故及其处理信息；

（四）其他重要的食品安全信息和国务院确定的需要统一公布的信息。

前款第二项、第三项规定的信息，其影响限于特定区域的，也可以由有关省、自治区、直辖市人民政府卫生行政部门公布。县级以上农业行政、质量监督、工商行政管理、食品药品监督管理部门依据各自职责公布食品安全日常监督管理信息。

食品安全监督管理部门公布信息，应当做到准确、及时、客观。

第八十三条 县级以上地方卫生行政、农业行政、质量监督、工商行政管理、食品药品监督管理部门获知本法第八十二条第一款规定的需要统一公布的信息，应当向上级主管部门报告，由上级主管部门立即报告国务院卫生行政部门；必要时，可以直接向国务院卫生行政部门报告。

县级以上卫生行政、农业行政、质量监督、工商行政管理、食品药品监督管理部门应当相互通报获知的食品安全信息。

第九章 法律责任

第八十四条 违反本法规定，未经许可从事食品生产经营活动，或者未经许可生产食品添加剂的，由有关主管部门按照各自职责分工，没收违法所得、违法生产经营的食品、食品添加剂和用于违法生产经营的工具、设备、原料等物品；违法生产经营的食品、食品添加剂货值金额不足一万元的，并处二千元以上五万元以下罚款；货值金额一万元以上的，并处货值金额五倍以上十倍以下罚款。

第八十五条 违反本法规定，有下列情形之一的，由有关主管部门按照各自职责分工，没收违法所得、违法生产经营的食品和用于违法生产经营的工具、设备、原料等物品；违法生产经营的食品货值金额不足一万元的，并处二千元以上五万元以下罚款；货值金额一万元以上的，并处货值金额五倍以上十倍以下罚款；情节严重的，吊销许可证：

（一）用非食品原料生产食品或者在食品中添加食品添加剂以外的化学物质和其他可能危害人体健康的物质，或者用回收食品作为原料生产食品；

（二）生产经营致病性微生物、农药残留、兽药残留、重金属、污染物质以及其他危害人体健康的物质含量超过食品安全标准限量的食品；

（三）生产经营营养成分不符合食品安全标准的专供婴幼儿和其他特定人群的主辅食品；

（四）经营腐败变质、油脂酸败、霉变生虫、污秽不洁、混有异物、掺假掺杂或者感官性状异常的食品；

（五）经营病死、毒死或者死因不明的禽、畜、兽、水产动物肉类，或者生产经营病死、毒死或者死因不明的禽、畜、兽、水产动物肉类的制品；

（六）经营未经动物卫生监督机构检疫或者检疫不合格的肉类，或者生产经营未经检验或者检验不合格的肉类制品；

（七）经营超过保质期的食品；

（八）生产经营国家为防病等特殊需要明令禁止生产经营的食品；

（九）利用新的食品原料从事食品生产或者从事食品添加剂新品种、食品相关产品新品种生产，未经过安全性评估；

（十）食品生产经营者在有关主管部门责令其召回或者停止经营不符合食品安全标准的食品后，仍拒不召回或者停止经营的。

第八十六条 违反本法规定，有下列情形之一的，由有关主管部门按照各自职责分工，没收违法所得、违法生产经营的食品和用于违法生产经营的工具、设备、原料等物品；违法生产经营的食品货值金额不足一万元的，并处二千元以上五万元以下罚款；货值金额一万元以上的，并处货值金额二倍以上五倍以下罚款；情节严重的，责令停产停业，直至吊销许可证：

（一）经营被包装材料、容器、运输工具等污染的食品；

（二）生产经营无标签的预包装食品、食品添加剂或者标签、说明书不符合本法规定的食品、食品添加剂；

（三）食品生产者采购、使用不符合食品安全标准的食品原料、食品添加剂、食品相关产品；

（四）食品生产经营者在食品中添加药品。

第八十七条 违反本法规定，有下列情形之一的，由有关主管部门按照各自职责分工，责令改正，给予警告；拒不改正的，处二千元以上二万元以下罚款；情节严重的，责令停产停业，直至吊销许可证：

（一）未对采购的食品原料和生产的食品、食品添加剂、食品相关产品进行检验；

（二）未建立并遵守查验记录制度、出厂检验记录制度；

（三）制定食品安全企业标准未依照本法规定备案；

（四）未按规定要求贮存、销售食品或者清理库存食品；

（五）进货时未查验许可证和相关证明文件；

（六）生产的食品、食品添加剂的标签、说明书涉及疾病预防、治疗功能；

（七）安排患有本法第三十四条所列疾病的人员从事接触直接入口食品的工作。

第八十八条 违反本法规定，事故单位在发生食品安全事故后未进行处置、报告的，由有关主管部门按照各自职责分工，责令改正，给予警告；毁灭有关证据的，责令停产停业，并处二千元以上十万元以下罚款；造成严重后果的，由原发证部门吊销许可证。

第八十九条 违反本法规定，有下列情形之一的，依照本法第八十五条的规定给予处罚：

（一）进口不符合我国食品安全国家标准的食品；

（二）进口尚无食品安全国家标准的食品，或者首次进口食品添加剂新品种、食品相关产品新品种，未经过安全性评估；

（三）出口商未遵守本法的规定出口食品。

违反本法规定，进口商未建立并遵守食品进口和销售记录制度的，依照本法第八十七条的规定给予处罚。

第九十条 违反本法规定，集中交易市场的开办者、柜台出租者、展销会的举办者允许未取得许可的食品经营者进入市场销售食品，或者未履行检查、报告等义务的，由有关主管部门按照各自职责分工，处二千元以上五万元以下罚款；造成严重后果的，责令停业，由原发证部门吊销许可证。

第九十一条 违反本法规定，未按照要求进行食品运输的，由有关主管部门按照各自职责分工，责令改正，给予警告；拒不改正的，责令停产停业，并处二千元以上五万元以下罚款；情节严重的，由原发证部门吊销许可证。

第九十二条 被吊销食品生产、流通或者餐饮服务许可证的单位，其直接负责的主管人员自处罚决定作出之日起五年内不得从事食品生产经营管理工作。

食品生产经营者聘用不得从事食品生产经营管理工作的人员从事管理工作的，由原发证部门吊销许可证。

第九十三条 违反本法规定，食品检验机构、食品检验人员出具虚假检验报告的，由授予其资质的主管部门或者机构撤销该检验机构的检验资格；依法对检验机构直接负责的主管人员和食品检验人员给予撤职或者开除的处分。

违反本法规定，受到刑事处罚或者开除处分的食品检验机构人员，自刑罚执行完毕或者处分决定作出之日起十年内不得从事食品检验工作。食品检验机构聘用不得从事食品检验工作的人员的，由授予其资质的主管部门或者机构撤销该检验机构的检验资格。

第九十四条 违反本法规定，在广告中对食品质量作虚假宣传，欺骗消费者的，依照《中华人民共和国广告法》的规定给予处罚。

违反本法规定，食品安全监督管理部门或者承担食品检验职责的机构、食品行业协会、消费者协会以广告或者其他形式向消费者推荐食品的，由有关主管部门没收违法所得，依法对直接负责的主管人员和其他直接责任人员给予记大过、降级或者撤职的处分。

第九十五条 违反本法规定，县级以上地方人民政府在食品安全监督管理中未履行职责，本行政区域出现重大食品安全事故、造成严重社会影响的，依法对直接负责的主管人员和其他直接责任人员给予记大过、降级、撤职或者开除的处分。

违反本法规定，县级以上卫生行政、农业行政、质量监督、工商行政管理、食品药品监督管理部门或者其他有关行政部门不履行本法规定的职责或者滥用职权、玩忽职守、徇私舞弊的，依法对直接负责的主管人员和其他直接责任人员给予记大过或者降级的处分；造成严重后果的，给予撤职或者开除的处分；其主要负责人应当引咎辞职。

第九十六条 违反本法规定，造成人身、财产或者其他损害的，依法承担赔偿责任。

生产不符合食品安全标准的食品或者销售明知是不符合食品安全标准的食品，消费者除要求赔偿损失外，还可以向生产者或者销售者要求支付价款十倍的赔偿金。

第九十七条 违反本法规定，应当承担民事赔偿责任和缴纳罚款、罚金，其财产不足以同时支付时，先承担民事赔偿责任。

第九十八条 违反本法规定，构成犯罪的，依法追究刑事责任。

第十章 附 则

第九十九条 本法下列用语的含义：

食品，指各种供人食用或者饮用的成品和原料以及按照传统既是食品又是药品的物品，但是不包括以治疗为目的的物品。

食品安全，指食品无毒、无害，符合应当有的营养要求，对人体健康不造成任何急性、亚急性或者慢性危害。

预包装食品，指预先定量包装或者制作在包装材料和容器中的食品。

食品添加剂，指为改善食品品质和色、香、味以及为防腐、保鲜和加工工艺的需要而加入食品中的人工合成或者天然物质。

用于食品的包装材料和容器，指包装、盛放食品或者食品添加剂用的纸、竹、木、金属、搪瓷、陶瓷、塑料、橡胶、天然纤维、化学纤维、玻璃等制品和直接接触食品或者食品添加剂的涂料。

用于食品生产经营的工具、设备，指在食品或者食品添加剂生产、流通、使用过程中直接接触食品或者食品添加剂的机械、管道、传送带、容器、用具、餐具等。

用于食品的洗涤剂、消毒剂，指直接用于洗涤或者消毒食品、餐饮具以及直接接触食品的工具、设备或者食品包装材料和容器的物质。

保质期，指预包装食品在标签指明的贮存条件下保持品质的期限。

食源性疾病，指食品中致病因素进入人体引起的感染性、中毒性等疾病。

食物中毒，指食用了被有毒有害物质污染的食品或者食用了含有毒有害物质的食品后出现的急性、亚急性疾病。

食品安全事故，指食物中毒、食源性疾病、食品污染等源于食品，对人体健康有危害或者可能有危害的事故。

第一百条 食品生产经营者在本法施行前已经取得相应许可证的，该许可证继续有效。

第一百零一条 乳品、转基因食品、生猪屠宰、酒类和食盐的食品安全管理，适用本法；法律、行政法规另有规定的，依照其规定。

第一百零二条 铁路运营中食品安全的管理办法由国务院卫生行政部门会同国务院有关部门依照本法制定。

军队专用食品和自供食品的食品安全管理办法由中央军事委员会依照本法制定。

第一百零三条 国务院根据实际需要，可以对食品安全监督管理体制作出调整。

第一百零四条 本法自 2009 年 6 月 1 日起施行。《中华人民共和国食品卫生法》同时废止。

中华人民共和国产品质量法

（1993 年 2 月 22 日第七届全国人民代表大会常务委员会第三十次会议通过 根据 2000 年 7 月 8 日第九届全国人民代表大会常务委员会第十六次会议《关于修改〈中华人民共和国产品质量法〉的决定》修正）

目　　录

第一章　总　　则

第一条　为了加强对产品质量的监督管理，提高产品质量水平，明确产品质量责任，保护消费者的合法权益，维护社会经济秩序，制定本法。

第二条　在中华人民共和国境内从事产品生产、销售活动，必须遵守本法。

本法所称产品是指经过加工、制作，用于销售的产品。

建设工程不适用本法规定；但是，建设工程使用的建筑材料、建筑构配件和设备，属于前款规定的产品范围的，适用本法规定。

第三条　生产者、销售者应当建立健全内部产品质量管理制度，严格实施岗位质量规范、质量责任以及相应的考核办法。

第四条　生产者、销售者依照本法规定承担产品质量责任。

第五条　禁止伪造或者冒用认证标志等质量标志；禁止伪造产品的产地，伪造或者冒用他人的厂名、厂址；禁止在生产、销售的产品中掺杂、掺假，以假充真，以次充好。

第六条　国家鼓励推行科学的质量管理方法，采用先进的科学技术，鼓励企业产品质量达到并且超过行业标准、国家标准和国际标准。

对产品质量管理先进和产品质量达到国际先进水平、成绩显著的单位和个人，给予奖励。

第七条　各级人民政府应当把提高产品质量纳入国民经济和社会发展规划，加强对产品质量工作的统筹规划和组织领导，引导、督促生产者、销售者加强产品质量管理，提高产品质量，组织各有关部门依法采取措施，制止产品生产、销售中违反本法规定的行为，保障本法的施行。

第八条　国务院产品质量监督部门主管全国产品质量监督工作。国务院有关部门在各自的职责范围内负责产品质量监督工作。

县级以上地方产品质量监督部门主管本行政区域内的产品质量监督工作。县级以上地方人民政府有关部门在各自的职责范围内负责产品质量监督工作。

法律对产品质量的监督部门另有规定的，依照有关法律的规定执行。

第九条　各级人民政府工作人员和其他国家机关工作人员不得滥用职权、玩忽职守或者徇私舞弊，包庇、放纵本地区、本系统发生的产品生产、销售中违反本法规定的行为，或者阻挠、干预依法对产品生产、销售中违反本法规定的行为进行查处。

各级地方人民政府和其他国家机关有包庇、放纵产品生产、销售中违反本法规定的行为的，依法追究其主要负责人的法律责任。

第十条　任何单位和个人有权对违反本法规定的行为，向产品质量监督部门或者其他有关部门检举。

产品质量监督部门和有关部门应当为检举人保密，并按照省、自治区、直辖市人民政府的规定给予奖励。

第十一条　任何单位和个人不得排斥非本地区或者非本系统企业生产的质量合格产品进入本地区、本系统。

第二章　产品质量的监督

第十二条　产品质量应当检验合格，不得以不合格产品冒充合格产品。

第十三条 可能危及人体健康和人身、财产安全的工业产品，必须符合保障人体健康和人身、财产安全的国家标准、行业标准；未制定国家标准、行业标准的，必须符合保障人体健康和人身、财产安全的要求。

禁止生产、销售不符合保障人体健康和人身、财产安全的标准和要求的工业产品。具体管理办法由国务院规定。

第十四条 国家根据国际通用的质量管理标准，推行企业质量体系认证制度。企业根据自愿原则可以向国务院产品质量监督部门认可的或者国务院产品质量监督部门授权的部门认可的认证机构申请企业质量体系认证。经认证合格的，由认证机构颁发企业质量体系认证证书。

国家参照国际先进的产品标准和技术要求，推行产品质量认证制度。企业根据自愿原则可以向国务院产品质量监督部门认可的或者国务院产品质量监督部门授权的部门认可的认证机构申请产品质量认证。经认证合格的，由认证机构颁发产品质量认证证书，准许企业在产品或者其包装上使用产品质量认证标志。

第十五条 国家对产品质量实行以抽查为主要方式的监督检查制度，对可能危及人体健康和人身、财产安全的产品，影响国计民生的重要工业产品以及消费者、有关组织反映有质量问题的产品进行抽查。抽查的样品应当在市场上或者企业成品仓库内的待销产品中随机抽取。监督抽查工作由国务院产品质量监督部门规划和组织。县级以上地方产品质量监督部门在本行政区域内也可以组织监督抽查。法律对产品质量的监督检查另有规定的，依照有关法律的规定执行。

国家监督抽查的产品，地方不得另行重复抽查；上级监督抽查的产品，下级不得另行重复抽查。

根据监督抽查的需要，可以对产品进行检验。检验抽取样品的数量不得超过检验的合理需要，并不得向被检查人收取检验费用。监督抽查所需检验费用按照国务院规定列支。

生产者、销售者对抽查检验的结果有异议的，可以自收到检验结果之日起十五日内向实施监督抽查的产品质量监督部门或者其上级产品质量监督部门申请复检，由受理复检的产品质量监督部门作出复检结论。

第十六条 对依法进行的产品质量监督检查，生产者、销售者不得拒绝。

第十七条 依照本法规定进行监督抽查的产品质量不合格的，由实施监督抽查的产品质量监督部门责令其生产者、销售者限期改正。逾期不改正的，由省级以上人民政府产品质量监督部门予以公告；公告后经复查仍不合格的，责令停业，限期整顿；整顿期满后经复查产品质量仍不合格的，吊销营业执照。

监督抽查的产品有严重质量问题的，依照本法第五章的有关规定处罚。

第十八条 县级以上产品质量监督部门根据已经取得的违法嫌疑证据或者举报，对涉嫌违反本法规定的行为进行查处时，可以行使下列职权：

（一）对当事人涉嫌从事违反本法的生产、销售活动的场所实施现场检查；

（二）向当事人的法定代表人、主要负责人和其他有关人员调查、了解与涉嫌从事违反本法的生产、销售活动有关的情况；

（三）查阅、复制当事人有关的合同、发票、帐簿以及其他有关资料；

（四）对有根据认为不符合保障人体健康和人身、财产安全的国家标准、行业标准的产品或者有其他严重质量问题的产品，以及直接用于生产、销售该项产品的原辅材料、包装物、生产工具，予以查封或者扣押。

县级以上工商行政管理部门按照国务院规定的职责范围，对涉嫌违反本法规定的行为进行查处时，可以行使前款规定的职权。

第十九条 产品质量检验机构必须具备相应的检测条件和能力，经省级以上人民政府产品质量监督部门或者其授权的部门考核合格后，方可承担产品质量检验工作。法律、行政法规对产品质量检验机构另有规定的，依照有关法律、行政法规的规定执行。

第二十条　从事产品质量检验、认证的社会中介机构必须依法设立，不得与行政机关和其他国家机关存在隶属关系或者其他利益关系。

第二十一条　产品质量检验机构、认证机构必须依法按照有关标准，客观、公正地出具检验结果或者认证证明。

产品质量认证机构应当依照国家规定对准许使用认证标志的产品进行认证后的跟踪检查；对不符合认证标准而使用认证标志的，要求其改正；情节严重的，取消其使用认证标志的资格。

第二十二条　消费者有权就产品质量问题，向产品的生产者、销售者查询；向产品质量监督部门、工商行政管理部门及有关部门申诉，接受申诉的部门应当负责处理。

第二十三条　保护消费者权益的社会组织可以就消费者反映的产品质量问题建议有关部门负责处理，支持消费者对因产品质量造成的损害向人民法院起诉。

第二十四条　国务院和省、自治区、直辖市人民政府的产品质量监督部门应当定期发布其监督抽查的产品的质量状况公告。

第二十五条　产品质量监督部门或者其他国家机关以及产品质量检验机构不得向社会推荐生产者的产品；不得以对产品进行监制、监销等方式参与产品经营活动。

第三章　生产者、销售者的产品质量责任和义务

第一节　生产者的产品质量责任和义务

第二十六条　生产者应当对其生产的产品质量负责。

产品质量应当符合下列要求：

（一）不存在危及人身、财产安全的不合理的危险，有保障人体健康和人身、财产安全的国家标准、行业标准的，应当符合该标准；

（二）具备产品应当具备的使用性能，但是，对产品存在使用性能的瑕疵作出说明的除外；

（三）符合在产品或者其包装上注明采用的产品标准，符合以产品说明、实物样品等方式表明的质量状况。

第二十七条　产品或者其包装上的标识必须真实，并符合下列要求：

（一）有产品质量检验合格证明；

（二）有中文标明的产品名称、生产厂厂名和厂址；

（三）根据产品的特点和使用要求，需要标明产品规格、等级、所含主要成分的名称和含量的，用中文相应予以标明；需要事先让消费者知晓的，应当在外包装上标明，或者预先向消费者提供有关资料；

（四）限期使用的产品，应当在显著位置清晰地标明生产日期和安全使用期或者失效日期；

（五）使用不当，容易造成产品本身损坏或者可能危及人身、财产安全的产品，应当有警示标志或者中文警示说明。

裸装的食品和其他根据产品的特点难以附加标识的裸装产品，可以不附加产品标识。

第二十八条　易碎、易燃、易爆、有毒、有腐蚀性、有放射性等危险物品以及储运中不能倒置和其他有特殊要求的产品，其包装质量必须符合相应要求，依照国家有关规定作出警示标志或者中文警示说明，标明储运注意事项。

第二十九条　生产者不得生产国家明令淘汰的产品。

第三十条　生产者不得伪造产地，不得伪造或者冒用他人的厂名、厂址。

第三十一条　生产者不得伪造或者冒用认证标志等质量标志。

第三十二条　生产者生产产品，不得掺杂、掺假，不得以假充真、以次充好，不得以不合格产品

冒充合格产品。

第二节 销售者的产品质量责任和义务

第三十三条 销售者应当建立并执行进货检查验收制度，验明产品合格证明和其他标识。

第三十四条 销售者应当采取措施，保持销售产品的质量。

第三十五条 销售者不得销售国家明令淘汰并停止销售的产品和失效、变质的产品。

第三十六条 销售者销售的产品的标识应当符合本法第二十七条的规定。

第三十七条 销售者不得伪造产地，不得伪造或者冒用他人的厂名、厂址。

第三十八条 销售者不得伪造或者冒用认证标志等质量标志。

第三十九条 销售者销售产品，不得掺杂、掺假，不得以假充真、以次充好，不得以不合格产品冒充合格产品。

第四章　损害赔偿

第四十条 售出的产品有下列情形之一的，销售者应当负责修理、更换、退货；给购买产品的消费者造成损失的，销售者应当赔偿损失：

（一）不具备产品应当具备的使用性能而事先未作说明的；

（二）不符合在产品或者其包装上注明采用的产品标准的；

（三）不符合以产品说明、实物样品等方式表明的质量状况的。

销售者依照前款规定负责修理、更换、退货、赔偿损失后，属于生产者的责任或者属于向销售者提供产品的其他销售者（以下简称供货者）的责任的，销售者有权向生产者、供货者追偿。

销售者未按照第一款规定给予修理、更换、退货或者赔偿损失的，由产品质量监督部门或者工商行政管理部门责令改正。

生产者之间，销售者之间，生产者与销售者之间订立的买卖合同、承揽合同有不同约定的，合同当事人按照合同约定执行。

第四十一条 因产品存在缺陷造成人身、缺陷产品以外的其他财产（以下简称他人财产）损害的，生产者应当承担赔偿责任。

生产者能够证明有下列情形之一的，不承担赔偿责任：

（一）未将产品投入流通的；

（二）产品投入流通时，引起损害的缺陷尚不存在的；

（三）将产品投入流通时的科学技术水平尚不能发现缺陷的存在的。

第四十二条 由于销售者的过错使产品存在缺陷，造成人身、他人财产损害的，销售者应当承担赔偿责任。

销售者不能指明缺陷产品的生产者也不能指明缺陷产品的供货者的，销售者应当承担赔偿责任。

第四十三条 因产品存在缺陷造成人身、他人财产损害的，受害人可以向产品的生产者要求赔偿，也可以向产品的销售者要求赔偿。属于产品的生产者的责任，产品的销售者赔偿的，产品的销售者有权向产品的生产者追偿。属于产品的销售者的责任，产品的生产者赔偿的，产品的生产者有权向产品的销售者追偿。

第四十四条 因产品存在缺陷造成受害人人身伤害的，侵害人应当赔偿医疗费、治疗期间的护理费、因误工减少的收入等费用；造成残疾的，还应当支付残疾者生活自助具费、生活补助费、残疾赔偿金以及由其扶养的人所必需的生活费等费用；造成受害人死亡的，并应当支付丧葬费、死亡赔偿金以及由死者生前扶养的人所必需的生活费等费用。

因产品存在缺陷造成受害人财产损失的，侵害人应当恢复原状或者折价赔偿。受害人因此遭受其他重大损失的，侵害人应当赔偿损失。

　　第四十五条　因产品存在缺陷造成损害要求赔偿的诉讼时效期间为二年，自当事人知道或者应当知道其权益受到损害时起计算。

　　因产品存在缺陷造成损害要求赔偿的请求权，在造成损害的缺陷产品交付最初消费者满十年丧失；但是，尚未超过明示的安全使用期的除外。

　　第四十六条　本法所称缺陷，是指产品存在危及人身、他人财产安全的不合理的危险；产品有保障人体健康和人身、财产安全的国家标准、行业标准的，是指不符合该标准。

　　第四十七条　因产品质量发生民事纠纷时，当事人可以通过协商或者调解解决。当事人不愿通过协商、调解解决或者协商、调解不成的，可以根据当事人各方的协议向仲裁机构申请仲裁；当事人各方没有达成仲裁协议或者仲裁协议无效的，可以直接向人民法院起诉。

　　第四十八条　仲裁机构或者人民法院可以委托本法第十九条规定的产品质量检验机构，对有关产品质量进行检验。

第五章　罚　　则

　　第四十九条　生产、销售不符合保障人体健康和人身、财产安全的国家标准、行业标准的产品的，责令停止生产、销售，没收违法生产、销售的产品，并处违法生产、销售产品（包括已售出和未售出的产品，下同）货值金额等值以上三倍以下的罚款；有违法所得的，并处没收违法所得；情节严重的，吊销营业执照；构成犯罪的，依法追究刑事责任。

　　第五十条　在产品中掺杂、掺假，以假充真，以次充好，或者以不合格产品冒充合格产品的，责令停止生产、销售，没收违法生产、销售的产品，并处违法生产、销售产品货值金额百分之五十以上三倍以下的罚款；有违法所得的，并处没收违法所得；情节严重的，吊销营业执照；构成犯罪的，依法追究刑事责任。

　　第五十一条　生产国家明令淘汰的产品的，销售国家明令淘汰并停止销售的产品的，责令停止生产、销售，没收违法生产、销售的产品，并处违法生产、销售产品货值金额等值以下的罚款；有违法所得的，并处没收违法所得；情节严重的，吊销营业执照。

　　第五十二条　销售失效、变质的产品的，责令停止销售，没收违法销售的产品，并处违法销售产品货值金额二倍以下的罚款；有违法所得的，并处没收违法所得；情节严重的，吊销营业执照；构成犯罪的，依法追究刑事责任。

　　第五十三条　伪造产品产地的，伪造或者冒用他人厂名、厂址的，伪造或者冒用认证标志等质量标志的，责令改正，没收违法生产、销售的产品，并处违法生产、销售产品货值金额等值以下的罚款；有违法所得的，并处没收违法所得；情节严重的，吊销营业执照。

　　第五十四条　产品标识不符合本法第二十七条规定的，责令改正；有包装的产品标识不符合本法第二十七条第（四）项、第（五）项规定，情节严重的，责令停止生产、销售，并处违法生产、销售产品货值金额百分之三十以下的罚款；有违法所得的，并处没收违法所得。

　　第五十五条　销售者销售本法第四十九条至第五十三条规定禁止销售的产品，有充分证据证明其不知道该产品为禁止销售的产品并如实说明其进货来源的，可以从轻或者减轻处罚。

　　第五十六条　拒绝接受依法进行的产品质量监督检查的，给予警告，责令改正；拒不改正的，责令停业整顿；情节特别严重的，吊销营业执照。

　　第五十七条　产品质量检验机构、认证机构伪造检验结果或者出具虚假证明的，责令改正，对单位处五万元以上十万元以下的罚款，对直接负责的主管人员和其他直接责任人员处一万元以上五万元以下的罚款；有违法所得的，并处没收违法所得；情节严重的，取消其检验资格、认证资格；构成犯罪的，依法追究刑事责任。

　　产品质量检验机构、认证机构出具的检验结果或者证明不实，造成损失的，应当承担相应的赔偿责任；造成重大损失的，撤销其检验资格、认证资格。

产品质量认证机构违反本法第二十一条第二款的规定，对不符合认证标准而使用认证标志的产品，未依法要求其改正或者取消其使用认证标志资格的，对因产品不符合认证标准给消费者造成的损失，与产品的生产者、销售者承担连带责任；情节严重的，撤销其认证资格。

第五十八条　社会团体、社会中介机构对产品质量作出承诺、保证，而该产品又不符合其承诺、保证的质量要求，给消费者造成损失的，与产品的生产者、销售者承担连带责任。

第五十九条　在广告中对产品质量作虚假宣传，欺骗和误导消费者的，依照《中华人民共和国广告法》的规定追究法律责任。

第六十条　对生产者专门用于生产本法第四十九条、第五十一条所列的产品或者以假充真的产品的原辅材料、包装物、生产工具，应当予以没收。

第六十一条　知道或者应当知道属于本法规定禁止生产、销售的产品而为其提供运输、保管、仓储等便利条件的，或者为以假充真的产品提供制假生产技术的，没收全部运输、保管、仓储或者提供制假生产技术的收入，并处违法收入百分之五十以上三倍以下的罚款；构成犯罪的，依法追究刑事责任。

第六十二条　服务业的经营者将本法第四十九条至第五十二条规定禁止销售的产品用于经营性服务的，责令停止使用；对知道或者应当知道所使用的产品属于本法规定禁止销售的产品的，按照违法使用的产品（包括已使用和尚未使用的产品）的货值金额，依照本法对销售者的处罚规定处罚。

第六十三条　隐匿、转移、变卖、损毁被产品质量监督部门或者工商行政管理部门查封、扣押的物品的，处被隐匿、转移、变卖、损毁物品货值金额等值以上三倍以下的罚款；有违法所得的，并处没收违法所得。

第六十四条　违反本法规定，应当承担民事赔偿责任和缴纳罚款、罚金，其财产不足以同时支付时，先承担民事赔偿责任。

第六十五条　各级人民政府工作人员和其他国家机关工作人员有下列情形之一的，依法给予行政处分；构成犯罪的，依法追究刑事责任：

（一）包庇、放纵产品生产、销售中违反本法规定行为的；

（二）向从事违反本法规定的生产、销售活动的当事人通风报信，帮助其逃避查处的；

（三）阻挠、干预产品质量监督部门或者工商行政管理部门依法对产品生产、销售中违反本法规定的行为进行查处，造成严重后果的。

第六十六条　产品质量监督部门在产品质量监督抽查中超过规定的数量索取样品或者向被检查人收取检验费用的，由上级产品质量监督部门或者监察机关责令退还；情节严重的，对直接负责的主管人员和其他直接责任人员依法给予行政处分。

第六十七条　产品质量监督部门或者其他国家机关违反本法第二十五条的规定，向社会推荐生产者的产品或者以监制、监销等方式参与产品经营活动的，由其上级机关或者监察机关责令改正，消除影响，有违法收入的予以没收；情节严重的，对直接负责的主管人员和其他直接责任人员依法给予行政处分。

产品质量检验机构有前款所列违法行为的，由产品质量监督部门责令改正，消除影响，有违法收入的予以没收，可以并处违法收入一倍以下的罚款；情节严重的，撤销其质量检验资格。

第六十八条　产品质量监督部门或者工商行政管理部门的工作人员滥用职权、玩忽职守、徇私舞弊，构成犯罪的，依法追究刑事责任；尚不构成犯罪的，依法给予行政处分。

第六十九条　以暴力、威胁方法阻碍产品质量监督部门或者工商行政管理部门的工作人员依法执行职务的，依法追究刑事责任；拒绝、阻碍未使用暴力、威胁方法的，由公安机关依照治安管理处罚条例的规定处罚。

　　第七十条　本法规定的吊销营业执照的行政处罚由工商行政管理部门决定，本法第四十九条至第五十七条、第六十条至第六十三条规定的行政处罚由产品质量监督部门或者工商行政管理部门按照国务院规定的职权范围决定。法律、行政法规对行使行政处罚权的机关另有规定的，依照有关法律、行政法规的规定执行。

　　第七十一条　对依照本法规定没收的产品，依照国家有关规定进行销毁或者采取其他方式处理。

　　第七十二条　本法第四十九条至第五十四条、第六十二条、第六十三条所规定的货值金额以违法生产、销售产品的标价计算；没有标价的，按照同类产品的市场价格计算。

第六章　附　　则

　　第七十三条　军工产品质量监督管理办法，由国务院、中央军事委员会另行制定。

　　因核设施、核产品造成损害的赔偿责任，法律、行政法规另有规定的，依照其规定。

　　第七十四条　本法自 1993 年 9 月 1 日起施行。

中华人民共和国反不正当竞争法

　　（1993 年 9 月 2 日第八届全国人民代表大会常务委员会第三次会议通过　1993 年 9 月 2 日中华人民共和国主席令第十号公布，自 1993 年 12 月 1 日起施行）

目　　录

第一章　总　　则

　　第一条　为保障社会主义市场经济健康发展，鼓励和保护公平竞争，制止不正当竞争行为，保护经营者和消费者的合法权益，制定本法。

　　第二条　经营者在市场交易中，应当遵循自愿、平等、公平、诚实信用的原则，遵守公认的商业道德。

　　本法所称的不正当竞争，是指经营者违反本法规定，损害其他经营者的合法权益，扰乱社会经济秩序的行为。

　　本法所称的经营者，是指从事商品经营或者营利性服务（以下所称商品包括服务）的法人、其他经济组织和个人。

　　第三条　各级人民政府应当采取措施，制止不正当竞争行为，为公平竞争创造良好的环境和条件。

　　县级以上人民政府工商行政管理部门对不正当竞争行为进行监督检查；法律、行政法规规定由其他部门监督检查的，依照其规定。

　　第四条　国家鼓励、支持和保护一切组织和个人对不正当竞争行为进行社会监督。

国家机关工作人员不得支持、包庇不正当竞争行为。

第二章 不正当竞争行为

第五条 经营者不得采用下列不正当手段从事市场交易，损害竞争对手：

（一）假冒他人的注册商标；

（二）擅自使用知名商品特有的名称、包装、装潢，或者使用与知名商品近似的名称、包装、装潢，造成和他人的知名商品相混淆，使购买者误认为是该知名商品；

（三）擅自使用他人的企业名称或者姓名，引人误认为是他人的商品；

（四）在商品上伪造或者冒用认证标志、名优标志等质量标志，伪造产地，对商品质量作引人误解的虚假表示。

第六条 公用企业或者其他依法具有独占地位的经营者，不得限定他人购买其指定的经营者的商品，以排挤其他经营者的公平竞争。

第七条 政府及其所属部门不得滥用行政权力，限定他人购买其指定的经营者的商品，限制其他经营者正当的经营活动。

政府及其所属部门不得滥用行政权力，限制外地商品进入本地市场，或者本地商品流向外地市场。

第八条 经营者不得采用财物或者其他手段进行贿赂以销售或者购买商品。在帐外暗中给予对方单位或者个人回扣的，以行贿论处；对方单位或者个人在帐外暗中收受回扣的，以受贿论处。

经营者销售或者购买商品，可以以明示方式给对方折扣，可以给中间人佣金。经营者给对方折扣、给中间人佣金的，必须如实入帐。接受折扣、佣金的经营者必须如实入帐。

第九条 经营者不得利用广告或者其他方法，对商品的质量、制作成分、性能、用途、生产者、有效期限、产地等作引人误解的虚假宣传。

广告的经营者不得在明知或者应知的情况下，代理、设计、制作、发布虚假广告。

第十条 经营者不得采用下列手段侵犯商业秘密：

（一）以盗窃、利诱、胁迫或者其他不正当手段获取权利人的商业秘密；

（二）披露、使用或者允许他人使用以前项手段获取的权利人的商业秘密；

（三）违反约定或者违反权利人有关保守商业秘密的要求，披露、使用或者允许他人使用其所掌握的商业秘密。

第三人明知或者应知前款所列违法行为，获取、使用或者披露他人的商业秘密，视为侵犯商业秘密。

本条所称的商业秘密，是指不为公众所知悉、能为权利人带来经济利益、具有实用性并经权利人采取保密措施的技术信息和经营信息。

第十一条 经营者不得以排挤竞争对手为目的，以低于成本的价格销售商品。

有下列情形之一的，不属于不正当竞争行为：

（一）销售鲜活商品；

（二）处理有效期限即将到期的商品或者其他积压的商品；

（三）季节性降价；

（四）因清偿债务、转产、歇业降价销售商品。

第十二条 经营者销售商品，不得违背购买者的意愿搭售商品或者附加其他不合理的条件。

第十三条 经营者不得从事下列有奖销售：

（一）采用谎称有奖或者故意让内定人员中奖的欺骗方式进行有奖销售；

（二）利用有奖销售的手段推销质次价高的商品；

（三）抽奖式的有奖销售，最高奖的金额超过五千元。

第十四条　经营者不得捏造、散布虚伪事实，损害竞争对手的商业信誉、商品声誉。

第十五条　投标者不得串通投标，抬高标价或者压低标价。

投标者和招标者不得相互勾结，以排挤竞争对手的公平竞争。

第三章　监督检查

第十六条　县级以上监督检查部门对不正当竞争行为，可以进行监督检查。

第十七条　监督检查部门在监督检查不正当竞争行为时，有权行使下列职权：

（一）按照规定程序询问被检查的经营者、利害关系人、证明人，并要求提供证明材料或者与不正当竞争行为有关的其他资料；

（二）查询、复制与不正当竞争行为有关的协议、帐册、单据、文件、记录、业务函电和其他资料；

（三）检查与本法第五条规定的不正当竞争行为有关的财物，必要时可以责令被检查的经营者说明该商品的来源和数量，暂停销售，听候检查，不得转移、隐匿、销毁该财物。

第十八条　监督检查部门工作人员监督检查不正当竞争行为时，应当出示检查证件。

第十九条　监督检查部门在监督检查不正当竞争行为时，被检查的经营者、利害关系人和证明人应当如实提供有关资料或者情况。

第四章　法律责任

第二十条　经营者违反本法规定，给被侵害的经营者造成损害的，应当承担损害赔偿责任，被侵害的经营者的损失难以计算的，赔偿额为侵权人在侵权期间因侵权所获得的利润；并应当承担被侵害的经营者因调查该经营者侵害其合法权益的不正当竞争行为所支付的合理费用。

被侵害的经营者的合法权益受到不正当竞争行为损害的，可以向人民法院提起诉讼。

第二十一条　经营者假冒他人的注册商标，擅自使用他人的企业名称或者姓名，伪造或者冒用认证标志、名优标志等质量标志，伪造产地，对商品质量作引人误解的虚假表示的，依照《中华人民共和国商标法》、《中华人民共和国产品质量法》的规定处罚。

经营者擅自使用知名商品特有的名称、包装、装潢，或者使用与知名商品近似的名称、包装、装潢，造成和他人的知名商品相混淆，使购买者误认为是该知名商品的，监督检查部门应当责令停止违法行为，没收违法所得，可以根据情节处以违法所得一倍以上三倍以下的罚款；情节严重的，可以吊销营业执照；销售伪劣商品，构成犯罪的，依法追究刑事责任。

第二十二条　经营者采用财物或者其他手段进行贿赂以销售或者购买商品，构成犯罪的，依法追究刑事责任；不构成犯罪的，监督检查部门可以根据情节处以一万元以上二十万元以下的罚款，有违法所得的，予以没收。

第二十三条　公用企业或者其他依法具有独占地位的经营者，限定他人购买其指定的经营者的商品，以排挤其他经营者的公平竞争的，省级或者设区的市的监督检查部门应当责令停止违法行为，可以根据情节处以五万元以上二十万元以下的罚款。被指定的经营者借此销售质次价高商品或者滥收费用的，监督检查部门应当没收违法所得，可以根据情节处以违法所得一倍以上三倍以下的罚款。

第二十四条　经营者利用广告或者其他方法，对商品作引人误解的虚假宣传的，监督检查部门应当责令停止违法行为，消除影响，可以根据情节处以一万元以上二十万元以下的罚款。

广告的经营者，在明知或者应知的情况下，代理、设计、制作、发布虚假广告的，监督检查部门应当责令停止违法行为，没收违法所得，并依法处以罚款。

第二十五条　违反本法第十条规定侵犯商业秘密的，监督检查部门应当责令停止违法行为，可以根据情节处以一万元以上二十万元以下的罚款。

第二十六条　经营者违反本法第十三条规定进行有奖销售的，监督检查部门应当责令停止违法行为，可以根据情节处以一万元以上十万元以下的罚款。

第二十七条　投标者串通投标，抬高标价或者压低标价；投标者和招标者相互勾结，以排挤竞争对手的公平竞争的，其中标无效。监督检查部门可以根据情节处以一万元以上二十万元以下的罚款。

第二十八条　经营者有违反被责令暂停销售，不得转移、隐匿、销毁与不正当竞争行为有关的财物的行为的，监督检查部门可以根据情节处以被销售、转移、隐匿、销毁财物的价款的一倍以上三倍以下的罚款。

第二十九条　当事人对监督检查部门作出的处罚决定不服的，可以自收到处罚决定之日起十五日内向上一级主管机关申请复议；对复议决定不服的，可以自收到复议决定书之日起十五日内向人民法院提起诉讼；也可以直接向人民法院提起诉讼。

第三十条　政府及其所属部门违反本法第七条规定，限定他人购买其指定的经营者的商品、限制其他经营者正当的经营活动，或者限制商品在地区之间正常流通的，由上级机关责令其改正；情节严重的，由同级或者上级机关对直接责任人员给予行政处分。被指定的经营者借此销售质次价高商品或者滥收费用的，监督检查部门应当没收违法所得，可以根据情节处以违法所得一倍以上三倍以下的罚款。

第三十一条　监督检查不正当竞争行为的国家机关工作人员滥用职权、玩忽职守，构成犯罪的，依法追究刑事责任；不构成犯罪的，给予行政处分。

第三十二条　监督检查不正当竞争行为的国家机关工作人员徇私舞弊，对明知有违反本法规定构成犯罪的经营者故意包庇不使他受追诉的，依法追究刑事责任。

第五章　附　　则

第三十三条　本法自 1993 年 12 月 1 日起施行。

联合国国际贸易法委员会《电子商务示范法》
UNCITRAL Model Law on Electronic Commerce

[Original：Arabic, Chinese, English, French, Russian, Spanish]

Part One　Electronic Commerce in General

Chapter I　General Provisions

Article 1　Sphere of application[1]

This Law[2] applies to any kind of information in the form of a data message used in the

---

[1]　The Commission suggests the following text for States that might wish to limit the applicability of this Law to international data messages：

"This Law applies to a data message as defined in paragraph (1) of article 2 where the data message relates to international commerce."

[2]　This Law does not override any rule of law intended for the protection of consumers.

context❶ of commercial❷ activities.

Article 2　Definitions

For the purposes of this Law:

(a)"Data message" means information generated, sent, received or stored by electronic, optical or similar means including, but not limited to, electronic data interchange (EDI), electronic mail, telegram, telex or telecopy;

(b)"Electronic data interchange (EDI)" means the electronic transfer from computer to computer of information using an agreed standard to structure the information;

(c)"Originator" of a data message means a person by whom, or on whose behalf, the data message purports to have been sent or generated prior to storage, if any, but it does not include a person acting as an intermediary with respect to that data message;

(d)"Addressee" of a data message means a person who is intended by the originator to receive the data message, but does not include a person acting as an intermediary with respect to that data message;

(e)"Intermediary", with respect to a particular data message, means a person who, on behalf of another person, sends, receives or stores that data message or provides other services with respect to that data message;

(f)"Information system" means a system for generating, sending, receiving, storing or otherwise processing data messages.

Article 3　Interpretation

(1)In the interpretation of this Law, regard is to be had to its international origin and to the need to promote uniformity in its application and the observance of good faith.

(2)Questions concerning matters governed by this Law which are not expressly settled in it are to be settled in conformity with the general principles on which this Law is based.

Article 4　Variation by agreement

(1)As between parties involved in generating, sending, receiving, storing or otherwise processing data messages, and except as otherwise provided, the provisions of chapter III may be varied by agreement.

(2)Paragraph (1) does not affect any right that may exist to modify by agreement any rule of law referred to in chapter II.

---

❶　The Commission suggests the following text for States that might wish to extend the applicability of this Law:"This Law applies to any kind of information in the form of a data message, except in the following situations:[...]."

❷　The term"commercial" should be given a wide interpretation so as to cover matters arising from all relationships of a commercial nature, whether contractual or not. Relationships of a commercial nature include, but are not limited to, the following transactions:any trade transaction for the supply or exchange

of goods or services;distribution agreement;commercial representation or agency;factoring;leasing;construction of works; consulting;engineering;licensing;investment;financing;banking; insurance;exploitation agreement or concession;joint venture and other forms of industrial or business cooperation;carriage of goods or passengers by air, sea, rail or road.

Chapter II　Application of Legal Requirements to Data Messages

Article 5　Legal recognition of data messages

Information shall not be denied legal effect, validity or enforce-ability solely on the grounds that it is in the form of a data message.

Article 5　bis.　Incorporation by reference

(as adopted by the Commission at its thirty-first session, in June 1998)

Information shall not be denied legal effect, validity or enforceability solely on the grounds that it is not contained in the data message purporting to give rise to such legal effect, but is merely referred to in that data message.

Article 6　Writing

(1) Where the law requires information to be in writing, that requirement is met by a data message if the information contained therein is accessible so as to be usable for subsequent reference.

(2) Paragraph (1) applies whether the requirement therein is in the form of an obligation or whether the law simply provides consequences for the information not being in writing.

(3) The provisions of this article do not apply to the following: [...].

Article 7　Signature

(1) Where the law requires a signature of a person, that requirement is met in relation to a data message if:

(a) a method is used to identify that person and to indicate that person's approval of the information contained in the data message; and

(b) that method is as reliable as was appropriate for the purpose for which the data message was generated or communicated, in the light of all the circumstances, including any relevant agreement.

(2) Paragraph (1) applies whether the requirement therein is in the form of an obligation or whether the law simply provides consequences for the absence of a signature.

(3) The provisions of this article do not apply to the following: [...].

Article 8　Original

(1) Where the law requires information to be presented or retained in its original form, that requirement is met by a data message if: there exists a reliable assurance as to the integrity of the information from the time when it was first generated in its final form, as a data message or otherwise; and

(b) where it is required that information be presented, that information is capable of being displayed to the person to whom it is to be presented.

(2) Paragraph (1) applies whether the requirement therein is in the form of an obligation or whether the law simply provides consequences for the information not being presented or retained in its original form.

(3) For the purposes of subparagraph (a) of paragraph (1):

（a）the criteria for assessing integrity shall be whether the information has remained complete and unaltered, apart from the addition of any endorsement and any change which arises in the normal course of communication, storage and display; and

（b）the standard of reliability required shall be assessed in the light of the purpose for which the information was generated and in the light of all the relevant circumstances.

（4）The provisions of this article do not apply to the following: [...].

Article 9　Admissibility and evidential weight of data messages

（1）In any legal proceedings, nothing in the application of the rules of evidence shall apply so as to deny the admissibility of a data message in evidence:

（a）on the sole ground that it is a data message; or,

（b）if it is the best evidence that the person adducing it could reasonably be expected to obtain, on the grounds that it is not in its original form.

（2）Information in the form of a data message shall be given due evidential weight. In assessing the evidential weight of a data message, regard shall be had to the reliability of the manner in which the data message was generated, stored or communicated, to the reliability of the manner in which the integrity of the information was maintained, to the manner in which its originator was identified, and to any other relevant factor.

Article 10　Retention of data messages

（1）Where the law requires that certain documents, records or information be retained, that requirement is met by retaining data messages, provided that the following conditions are satisfied:

（a）the information contained therein is accessible so as to be usable for subsequent reference; and

（b）the data message is retained in the format in which it was generated, sent or received, or in a format which can be demonstrated to represent accurately the information generated, sent or received; and

（c）such information, if any, is retained as enables the identification of the origin and destination of a data message and the date and time when it was sent or received.

（2）An obligation to retain documents, records or information in accordance with paragraph （1）does not extend to any information the sole purpose of which is to enable the message to be sent or received.

（3）A person may satisfy the requirement referred to in paragraph （1）by using the services of any other person, provided that the conditions set forth in subparagraphs （a）,（b）and （c）of paragraph （1）are met.

Chapter III　Communication of Data Messages

Article 11　Formation and validity of contracts

（1）In the context of contract formation, unless otherwise agreed by the parties, an offer and the acceptance of an offer may be expressed by means of data messages. Where a data message is used in the formation of a contract, that contract shall not be denied validity or enforceability on the sole ground that a data message was used for that purpose.

(2)The provisions of this article do not apply to the following: [...].

Article 12   Recognition by parties of data messages

(1)As between the originator and the addressee of a data message, a declaration of will or other statement shall not be denied legal effect, validity or enforceability solely on the grounds that it is in the form of a data message.

(2)The provisions of this article do not apply to the following:[...].

Article 13   Attribution of data messages

(1)A data message is that of the originator if it was sent by the originator itself.

(2)As between the originator and the addressee, a data message is deemed to be that of the originator if it was sent:

(a)by a person who had the authority to act on behalf of the originator in respect of that data message;or

(b)by an information system programmed by, or on behalf of, the originator to operate automatically.

As between the originator and the addressee, an addressee is entitled to regard a data message as being that of the originator, and to act on that assumption, if:

(a)in order to ascertain whether the data message was that of the originator, the addressee properly applied a procedure previously agreed to by the originator for that purpose;or

(b)the data message as received by the addressee resulted from the actions of a person whose relationship with the originator or with any agent of the originator enabled that person to gain access to a method used by the originator to identify data messages as its own.

(4)Paragraph (3) does not apply:

(a)as of the time when the addressee has both received notice from the originator that the data message is not that of the originator, and had reasonable time to act accordingly;or

(b)in a case within paragraph (3)(b), at any time when the addressee knew or should have known, had it exercised reasonable care or used any agreed procedure, that the data message was not that of the originator.

(5)Where a data message is that of the originator or is deemed to be that of the originator, or the addressee is entitled to act on that assumption, then, as between the originator and the addressee, the addressee is entitled to regard the data message as received as being what the originator intended to send, and to act on that assumption. The addressee is not so entitled when it knew or should have known, had it exercised reasonable care or used any agreed procedure, that the transmission resulted in any error in the data message as received.

(6)The addressee is entitled to regard each data message received as a separate data message and to act on that assumption, except to the extent that it duplicates another data message and the addressee knew or should have known, had it exercised reasonable care or used any agreed procedure, that the data message was a duplicate.

Article 14　Acknowledgement of receipt

(1)Paragraphs (2) to (4) of this article apply where,on or before sending a data message, or by means of that data message,the originator has requested or has agreed with the addressee that receipt of the data message be acknowledged.

(2)Where the originator has not agreed with the addressee that the acknowledgement be given in a particular form or by a particular method,an acknowledgement may be given by

(a)any communication by the addressee,automated or otherwise,or

(b)any conduct of the addressee,sufficient to indicate to the originator that the data message has been received.

(3)Where the originator has stated that the data message is conditional on receipt of the acknowledgement,the data message is treated as though it has never been sent, until the acknowledgement is received.

(4)Where the originator has not stated that the data message is conditional on receipt of the acknowledgement,and the acknowledgement has not been received by the originator within the time specified or agreed or,if no time has been specified or agreed,within a reasonable time,the originator:

(a)may give notice to the addressee stating that no acknowledgement has been received and specifying a reasonable time by which the acknowledgement must be received;and (b)if the acknowledgement is not received within the time specified in subparagraph (a),may,upon notice to the addressee,treat the data message as though it had never been sent,or exercise any other rights it may have.

(5)Where the originator receives the addressee's acknowledgement of receipt,it is presumed that the related data message was received by the addressee. That presumption does not imply that the data message corresponds to the message received.

(6)Where the received acknowledgement states that the related data message met technical requirements,either agreed upon or set forth in applicable standards,it is presumed that those requirements have been met.

(7)Except in so far as it relates to the sending or receipt of the data message,this article is not intended to deal with the legal consequences that may flow either from that data message or from the acknowledgement of its receipt.

Article 15　Time and place of dispatch and receipt of data messages

(1)Unless otherwise agreed between the originator and the addressee,the dispatch of a data message occurs when it enters an information system outside the control of the originator or of the person who sent the data message on behalf of the originator.

(2)Unless otherwise agreed between the originator and the addressee,the time of receipt of a data message is determined as follows:

(a)if the addressee has designated an information system for the purpose of receiving data messages, receipt occurs:

(i)at the time when the data message enters the designated information system;or

(ⅱ)if the data message is sent to an information system of the addressee that is not the designated information system, at the time when the data message is retrieved by the addressee;

(b)if the addressee has not designated an information system, receipt occurs when the data message enters an information system of the addressee.

(3)Paragraph (2) applies notwithstanding that the place where the information system is located may be different from the place where the data message is deemed to be received under paragraph (4).

(4)Unless otherwise agreed between the originator and the addressee, a data message is deemed to be dispatched at the place where the originator has its place of business, and is deemed to be received at the place where the addressee has its place of business. For the purposes of this paragraph:

(a)if the originator or the addressee has more than one place of business, the place of business is that which has the closest relationship to the underlying transaction or, where there is no underlying transaction, the principal place of business;

(b)if the originator or the addressee does not have a place of business, reference is to be made to its habitual residence.

(5)The provisions of this article do not apply to the following: [. . .].

Part Two　Electronic Commerce in Specific Areas

Chapter I　Carriage of Goods

Article 16　Actions related to contracts of carriage of goods

Without derogating from the provisions of part one of this Law, this chapter applies to any action in connection with, or in pursuance of, a contract of carriage of goods, including but not limited to:

(a)(ⅰ) furnishing the marks, number, quantity or weight of goods;

(ⅱ)stating or declaring the nature or value of goods;

(ⅲ)issuing a receipt for goods;

(ⅳ)confirming that goods have been loaded;

(b)(ⅰ) notifying a person of terms and conditions of the contract;

(ⅱ)giving instructions to a carrier;

(c)(ⅰ) claiming delivery of goods;

(ⅱ) authorizing release of goods;

(ⅲ) giving notice of loss of, or damage to, goods;

(d) giving any other notice or statement in connection with the performance of the contract;

(e) undertaking to deliver goods to a named person or a person authorized to claim delivery;

（f）granting, acquiring, renouncing, surrendering, transferring or negotiating rights in goods;

（g）acquiring or transferring rights and obligations under the contract.

Article 17　Transport documents

（1）Subject to paragraph（3）, where the law requires that any action referred to in article 16 be carried out in writing or by using a paper document, that requirement is met if the action is carried out by using one or more data messages.

（2）Paragraph（1）applies whether the requirement therein is in the form of an obligation or whether the law simply provides consequences for failing either to carry out the action in writing or to use a paper document.

（3）If a right is to be granted to, or an obligation is to be acquired by, one person and no other person, and if the law requires that, in order to effect this, the right or obligation must be conveyed to that person by the transfer, or use of, a paper document, that requirement is met if the right or obligation is conveyed by using one or more data messages, provided that a reliable method is used to render such data message or messages unique.

（4）For the purposes of paragraph（3）, the standard of reliability required shall be assessed in the light of the purpose for which the right or obligation was conveyed and in the light of all the circumstances, including any relevant agreement.

（5）Where one or more data messages are used to effect any action in subparagraphs（f）and（g）of article 16, no paper document used to effect any such action is valid unless the use of data messages has been terminated and replaced by the use of paper documents. A paper document issued in these circumstances shall contain a statement of such termination. The replacement of data messages by paper documents shall not affect the rights or obligations of the parties involved.

（6）If a rule of law is compulsorily applicable to a contract of carriage of goods which is in, or is evidenced by, a paper document, that rule shall not be inapplicable to such a contract of carriage of goods which is evidenced by one or more data messages by reason of the fact that the contract is evidenced by such data message or messages instead of by a paper document.

（7）The provisions of this article do not apply to the following: [...].

联合国国际贸易法委员会电子商务示范法

(原文：阿拉伯文，中文，英文，法文，俄文，西班牙文)

第一部分　一般电子商务

第一章　总　　则

第1条　适用范围❶

本法❷适用于在商务❸活动背景❹下使用的、以某一数据电文为形式的任何类型的信息。

第2条　定义

为达本法之目的：

(a)"数据电文"，是指经由电子手段、光学手段或类似手段所生成、接收或储存的信息，这些手段包括但并不限于电子数据交换（EDI）、电子邮件、电报、电传或传真。

(b)"电子数据交换（EDI）"，是指计算机之间采用约定标准以构造信息的信息电子传输。

(c)某一数据电文的"发件人"，是指在储存前（如有的话）据称已经由此人或其代表发送和生成该数据电文之人，但并不包括充当关于该数据电文的中间人。

(d)某一数据电文的"收件人"，是指发件人指定接收该数据电文之人，但并不包括充当关于该数据电文的中间人。

(e)"中间人"，就某一特定数据电文而言，是指代表另一人发送、接收或储存该数据电文，或提供关于该数据电文的其他服务之人。

(f)"信息系统"是指生成、发送、接收、储存或以其他方式处理数据电文的某一系统。

第3条　解释

(1)在解释本法时，必须考虑其国际渊源，以及促进其适用的统一与遵守诚实信用的需要。

(2)对由本法管辖而又并未在本法中加以明文解决的有关事项，应按与本法所依据的一般原则一致的方式加以解决。

第4条　经由协议的变动

(1)当涉及生成、发送、接收、储存或以其他方式处理数据电文的各方当事人时，除另有规定外，第三章的条款可以经由协议加以变动。

(2)第1款并不影响经由协议修改第二章中所述任何法律规则而可能存在的任何权利。

---

❶　本委员会建议，凡是可能愿意使本法的适用性仅限于国际数据电文之国家，可采用下列文本："本法适用于第2条第（1）款所定义的与国际商务有关的数据电文的中的某一数据电文。"

❷　本法并不废止任何旨在保护消费者的法律规则。

❸　"商务"一词应予广义解释，以便涵盖起因于具有商务性质的各种关系的事项，不论其是契约性的或非契约性的，包括但并非限于下列交易：任何提供或交换商品或劳务的贸易交易；经销协议；商务代表或代理；保付代理业务；租赁；工厂建造；咨询；工程；颁发许可证；投资；融资；银行业务；保险；开发协议或特许权；合营企业与工业或商业合作的其他形式；空中、海上、铁路或公路的货物或旅客运输。

❹　本委员会建议，凡是可能愿意扩大本法适用性的国家，可采用下列文本："本法适用于以某一数据电文为形式的任何类型的信息，下列情况除外：[……]。"

第二章　适用于数据电文的法律要求

第 5 条　数据电文的法律承认

不得仅以采用某一数据电文的形式为理由而否定信息的法律效果、有效性或可执行性。

增订第 5 条　供参考合并

不得仅以其不包含在数据电文中为理由而否定信息的法律效果、有效性或可执行性。该信息旨在产生这种法律效果，但只是在此数据电文中提到。

第 6 条　书面文件

（1）如法律要求信息采用书面文件，如某一数据电文所包含的信息可以存取，以便日后查阅，则就符合该要求。

（2）不论对此要求是以某一义务的形式，还是法律只规定不采用书面文件信息的后果，第 1 款均予适用。

（3）本条之规定不适用于下列情况：［……］。

第 7 条　签字

（1）如法律要求某人签字，就某一数据电文而言，则符合该要求，如果：

（a）采用某种方法以确认此人的身份，并且表明此人认可数据电文所包含的信息；以及

（b）根据各种情况来看，包括任何相关的协议，所使用的方法是可靠的，对生成或交流该数据电文的目的是适当的。

（2）不论此要求是以某一义务的形式，还是法律只要求规定没有签字的后果，第 1 款均予适用。

（3）本条之规定不适用于下列情况：［……］。

第 8 条　原件

（1）如法律要求信息以原件形式加以展示或保留，某一数据电文则符合该要求，如果：

（a）能可靠地保证，自信息首次以其最终形式而生成，作为一种数据电文或者充当其他用途之时起，该信息保持了完整性；以及

（b）如要求将该信息加以展示，该信息能被显示给要展示之人。

（2）不论对此要求是以某一义务的形式，还是法律只规定不以其原件形式展示或保留信息的后果，第 1 款均予适用。

（3）为实现第 1 款第（a）项之目的：

（a）评估完整性的标准应当是，信息是否完整保留，未加改动，添加任何背书与在正常的交流、储存以及显示过程中所发生的任何变动除外；以及

（b）对所要求的可靠性标准的评估，应当依据生成信息的目的以及依据全部相关的情况。

（4）本条之规定不适用于下列情况：［……］。

第 9 条　数据电文的可接受性与证据价值

（1）在任何法律诉讼中，证据规则将完全不适用于否定某一作为证据的数据电文的可接受性：

（a）仅以其是一项数据电文为理由；或

（b）如它是举证人按合理预期所能获得的最佳证据，以其不是原件形式为理由。

（2）对以数据电文为形式的信息，应当给予适当的证据价值。在评估某一数据电文的证据价值时，应当考虑生成、储存或者交流该数据电文方式的可靠性，保持信息完整性方式的可靠性，用以鉴别发件人的方式，以及任何其他相关的因素。

第 10 条　数据电文的保存

（1）如法律要求保存某些文件、记录或信息，保存数据电文即符合该要求，如满足下列条件：

（a）其中所包含的信息可以存取，以便今后备查使用；以及

（b）该数据电文是以其生成、发送、接收的格式保存的，或以可用来证明能够准确地展示所生成、发送或接收信息的格式保存的；以及

（c）所保存的此种信息，如有的话，要能确认某一数据电文的来源与目的地，以及在其收发时的日期与时间。

（2）根据第 1 款的规定，保存文件、记录或信息的义务，并不适用于只是为了能收发数据电文的任何信息。

（3）任何人经由利用任何其他人的服务即可满足第一款所述的要求，如符合第 1 款（a）、（b）和（c）项中所规定的条件。

第三章　数据电文的交流

第 11 条　合同的订立与有效性

（1）在合同订立的背景下，除非各方当事人另有约定，一项要约定与对要约的承诺可用数据电文的方式加以表示。如在订立合同中采用数据电文，不得仅以为此目的而采用了数据电文为理由，而否定该合同的有效性或可执行性。

（2）本条之规定不适用于下列情况：〔……〕。

第 12 条　各方当事人对数据电文的承认

（1）在某一数据电文的发件人与收件人之间，不得以其仅是数据电文形式为理由，而以某一意愿声明或其他声明来否定其法律效果、有效性或可执行性。

（2）本条之规定不适用于下列情况：〔……〕。

第 13 条　数据电文的归属

（1）某一数据电文，如是发件人本人发送的，则为发件人之数据电文。

（2）在发件人与收件人之间，某一数据电文被认为是发件人的数据电文，如是由：

（a）就此数据电文而言，授权代表发件人采取行动之人发送；或

（b）由发件人设计的程序或代表发件人设计的程序的某一自动操作的信息系统发送。

（3）当发生在发件人与收件人之间时，收件人有权将某一数据电文视为发件人的数据电文，并依据该假设采取行动，如果：

（a）为证实此数据电文是否是发件人的，收件人为此目的而正确地应用了一种为发件人事先同意的程序；或

（b）收件人收到的该数据电文，是由于有人采取行动的结果，此人与发件人或其任何代理人的关系，能使其获得由发件人所使用的确认数据电文为其自己的某一方式。

（4）第 3 款不适用于：

（a）到收件人已收到发件人的通知，该数据电文并非是发件人的，又有合理的时间采取相应的行动为止之时；或

（b）在第 3 款（b）项的情况下，到收件人如其采取合理的谨慎，或采用任何约定的程序，知道或本应知道该数据电文并非发件人的任何时间。

（5）如某一数据电文是发件人的，或被认为是发件人的，或收件人有权此假设采取行动，

则在发件人与收件人之间，收件人有权将收到的该数据电文视为发件人打算发送的，并且据此假设采取行动。当收件人如其采取合理的谨慎，或采用任何约定的程序，知道或本应知道传送造成了收到该数据电文时的任何差错之时，则无此权。

（6）收件人有权将收到的每一数据电文视为一份单独的数据电文，并且据此假设采取行动，除非在其复制另一数据电文的情况下，并且收件人如其采取合理的谨慎，或采用任何约定的程序，知道或本应知道该数据电文是一件副本。

第 14 条　承认收到

（1）本条第 2 款至第 4 款适用于发送某一数据电文之时或之前，或以该数据电文的方式，发件人已要求或已与收件人约定必须承认收到该数据电文。

（2）如发件人未与收件人约定以某种特定的形式或特定的方法承认收到，则承认收到必须由：

（a）收件人的任何交流，不论是自动化的还是其他方式的，或

（b）收件人的任何行为，足以向发件人表明，已收到该数据电文。

（3）如发件人已声明该数据电文是以承认收到为条件的，则按从未发送的方式处理该数据电文，直至收到承认时为止。

（4）如发件人并未声明该数据电文是以承认收到为条件的，并在规定或约定的时间内发件人没有收到这种承认，或如没有规定或约定时间，在一段合理的时间内，发件人：

（a）可通知收件人，声明没有收到其承认，并规定一段合理的时间，在这段时间前必须收到；以及

（b）如在（a）项中规定的时间内没有收到承认，在通知发件人后，按从未发出此数据电文处理，或行使其可能具有的任何其他权利。

（5）如发件人收到了收件人的承认，则可推测收件人已收到有关的数据电文。此推测并不意味着该数据电文与所收到的数据电文相一致。

（6）如所收到的承认声明，有关的数据电文符合技术要求，该要求或是约定的或是在应用标准中所规定的，则可推测已符合这些要求。

（7）除了与收发数据电文有关的情况外，本条并不旨在处理或是由该数据电文或是由承认其收到而产生的法律后果。

第 15 条　数据电文收发的时间与地点

（1）除非发件人与收件人之间另有约定，某一数据电文的发送，在其进入发件人或代表其发送该数据电文之人无法控制的某一信息系统之时即告成立。

（2）除非发件人与收件人之间另有约定，收到某一数据电文的时间，可确定如下：

（a）如收件人为收到数据电文而指定某一信息系统，收到即告成立：

（i）在该数据电文进入指定的信息系统之时；或

（ii）如该数据电文发送到某一并非收件人指定的信息系统，则在收件人检索该数据电文之时。

（b）如发件人没有指定某一信息系统，收到则在该数据电文进入收件人的某一信息系统之时。

（3）第 2 款均予适用，尽管设置信息系统的地点与根据第 4 款规定的被认为收到该数据电文的地点有所不同。

（4）除非发件人与收件人之间另有约定，某一数据电文被认为是在发件人拥有营业地的地点发送的，以及被认为是在收件人拥有营业地的地点收到的。为实现本款之目的：

（a）发件人或收件人拥有一个以上的营业地，其营业地是与基本交易具有最密切关系之地点，或如没有基本交易，则是主营业地；

（b）发件人或收件人没有一个营业地，可参照其常住地。

（5）本条之规定不适用于下列情况：〔……〕。

第二部分　特定领域的电子商务

第一章　货物运输

第 16 条　与货物运输合同有关的行动

如不减损本法第一部分之规定，本章适用于与货物运输合同有关或履行货物运输合同的任何行动，包括但并不限于：

（a）（i）提供货物的标记、编号、数量或重量；

（ii）申述或申报货物的性质或价值；

（iii）签发货物收据；

（iv）确认货物已被装运；

（b）（i）将合同条款与条件通知某人；

（ii）向某一承运人发出指示；

（c）（i）要求交货；

（ii）授权发货；

（iii）发出货物灭失或损坏的通知；

（d）发出与履行合同有关的任何其他通知或声明；

（e）承诺将货物交付给某一指定之人或授权要求交货之人；

（f）给予、取得、放弃、交出、转移或转让货物的权利；

（g）取得或转移合同项下的权利和义务。

第 17 条　运输单据

（1）以第 3 款的规定为准，如法律要求以书面文件或用纸文件来实施第 16 条所述的任何行动，如经由使用一份或数份数据电文来实施该行动，则就满足此要求。

（2）不论此要求是以某一义务的形式，还是法律仅规定既不以书面文件实施行动，也不用纸文件的后果，第 1 款均予适用。

（3）如某一权利给予某人而非他人，或某人而非他人获得某一义务，并且如法律要求，为实现此，该权利或义务须经由转让或用纸文件向此人传递，如经由使用一种或数种数据电文传递该权利或义务，并且如采用了一种可靠的方式，以使此数据电文独一无二，即符合此要求。

（4）为达第 3 款之目的，所需可靠性的标准，应根据传递该权利或义务的目的，以及根据各种情况，包括任何相关的协议，予以评估。

（5）如用一种或数种数据电文来实施第 16 条（f）款和（g）款中的任何行动，除非数据电文的使用已被纸文件的使用所终止和替代，否则用以采取任何这种行动的纸文件均为无效。在这种情况下所签发的纸文件应当包含一个这种终止数据电文的声明。由纸文件取代数据电文将不影响有关当事人的权利或义务。

（6）如某一法规强制性地适用于某一货物运输合同，而该合同本身是一纸文件或以一纸文件证明的，则该规则将并非不适用于此类由一种或数种数据电文证明的货物运输合同，因为事实是该合同是由诸如此类的一种或数种数据电文而不是一份纸文件证明的。

（7）本条之规定不适用于下列情况：［……］。

澳门特别行政区个人资料保护法

立法会根据《澳门特别行政区基本法》第七十一条（一）项的规定，为实施《澳门特别行政区基本法》第三十条、第三十二条和第四十三条所订定的基本制度，制定本法律。

第一章　一般规定

第一条　标的

本法律订定个人资料处理及保护的法律制度。

第二条　一般原则

个人资料的处理应以透明的方式进行，并应尊重私人生活的隐私和《澳门特别行政区基本法》、国际法文书和现行法律订定的基本权利、自由和保障。

第三条　适用范围

一、本法律适用于在澳门特别行政区（以下简称特区）全部或部分以自动化方法对个人资料的处理，以及以非自动化方法对存于或将存于人手操作的数据库内的个人资料的处理。

二、本法律不适用于自然人在从事专属个人或家庭活动时对个人资料的处理，但用作系统通信或传播者除外。

三、本法律适用于对可以认别身份的人的声音和影像进行的录像监视，以及以其他方式对这些声音和影像的取得、处理和传播，只要负责处理数据的实体的住所在特区，或者通过在特区设立的提供信息和电信信息网络服务的供货商而实施。

四、本法律适用于以公共安全为目的对个人资料的处理，但不妨碍适用于特区的国际法文书以及区际协议的特别规定、与公共安全有关的专门法律和其他相关的规定。

第四条　定义

一、为本法律的效力，下列用词之定义为：

（一）"个人资料"：与某个身份已确定或身份可确定的自然人（"数据当事人"）有关的任何信息，包括声音和影像，不管其性质如何以及是否拥有载体。所谓身份可确定的人是指直接或间接地，尤其透过参考一个认别编号或者身体、生理、心理、经济、文化或社会方面的一个或多个特征，可以被确定身份的人；

（二）"资料当事人"：其数据被处理的自然人；

（三）"个人资料的处理"（"处理"）：有关个人资料的任何或者一系列的操作，不管该操作是否通过自动化的方法进行，诸如数据的收集、登记、编排、保存、改编或修改、复原、查询、使用，或者以传送、传播或其他透过比较或互联的方式向他人通告，以及数据的封存、删除或者销毁；

（四）"个人资料的数据库"（"数据库"）：任何有组织结构并可按特定标准查阅的个人资料的集合体，而不论数据库的建立、储存以及组织的形式或方式如何；

（五）"负责处理个人资料的实体"：就个人资料处理的目的和方法，单独或与他人共同作出决定的自然人或法人，公共实体、部门或任何其他机构；

（六）"次合同人"：受负责处理个人资料的实体的委托而处理个人资料的自然人或法人，公共实体、部门或任何其他机构；

（七）"第三人"：除数据当事人、负责处理个人资料的实体、次合同人或其他直接隶属于负责处理个人资料的实体或次合同人之外的、有资格处理数据的自然人或法人，公共实体、部门或任何其他机构；

（八）"数据的接收者"：被告知个人资料的自然人或法人，公共实体、部门或任何其他机构，不论其是否第三人，但不妨碍在某个法律规定或具组织性质的规章性规定中订定被告知数据的当局不被视为数据的接收者；

（九）"资料当事人的同意"：任何自由、特定且在知悉的情况下作出的意思表示，该表示表明当事人接受对其个人资料的处理；

（十）"资料的互联"：一个数据库的数据与其他一个或多个负责实体的一个或多个数据库的数据的联系，或同一负责实体但目的不同的数据库的数据联系的处理方式；

（十一）"公共当局"：《民法典》第七十九条第三款所指的实体；

（十二）"具组织性质的规章性规定"：规范有权限作出本法所指数据处理行为或其他行为的实体，其组织或运作的法规或章程中所载的规定。

二、为上款（五）项的效力，如法律规定或具组织性质的规章性规定订定了处理的目的和方法，则在其中应指定负责处理有关个人资料的实体。

第二章　个人资料的处理和性质以及对其处理的正当性

第五条　资料的性质

一、个人资料应：

（一）以合法的方式并在遵守善意原则和第二条所指的一般原则下处理；

（二）为了特定、明确、正当和与负责处理实体的活动直接有关的目的而收集，之后对资料的处理亦不得偏离有关目的；

（三）适合、适当及不超越收集和之后处理数据的目的；

（四）准确，当有需要时作出更新，并应基于收集和之后处理的目的，采取适当措施确保对不准确或不完整的数据进行删除或更正；

（五）仅在为实现收集或之后处理数据的目的所需期间内，以可认别数据当事人身份的方式被保存。

二、经负责处理个人资料的实体要求以及当存有正当利益时，公共当局得许可为历史、统计或科学之目的，将上款（五）项所规定的保存期限延长。

第六条　个人资料处理的正当性条件

个人资料的处理仅得在数据当事人明确同意或在以下必要的情况下方可进行：

（一）执行数据当事人作为合同一方的合同，或应当事人要求执行订立合同或法律行为意思表示的预先措施；

（二）负责处理个人资料的实体须履行法定义务；

（三）为保障资料当事人的重大利益，而资料当事人在身体上或法律上无能力作出同意；

（四）负责处理个人资料的实体或被告知数据的第三人在执行一具公共利益的任务，或者在行使公共当局权力；

（五）为实现负责处理个人资料的实体或被告知数据的第三人的正当利益，只要数据当事人的利益或权利、自由和保障不优于这些正当利益。

第七条　敏感数据的处理

一、禁止处理与世界观或政治信仰、政治社团或工会关系、宗教信仰、私人生活、种族和民族本源以及与健康和性生活有关的个人资料，包括遗传资料。

二、在保障非歧视原则以及第十六条所规定的安全措施的前提下，得对上款所指的数据在下列任一情况下进行处理：

（一）法律规定或具组织性质的规章性规定明确许可处理上款所指的数据；

（二）当基于重大公共利益且数据的处理对负责处理的实体行使职责及权限所必需时，经公共当局许可；

（三）数据当事人对处理给予明确许可。

三、当出现下列任一情况时，亦得处理第一款所指的数据：

（一）保护数据当事人或其他人重大利益所必需，且数据当事人在身体上或法律上无能力作出同意；

（二）经资料当事人同意，由具有政治、哲学、宗教或工会性质的非牟利法人或机构在其正当活动范围内处理数据，只要该处理仅涉及这些机构的成员或基于有关实体的宗旨与他们有定期接触的人士，且有关数据未经数据当事人同意不得告知第三人；

（三）要处理的数据明显已被数据当事人公开，只要从其声明可依法推断出数据当事人同意处理有关数据；

（四）处理数据是在司法诉讼中宣告、行使或维护一权利所必需的，且只为该目的而处理数据。

四、如处理与健康、性生活和遗传有关的数据是医学上的预防、诊断、医疗护理、治疗或卫生部门管理所必需的，只要由负有保密义务的医务专业人员或其他同样受职业保密义务约束的人进行，并根据第二十一条规定通知公共当局和采取适当措施确保信息安全，得处理有关数据。

第八条　怀疑从事不法活动、刑事违法行为或行政违法行为

一、只有法律规定或具组织性质的规章性规定赋予特定权限的公共部门，在遵守现行数据保护程序和规定的情况下，可设立和保持关于怀疑某人从事不法行为、刑事或行政违法行为，以及判处刑罚、保安处分、罚金或附加刑决定的集中登记。

二、如处理是负责实体实现其正当目的所必需，且数据当事人的权利、自由和保障不优先，在遵守数据保护和信息安全规定的情况下，得对关于怀疑某人从事不法行为、刑事或行政违法行为，以及判处刑罚、保安处分、罚金或附加刑决定的个人资料进行处理。

三、基于刑事侦查目的而处理个人资料，应仅限于预防一具体的危险或阻止一特定违法行为，以及行使法律规定或具组织性质的规章性规定所赋予的权限而必需的，并应遵守适用于特区的国际法文书或区际协议的规定。

第九条　个人资料的互联

一、法律规定或具组织性质的规章性规定未规定的个人资料的互联，须由负责处理个人资料的实体或与其共同负责的实体根据第二十二条第一款的规定向公共当局提出请求并取得其许可。

二、个人资料的互联应：

（一）符合法律或章程规定的目的和负责处理个人资料的实体的正当利益；

（二）不得导致歧视或削减数据当事人的权利、自由和保障；

（三）须有适当的安全措施；

（四）考虑需互联的数据的种类。

第三章　资料当事人的权利

第十条　信息权

一、当直接向资料当事人收集个人资料时，除非数据当事人已经知悉，负责处理个人资料的实体或其代表人应向数据当事人提供如下信息：

（一）负责处理个人资料的实体的身份及如有代表人时其代表人的身份；

（二）处理的目的；

（三）其他信息，如：

（1）数据的接收者或接收者的类别；

（2）当事人回复的强制性或任意性，以及不回复可能产生的后果；

（3）考虑到数据收集的特殊情况，为确保数据当事人的数据得到如实处理，在必要的情况下享有查阅权、更正权和行使这些权利的条件。

二、作为收集个人资料的基础文件应包括上款所指的信息。

三、当数据并非向数据当事人收集时，负责处理个人资料的实体或其代表，在对资料进行登记时，应向当事人提供第一款规定的信息，但当事人已知悉者除外；或当规定需将资料向第三人通告时，应最迟在第一次通告前，向当事人提供第一款规定的信息。

四、当在公开的网络上收集数据时，应该告知数据当事人，其个人资料在网络上的流通可能缺乏安全保障，有被未经许可的第三人看到和使用的风险，但当事人已知悉者除外。

五、在下列任一情况下，可免除本条所规定的提供信息的义务：

（一）经法律规定；

（二）基于安全、预防犯罪或刑事侦查的理由；

（三）尤其是当以统计、历史或科学研究为目的处理数据时，在不可能告知数据当事人或作出告知的成本过高，又或当法律或行政法规明确规定了资料的登记或公开时，但在该等情形下应通知公共当局。

六、在根据下条第三款规定尊重资料当事人基本权利的前提下，本条所规定的提供信息的义务，不适用于专为新闻、艺术或文学表达目的而对数据的处理。

第十一条　查阅权

一、在不得拖延的合理期限内及无需支付过高费用的情况下，数据当事人享有自由地、不受限制地从负责处理个人资料的实体获知以下事项的权利：

（一）确认与当事人有关的数据是否被处理、处理目的、被处理数据的类别、数据接收者或接收者的类别；

（二）被清楚地告知需要处理的数据及有关数据的来源；

（三）了解对与其有关的数据的自动化处理原因；

（四）对未依据本法律规定处理的数据，尤其是对不完整或不准确的数据的更正、删除或封存；

（五）将根据上项规定对资料进行的更正、删除或封存，通知曾知悉有关资料的第三人，第三人亦应同样对数据进行更正、删除、销毁或封存，但证实不可能通知或作出通知的成本过高者除外。

二、当处理与安全、预防犯罪或刑事侦查有关的个人资料时，查阅权通过在该情形下有权限的当局行使。

三、在上条第六款规定的情况下，查阅权通过公共当局行使，以确保现行适用的规定，主要是确保言论和信息自由、出版自由、新闻工作者的职业独立和保密规定的实施。

四、在第二款和第三款规定的情况下，如告知数据当事人可能妨害安全、预防犯罪或刑事侦查、或者妨害言论和信息自由或出版自由时，分别由在该情形下有权限的当局或公共当局，在不损害本款所拟保护价值的限度内，将所采取的措施告知资料当事人。

五、关于健康数据，包括遗传数据的查阅权由数据当事人选择的医生行使。

六、当数据不被用作对特定的人采取措施或作出决定之用时，在明显没有侵犯数据当事人的权利、自由和保障，尤其是私人生活权利危险的情况下，以及当上述资料专用于科学研究，或专为统计所必须的时间内以个人资料形式储存时，法律得限制查阅权。

第十二条 资料当事人的反对权

一、除法律有相反规定者外，数据当事人有权在任何时候，以与其私人情况有关的正当和重大的理由反对处理与其有关的个人资料。当反对理由合理时，负责实体不得再对该等数据进行处理。

二、数据当事人亦有权在无须费用的情况下，反对负责处理数据的实体以直接促销或其他方式的商业考察为目的而对与其有关的个人资料进行处理；或免费要求负责处理数据的实体，在基于直接促销目的或为第三人利益使用有关数据而第一次向第三人通告前，向其作出告知，且在无须费用的情况下，明确反对负责处理数据的实体通告或使用有关数据。

第十三条 不受自动化决定约束的权利

一、任何人有权不受对其权利义务范围产生效力或对其有明显影响并仅基于对数据的自动化处理而作出的决定的约束，且有关资料仅用作对该人人格某些方面，尤其是专业能力、信誉、应有的信任或其行为方面的评定。

二、在不妨碍遵守本法律其他规定的情况下，个人得受根据第一款作出决定的约束，只要有关决定：

（一）是在订定或执行一合同范围内，以订定或执行该合同的要求得到满足为条件，或已有适当的措施保障其正当利益尤其是其申述权和表达权时；

（二）经订明保护数据当事人权利及正当利益的保障措施的法律许可。

第十四条 损害赔偿权

一、任何因数据的不法处理或其他任何违反个人资料保护范畴的法律规定或规章性规定的行为而受损害的人均有权向负责处理数据的实体要求获得所受损失的赔偿。

二、如负责处理数据的实体证实其并非引致损害事实的归责者，得部分或全部免除责任。

三、如有次合同，适用《民法典》第四百九十二条及随后数条关于委托关系的规定。

第四章 处理的安全性和保密性

第十五条 处理的安全性

一、负责处理个人资料的实体应采取适当的技术和组织措施保护个人资料，避免数据的意外或不法损坏、意外遗失、未经许可的更改、传播或查阅，尤其是有关处理使资料经网络传送时，以及任何其他方式的不法处理；在考虑到已有的技术知识和因采用该技术所需成本的情况下，上述措施应确保具有与数据处理所带来的风险及所保护数据的性质相适应的安全程度。

二、负责处理个人资料的实体，在委托他人处理时，应选择一个在数据处理的技术安全和组织上能提供足够保障措施的次合同人，并应监察有关措施的执行。

三、以次合同进行的处理，应由约束次合同人和负责处理数据实体的合同或法律行为规范，并应特别规定次合同人只可按照负责处理数据的实体的指引行动，并须履行第一款所指的义务。

四、与数据保护有关的法律行为之意思表示、合同或法律行为的证据资料，以及第一款所指措施的要求，应由法律认可的具有证明效力的书面文件载明。

第十六条　特别的安全措施

一、第七条第二款和第八条第一款所指的负责处理数据的实体应采取适当的措施，以便：

（一）控制进入设施：阻止未经许可的人进入处理上述数据的设施；

（二）控制数据载体：阻止未经许可的人阅读、复制、修改或取走数据的载体；

（三）控制输入：阻止未经许可而对已记载的个人资料加入其他数据，以及未经数据记载人许可的知悉、修改或删除；

（四）控制使用：阻止未经许可的人透过数据传送设施使用数据的自动化处理系统；

（五）控制查阅：确保经许可的人只可以查阅许可范围内的数据；

（六）控制传送：确保透过资料传送设施可以查证传送个人资料的实体；

（七）控制引入：确保可以在随后查证引入了哪些个人资料、何时和由谁引入，该查证须在每一领域的适用规章所定的、与数据处理的性质相符的期间内进行；

（八）控制运输：在个人资料的传送和其载体的运输过程中，阻止以未经许可的方式阅读、复制、修改或删除数据。

二、考虑到各负责处理数据的实体的性质和进行处理的设施的种类，公共当局在确保尊重数据当事人的权利、自由和保障的情况下得免除某些安全措施。

三、有关系统应确保将与健康和性生活有关的个人资料，包括遗传资料，同其他个人资料分开。

四、当第七条所指的个人资料在网络上流通可能对有关当事人的权利、自由和保障构成危险时，公共当局得决定以密码进行传送。

第十七条　由次合同人处理数据

次合同人和任何隶属于负责处理数据的实体或次合同人的人在查阅数据时，如没有负责处理数据的实体的指引则不得对数据进行处理，但履行法定义务者除外。

第十八条　职业保密

一、负责处理个人资料的实体和在履行职务过程中知悉所处理个人资料的所有人士，均负有职业保密义务，即使相应职务终止亦然。

二、为公共当局从事顾问或咨询工作的公务员、服务人员或技术员均负有相同的职业保密义务。

三、上述各款的规定不排除依法提供必要信息的义务，但载于为统计用途所组织的数据库者除外。

第五章　将个人资料转移到特区以外的地方

第十九条　原则

一、仅得在遵守本法律规定，且接收转移数据当地的法律体系能确保适当的保护程度的情况下，方可将个人资料转移到特区以外的地方。

二、上款所指的适当的保护程度应根据转移的所有情况或转移数据的整体进行审议，尤其应考虑数据的性质、处理数据的目的、期间或处理计划、数据源地和最终目的地，以及有关法律体系现行的一般或特定的法律规则及所遵守的专业规则和安全措施。

三、由公共当局决定某一法律体系是否能确保上款规定的适当保护程度。

第二十条　排除适用

一、当资料当事人明确同意转移或转移符合下列任一情况时，经对公共当局作出通知后，得将个人资料转移到一个法律体系不能确保上条第二款规定的适当保护程度的地方：

（一）转移是执行数据当事人和负责处理个人资料的实体间的合同所必需，或是应数据当事人要求执行订定合同的预先措施所必需者；

（二）转移是执行或订定一合同所必需，而该合同是为了数据当事人的利益由负责处理个人资料的实体和第三人之间所订立或将要订立者；

（三）转移是保护一重要的公共利益，或是在司法诉讼中宣告、行使或维护一权利所必需的或法律所要求者；

（四）转移是保护数据当事人的重大利益所必需者；

（五）转移自作出公开登记后进行。根据法律规定或规章性规定，该登记是为着公众信息和可供一般公众或证明有正当利益的人公开查询之用者，只要在具体情况下遵守法律规定的查询条件。

二、在不妨碍第一款规定的情况下，只要负责处理数据的实体确保有足够的保障他人的私人生活、基本权利和自由的机制，尤其透过适当的合同条款确保这些权利的行使，公共当局得许可将个人资料转移到一个法律体系不能确保上条第二款规定的适当保护程度的地方。

三、当个人资料的转移成为维护公共安全、预防犯罪、刑事侦查和制止刑事违法行为以及保障公共卫生所必需的措施时，个人资料的转移由专门法律或适用于特区的国际法文书以及区际协议规范。

第六章　通知和许可

第二十一条　通知的义务

一、负责处理个人资料的实体或如有代表人时其代表人，应从处理开始起八日期限内以书面形式，将为了实现一个或多个相互关联的目的而进行的一个或一系列、全部或部分自动化处理，通知公共当局。

二、当公共当局认为数据的处理不会对数据当事人的权利和自由构成影响，并基于快速、经济和有效的原则，得许可对特定种类数据处理简化或豁免通知。

三、许可须在《澳门特别行政区公报》上公布，并应列明处理数据的目的、所处理的数据或其种类、数据当事人或当事人的类别、可被告知数据的接收者或接收者的类别，以及数据的保存期限。

四、当根据法律或行政法规，处理数据的唯一目的是为了维持数据的登记，而该登记是为着公众信息和可供一般公众或证明有正当利益的人查询之用时，则可豁免通知。

五、当根据第七条第三款处理个人资料时，对第七条第一款规定的个人资料的非自动化处理须作出通知。

第二十二条　预先监控

一、除第二款之规定外，以下情况须经公共当局许可：

（一）第七条第二款所指个人资料的处理；

（二）关于数据当事人信用和偿付能力数据的处理；

（三）第九条所规定的个人资料的互联；

（四）在与收集数据的目的不同的情况下使用个人资料。

二、上款所指的处理得透过法律规定或具组织性质的规章性规定予以许可，在此情况下无须公共当局的许可。

第二十三条　意见书或许可的申请及通知的内容

向公共当局递交的请求发出意见书或许可的申请和作出的通知应包括如下信息：

（一）负责处理数据的实体的姓名和地址，以及如有代表人时其代表人的姓名和地址；

（二）处理的目的；

（三）数据当事人类别及与其有关的个人资料或数据种类的描述；

（四）可被告知数据的接收者或接收者的类别，以及告知数据的条件；

（五）当不是负责处理数据的实体本身处理时，承担处理信息的实体；

（六）个人资料处理中或有的互联；

（七）个人资料的保存时间；

（八）数据当事人知悉或更正与其有关的个人资料的方式和条件；

（九）拟向第三国家或地区所作的资料转移；

（十）容许初步评估适用第十五条和第十六条确保数据处理的安全而采取的措施是否适合的一般描述。

第二十四条　强制性指示

一、第七条第二款和第八条第一款所提到的法律规定或具组织性质的规章性规定、公共当局的许可和个人资料处理的登记至少应指出：

（一）数据库负责人和如有代表人时其代表人；

（二）所处理个人资料的种类；

（三）处理数据的目的和接收数据实体的类别；

（四）行使查阅权和更正权的方式；

（五）个人资料处理中或有的互联；

（六）拟向第三国家或地区所作的资料转移。

二、对第一款所规定指示的任何修改须根据第二十一条和第二十二条规定的程序进行。

第二十五条　数据处理的公开性

一、当个人资料的处理不受法律规定或具组织性质的规章性规定规范但应得到许可或作出通知时，有关处理须载于公共当局的登记内，公开让任何人士查询。

二、上述登记包括第二十三条（一）至（四）项和（九）项所列的资料。

三、当数据的处理无须作出通知时，负责处理数据的实体有义务以适当的方式向对其提出要求的任何人最低限度提供上条第一款所指的数据。

四、当根据法律或行政法规，处理数据的唯一目的是为了维持数据的登记，而该登记是为着公众信息和可供一般公众或证明有正当利益的人公开查询之用时，则不适用本条的规定。

五、公共当局在其年度报告中公布所有依本法律规定编制的意见书和发出的许可，尤其是第七条第二款和第九条第一款规定的许可。

第七章　行为守则

第二十六条　行为守则

公共当局鼓励和支持制订行为守则，以便按不同界别的特点更好地执行本法律的规定，及从整体上更有效地自我规范及实现和保护与隐私有关的基本权利。

第二十七条　行为守则草案的提交

一、代表负责处理数据实体的专业团体和其他组织，如制订行为守则草案并认为有必要，得为登记的目的将行为守则草案送交公共当局。

二、如公共当局认为草案符合个人资料保护范畴的现行法律规定和规章性规定，应作出登记。

三、行为守则的登记具有单纯宣告合法性的后果，但该守则并不具有法律规范或规章规范的性质。

第八章　行政和司法保护

第一节　行政和司法保护

第二十八条　一般原则

任何人得依法采用行政或司法途径以确保个人资料保护范畴的法律规定和规章性规定得以遵守，但不妨碍向公共当局提出告诉的权利。

第二十九条　特别司法保护

一、对法院的裁决得以违反本法律确保的基本权利为由向终审法院提出上诉，该上诉得直接提出并仅针对违反基本权利的问题，上诉具有紧急性。

二、在不妨碍上款规定的情况下，对行政行为或公权单纯事实，得以违反本法律确保的基本权利为由向行政法院提出上诉，上诉具有紧急性。

三、在遵守上两款规定的前提下，《民事诉讼法典》第七条之规定，经作出适当配合后，适用于上两款所规定特别司法保护中的上诉程序，并分别补充适用经作出必要配合后的民事诉讼法律和行政程序法律的规定。

第二节　行政上之违法行为

第三十条　补充法例

行政上之违法行为的一般制度，经如下条文配合后，补充适用于本节规定的违法行为。

第三十一条　履行未履行的义务

当因不履行义务而构成行政违法行为时，如该履行仍属可能，执行处罚和支付罚款并不免除违法者履行该义务。

第三十二条　履行义务的不作为或有瑕疵的履行

一、基于过失，实体未履行第二十一条第一款和第五款规定的将个人资料的处理通知公共当局的义务、提供虚假信息或履行通知义务时未遵守第二十三条的规定，或者经公共当局通知之后，负责处理个人资料的实体继续让没有遵守本法规定者查阅其传送数据的公开网络，属行政违法行为并处以如下罚款：

（一）对自然人科处澳门币 2000 至 20000 元罚款；

（二）对法人或无法律人格的实体，科处澳门币 10000 至 100000 元罚款。

二、当处理的数据根据第二十二条规定受预先监控约束时，罚款的上下限各加重一倍。

第三十三条　其他行政违法行为

一、对处理个人资料的实体不履行第五条、第十条、第十一条、第十二条、第十三条、第十六条、第十七条和第二十五条第三款规定所规定义务的行政违法行为，科处澳门币 4000 至 40000 元罚款。

二、对处理个人资料的实体不履行第六条、第七条、第八条、第九条、第十九条和第二十条所规定义务的行政违法行为，科处澳门币 8000 至 80000 元罚款。

第三十四条　违法行为的竞合

一、如一事实同时构成犯罪和行政违法行为，则仅以犯罪处罚。

二、如行政违法行为竞合，则各项处罚一并科处。

第三十五条　过失和未遂的处罚

一、因过失实施第三十三条规定的行政违法行为者须受处罚。

二、第三十二条和第三十三条规定的行政违法行为的未遂须受处罚。

第三十六条　科处罚款

一、公共当局有权科处本法律规定的罚款。

二、如未在法定期限内并根据法律规定提出争执，则公共当局的决定构成执行名义。

第三节　犯　　罪

第三十七条　未履行数据保护的义务

一、意图实施下列行为者，处最高一年徒刑或一百二十日罚金：

（一）未作出第二十一条和第二十二条所指的通知或许可请求；

（二）在通知或请求许可处理个人资料时提供虚假信息，或在处理个人资料时实施了未经使其合法化的文书允许的修改；

（三）与收集个人资料的目的不相符或在不符合使其合法化的文书的情况下移走或使用个人资料；

（四）促使或实行个人资料的不法互联；

（五）在公共当局为履行本法律或其他保护个人资料法例规定的义务而订定的期间完结后，仍不履行义务者；

（六）在公共当局通知不得再让没有遵守本法规定者查阅之后，负责处理个人资料的实体继续让有关人士查阅其传送数据的公开网络。

二、当涉及第七条和第八条所指的个人资料时，刑罚的上下限各加重一倍。

第三十八条　不当查阅

一、未经适当的许可，透过任何方法查阅被禁止查阅的个人资料者，如按特别法不科处更重刑罚，则处最高一年徒刑或一百二十日罚金。

二、在下列情况下查阅个人资料，刑罚的上下限各加重一倍：

（一）透过违反技术安全规则查阅数据；

（二）使行为人或第三人知悉个人资料；

（三）给予行为人或第三人财产利益。

三、第一款规定的情况，非经告诉不得进行刑事程序。

第三十九条　个人资料的更改或毁坏

一、未经适当许可删除、毁坏、损坏、消除或修改个人资料，使数据不能使用或影响其用途者，如按特别法不科处更重刑罚，则处最高二年徒刑或二百四十日罚金。

二、如引致的损害特别严重，刑罚上下限各加重一倍。

三、如行为人过失实施以上两款所规定的行为，处最高一年徒刑或一百二十日罚金。

第四十条　加重违令罪

一、行为人被通知后仍不中断、停止或封存个人资料的处理，处相当于加重违令罪的刑罚。

二、行为人被通知后仍有下列情况之一者，科处相同刑罚：

（一）无合理理由拒绝对公共当局提出的具体要求给予合作；

（二）没有进行删除、全部或部分销毁个人资料；

（三）第五条规定的保存期完结后未销毁有关个人资料。

第四十一条　违反保密义务

一、根据法律规定，负有职业保密义务者，在没有合理理由和未经适当同意情况下，披露或传播全部或部分个人资料，如按特别法不科处更重刑罚，则处最高二年徒刑或二百四十日罚金。

二、如行为人属下列情况，刑罚上下限各加重一半：

（一）根据刑法规定属公务员或等同公务员者；

（二）被定为有意图取得任何财产利益或其他不法利益者；

（三）对他人的名声、名誉、别人对他人的观感或私人生活的隐私造成危险者。

三、对过失行为处最高六个月徒刑或一百二十日罚金。

四、第二款规定以外的情况，非经告诉不得进行刑事程序。

第四十二条　犯罪未遂的处罚

本节所规定犯罪之未遂须受处罚。

第四节　附　加　刑

第四十三条　附加刑

根据本章第二节和第三节科处罚金或刑罚时，可一并科处以下附加刑：

（一）临时或确定性禁止处理、封存、删除、全部或部分销毁资料；

（二）公开有罪判决；

（三）由公共当局对负责处理个人资料的实体提出警告或公开且谴责。

第四十四条　有罪判决的公布

一、有罪判决的公布是透过中文和葡文发行量较大的定期刊物为之，以及在适当地方和不少于三十日的期限内透过张贴告示为之，有关费用由被判罚者负担。

二、该公布以摘录为之，其中载有违法行为、科处的处罚和行为人的身份。

第九章　最后及过渡规定

第四十五条　过渡规定

一、在本法律生效日前，已存于人手操作的数据库的数据的处理应在两年内履行第七条、第八条、第十条和第十一条的规定。

二、在任何情况下，尤其是在行使查阅权时，数据当事人得要求更正、删除或封存不完整、不准确或以与负责处理个人资料的实体实现其正当目的不相符的方式而储存的数据。

三、只要有关数据不会以其他目的被再次使用，公共当局得许可已存在于人手操作的数据库的数据和仅为历史研究目的而保存的资料无须履行第七条、第八条和第九条的规定。

第四十六条　生效

本法律于公布后一百八十日起生效。

二零零五年八月四日通过。

立法会主席　曹其真

二零零五年八月十日签署。

命令公布。

行政长官　何厚铧

台湾地区消费者保护法

目　录

第一章　总　　则

第一条　为保护消费者权益，促进国民消费生活安全，提升国民消费生活品质，特制定本法。

有关消费者之保护，依本法之规定，本法未规定者，适用其它法律。

第二条　本法所用名词定义如下：

一、消费者：指以消费为目的而为交易，使用商品或接受服务者。

二、企业经营者：指以设计、生产、制造、输入、经销商品或提供服务为营业者。

三、消费关系：指消费者与企业经营者间就商品或服务所发生之法律关系。

四、消费争议：指消费者与企业经营者间因商品或服务所生之争议。

五、消费诉讼：指因消费关系而向法院提起之诉讼。

六、消费者保护团体：指以保护消费者为目的而依法设立登记之法人。

七、定型化契约：指企业经营者为与不特定多数人订立契约之用而单方预先拟定之契约条款。

八、邮购买卖：指企业经营者以邮寄或其它递送方式，而为商品买卖之交易型态。

九、访问买卖：指企业经营者未经邀约而在消费者之住居所或其它场所从事销售，而发生之买卖行为。

十、分期付款：指买卖契约约定消费者支付头期款，余款分期支付，而企业经营者于收受头期款时，交付标的物予消费者之交易型态。

第三条　政府为达成本法目的，应实施下列措施，并应就与下列事项有关之法规及其执行情形，定期检讨、协调、改进之：

一、维护商品或服务之品质与安全卫生。

二、防止商品或服务损害消费者之生命、身体、健康、财产或其它权益。

三、确保商品或服务之标示，符合法令规定。

四、确保商品或服务之广告，符合法令规定。

五、确保商品或服务之度量衡，符合法令规定。

六、促进商品或服务维持合理价格。

七、促进商品之合理包装。

八、促进商品或服务之公平交易。

九、扶植、奖助消费者保护团体。

十、协调处理消费争议。

十一、推行消费者教育。

十二、办理消费者咨询服务。

十三、其它依消费生活之发展所必要之消费者保护措施。

政府为达成前项之目的，应制定相关法律。

第四条　企业经营者对于其提供之商品或服务，应重视消费者之健康与安全，并向消费者说明商品或服务之使用方法，维护交易之公平，提供消费者充分与正确之信息，及实施其他必要之消费者保护措施。

第五条　政府、企业经营者及消费者均应致力充实消费信息，提供消费者运用，俾能采取正确合理之消费行为，以维护其安全与权益。

第六条　本法所称之主管机关：中央为目的事业主管机关；省（市）为省（市）政府；县（市）为县（市）政府。

第二章　消费者权益

第一节　健康与安全保障

第七条　从事设计、生产、制造商品或提供服务之企业经营者应确保其提供之商品或服务，无安全或卫生上之危险。

商品或服务具有危害消费者生命、身体、健康、财产之可能者，应于明显处为警告标示及紧急处理危险之方法。

企业经营者违反前二项规定，致生损害于消费者或第三人时，应负连带赔偿责任。但企业经营者能证明其无过失者，法院得减轻其赔偿责任。

第八条 从事经销之企业经营者，就商品或服务所生之损害，与设计、生产、制造商品或提供服务之企业经营者连带负赔偿责任。但其对于损害之防免已尽相当之注意，或纵加以相当之注意而仍不免发生损害者，不在此限。

前项之企业经营者，改装、分装商品或变更服务内容者，视为前条之企业经营者。

第九条 输入商品或服务之企业经营者，视为该商品之设计、生产、制造者或服务之提供者，负本法第七条之制造者责任。

第十条 企业经营者于有事实足认其提供之商品或服务有危害消费者安全与健康之虞时，应即回收该批商品或停止其服务。但企业经营者所为必要之处理，足以除去其危害者，不在此限。

商品或服务有危害消费者生命、身体、健康或财产之虞，而未于明显处为警告标示，并附载危险之紧急处理方法者，准用前项规定。

第二节　定型化契约

第十一条 企业经营者在定型化契约中所用之条款，应本平等互惠之原则。

定型化契约条款如有疑义时，应为有利于消费者之解释。

第十二条 定型化契约中之条款违反诚信原则，对消费者显失公平者，无效。

定型化契约中之条款有下列情形之一者，推定其显失公平：

一、违反平等互惠原则者。

二、条款与其所排除不予适用之任意规定之立法意旨显相矛盾者。

三、契约之主要权利或义务，因受条款之限制，致契约之目的难以达成者。

第十三条 契约之一般条款未经记载于定型化契约中者，企业经营者应向消费者明示其内容；明示其内容显有困难者，应以显著之方式，公告其内容，并经消费者同意受其拘束者，该条款即为契约之内容。

前项情形，企业经营者经消费者请求，应给予契约一般条款之影本或将该影本附为该契约之附件。

第十四条 契约之一般条款未经记载于定型化契约中而依正常情形显非消费者所得预见者，该条款不构成契约之内容。

第十五条 定型化契约中之一般条款抵触非一般条款之约定者，其抵触部分无效。

第十六条 定型化契约中之一般条款，全部或一部无效或不构成契约内容之一部者，除去该部分，契约亦可成立者，该契约之其它部分，仍为有效。但对当事人之一方显失公平者，该契约全部无效。

第十七条 中央主管机关得选择特定行业，公告规定其定型化契约应记载或不得记载之事项。

违反前项公告之定型化契约之一般条款无效。该定型化契约之效力依前条规定定之。

企业经营使用定型化契约者，主管机关得随时派员查核。

第三节　特种买卖

第十八条　企业经营者为邮购买卖或访问买卖时，应将其买卖之条件、出卖人之姓名、名称、负责人、事务所或住居所告知买受之消费者。

第十九条　邮购或访问买卖之消费者，对所收受之商品不愿买受时，得于收受商品后七日内，退回商品或以书面通知企业经营者解除买卖契约，无须说明理由及负担任何费用或价款。

邮购或访问买卖违反前项规定所为之约定无效。

契约经解除者，企业经营者与消费者间关于回复原状之约定，对于消费者较民法第二百五十九条之规定不利者，无效。

第二十条　未经消费者要约而对之邮寄或投递之商品，消费者不负保管义务。

前项物品之寄送人，经消费者定相当期限通知取回而逾期未取回或无法通知者，视为抛弃其寄投之商品。虽未经通知，但在寄送后逾一个月未经消费者表示承诺，而仍不取回其商品者，亦同。

消费者得请求偿还因寄送物所受之损害，及处理寄送物所支出之必要费用。

第二十一条　企业经营者与消费者分期付款买卖契约应以书面为之。

前项契约书应载明下列事项：

一、头期款。

二、各期价款与其它附加费用合计之总价款与现金交易价格之差额。

三、利率。

企业经营者未依前项规定记载利率者，其利率按现金交易价格周年利率百分之五计算之。

企业经营者违反第二项第一款、第二款之规定者，消费者不负现金交易价格以外价款之给付义务。

第四节　消费信息之规范

第二十二条　企业经营者应确保广告内容之真实，其对消费者所负之义务不得低于广告之内容。

第二十三条　刊登或报导广告之媒体经营者明知或可得而知广告内容与事实不符者，就消费者因信赖该广告所受之损害与企业经营者负连带责任。

前项损害赔偿责任，不得预先约定限制或抛弃。

第二十四条　企业经营者应依商品标示法等法令为商品或服务之标示。

输入之商品或服务，应附中文标示及说明书，其内容不得较原产地之标示及说明书简略。

输入之商品或服务在原产地附有警告标示者，准用前项之规定。

第二十五条　企业经营者对消费者保证商品或服务之品质时，应主动出具书面保证书。

前项保证书应载明下列事项：

一、商品或服务之名称、种类、数量，其有制造号码或批号者，其制造号码或批号。

二、保证之内容。

三、保证期间及其起算方法。

四、制造商之名称、地址。

五、由经销商售出者，经销商之名称、地址。

六、交易日期。

第二十六条　企业经营者对于所提供之商品应按其性质及交易习惯，为防震、防潮、防尘或其它保存商品所必要之包装，以确保商品之品质与消费者之安全。但不得夸张其内容或为过大之包装。

第三章　消费者保护团体

第二十七条　消费者保护团体以社团法人或财团法人为限。

消费者保护团体应以保护消费者权益、推行消费者教育为宗旨。

第二十八条　消费者保护团体之任务如下：

一、商品或服务价格之调查、比较、研究、发表。

二、商品或服务品质之调查、检验、研究、发表。

三、商品标示及其内容之调查、比较、研究、发表。

四、消费信息之咨询、介绍与报导。

五、消费者保护刊物之编印发行。

六、消费者意见之调查、分析、归纳。

七、接受消费者申诉，调解消费争议。

八、处理消费争议，提起消费诉讼。

九、建议政府采取适当之消费者保护立法或行政措施。

十、建议企业经营者采取适当之消费者保护措施。

十一、其它有关消费者权益之保护事项。

第二十九条　消费者保护团体为从事商品或服务检验，应设置与检验项目有关之检验设备或委托设有与检验项目有关之检验设备之机关、团体检验之。

执行检验人员应制作检验纪录，记载取样、使用之检验设备、检验方法、经过及结果，提供于该消费者保护团体。

第三十条　政府对于消费者保护之立法或行政措施，应征询消费者保护团体、相关行业、学者专家之意见。

第三十一条　消费者保护团体为商品或服务之调查、检验时，得请求政府予以必要之协助。

第三十二条　消费者保护团体办理消费者保护工作成绩优良者，主管机关得予以财务上之奖助。

第四章　行政监督

第三十三条　直辖市或县（市）政府认为企业经营者提供之商品或服务有损害消费者生命、身体、健康或财产之虞者，应即进行调查。于调查完成后，得公开其经过及结果。

前项人员为调查时，应出示有关证件，其调查得依下列方式进行：

一、向企业经营者或关系人查询。

二、通知企业经营者或关系人到场陈述意见。

三、通知企业经营者提出资料证明该商品或服务对于消费者生命、身体、健康或财产无损害之虞。

四、派员前往企业经营者之事务所、营业所或其它有关场所进行调查。

五、必要时，得就地抽样商品，加以检验。

第三十四条　直辖市或县（市）政府于调查时，对于可为证据之物，得声请检察官扣押之。

前项扣押，准用刑事诉讼法关于扣押之规定。

第三十五条　主管机关办理检验，得委托设有与检验项目有关之检验设备之消费者保护团体、职业团体或其它有关公私机构或团体办理之。

第三十六条 直辖市或县（市）政府对于企业经营者提供之商品或服务，经第三十三条之调查，认为确有损害消费者生命、身体、健康或财产，或确有损害之虞者，应命其限期改善、回收或销毁，必要时并得命企业经营者立即停止该商品之设计、生产、制造、加工、输入、经销或服务之提供，或采取其它必要措施。

第三十七条 直辖市或县（市）政府于企业经营者提供之商品或服务，对消费者已发生重大损害或有发生重大损害之虞，而情况危急时，除为前条之处置外，应即在大众传播媒体公告企业经营者之名称、地址、商品、服务，或为其它必要之处置。

第三十八条 中央或省之主管机关认为必要时，亦得为前五条之措施。

第三十九条 消费者保护委员会、省（市）、县（市）政府各应置消费者保护官若干名。

消费者保护官之任用及职掌行政院订定之。

第四十条 行政院为研拟及审议消费者保护基本政策与监督其实施，设消费者保护委员会。

消费者保护委员会以行政院副院长为主任委员，有关部会首长、全国性消费者保护团体代表、全国性企业经营者代表及学者、专家为委员。其组织规程由行政院定之。

第四十一条 消费者保护委员会之职掌如下：

一、消费者保护基本政策及措施之研拟及审议。

二、消费者保护计划之研拟、修订及执行成果检讨。

三、消费者保护方案之审议及其执行之推动、联系与考核。

四、国内外消费者保护趋势及其与经济社会建设有关问题之研究。

五、各部会局署关于消费者保护政策及措施之协调事项。

六、监督消费者保护主管机关及指挥消费者保护官行使职权。

消费者保护委员会应将消费者保护之执行结果及有关资料定期公告。

第四十二条 省（市）及县（市）政府应设消费者服务中心，办理消费者之咨询服务、教育宣导、申诉等事项。

直辖市、县（市）政府消费者服务中心得于辖区内设分中心。

第五章 消费争议之处理

第一节 申诉与调解

第四十三条 消费者与企业经营者因商品或服务发生消费争议时，消费者得向企业经营者、消费者保护团体或消费者服务中心或其分中心申诉。

企业经营者对于消费者之申诉，应于申诉之日起十五日内妥适处理之。

消费者依第一项申诉，未获妥适处理时，得向直辖市、县（市）政府消费者保护官申诉。

第四十四条 消费者依前条申诉未能获得妥适处理时，得向直辖市或县（市）消费争议调解委员会申请调解。

第四十五条 直辖市、县（市）政府应设消费争议调解委员会，置委员七至十五名。

前项委员以直辖市、县（市）政府代表、消费者保护官、消费者保护团体代表、企业经营者所属或相关职业团体代表充任之，以消费者保护官为主席，其组织另定之。

第四十六条 调解成立者应作成调解书。

前项调解书之作成及效力，准用乡镇市调解条例第二十二条至第二十六条之规定。

第二节　消费诉讼

第四十七条　消费诉讼，得由消费关系发生地之法院管辖。

第四十八条　高等法院以下各级法院及其分院得设立消费专庭或指定专人审理消费诉讼事件。

法院为企业经营者败诉之判决时，得依职权宣告为减免担保之假执行。

第四十九条　消费者保护团体许可设立三年以上，经申请消费者保护委员会评定优良，置有消费者保护专门人员，且合于下列要件之一，并经消费者保护官同意者，得以自己之名义，提起第五十条消费者损害赔偿诉讼或第五十三条不作为诉讼：

一、社员人数五百人以上之社团法人。

二、登记财产总额新台币一千万元以上之财团法人。

消费者保护团体依前项规定提起诉讼者，应委任律师代理诉讼。受委任之律师，就该诉讼，不得请求报酬，但得请求偿还必要之费用。

消费者保护团体关于其提起之第一项诉讼，有不法行为者，许可设立之主管机关得撤销其许可。

消费者保护团体评定办法，由消费者保护委员会另定之。

第五十条　消费者保护团体对于同一之原因事件，致使众多消费者受害时，得受让二十人以上消费者损害赔偿请求权后，以自己之名义，提起诉讼。消费者得于言词辩论终结前，终止让与损害赔偿请求权，并通知法院。

前项让与之损害赔偿请求权，包括民法第一百九十四条、第一百九十五条第一项非财产上之损害。

前项关于消费者损害赔偿请求权之时效利益，应依让与之各消费者单独个别计算。

消费者保护团体受让第二项请求权后，应将诉讼结果所得之赔偿，扣除诉讼必要费用后，交付该让与请求权之消费者。

消费者保护团体就第一项诉讼，不得向消费者请求报酬。

第五十一条　依本法所提之诉讼，因企业经营者之故意所致之损害，消费者得请求损害额三倍以下之惩罚性赔偿金；但因过失所致之损害，得请求损害额一倍以下之惩罚性赔偿金。

第五十二条　消费者保护团体以自己之名义提起第五十条诉讼，其标的价额超过新台币六十万元者，超过部分免缴裁判费。

第五十三条　消费者保护官或消费者保护团体，就企业经营者重大违反本法有关保护消费者规定之行为，得向法院诉请停止或禁止之。

前项诉讼免缴裁判费。

第五十四条　因同一消费关系而被害之多数人，依民事诉讼法第四十一条之规定，选定一人或数人起诉请求损害赔偿者，法院得征求原被选定人之同意后公告晓示，其它之被害人得于一定之期间内以书状表明被害之事实、证据及应受判决事项之声明、并案请求赔偿。其请求之人，视为已依民事诉讼法第四十一条为选定。

前项并案请求之书状，应以缮本送达于两造。

第一项之期间，至少应有十日，公告应粘贴于法院牌示处，并登载新闻纸，其费用由国库垫付。

第五十五条　民事诉讼法第四十八条、第四十九条之规定，于依前条为诉讼行为者，准用之。

第六章　罚　　则

第五十六条　违反第二十四条、第二十五条或第二十六条规定之一者，经主管机关通知改正而逾期不改正者，处新台币二万元以上二十万元以下罚镣。

第五十七条　企业经营者拒绝、规避或阻挠主管机关依第三十三条或第三十八条规定所为之调查者，处新台币三万元以上三十万元以下罚镣。

第五十八条　企业经营者违反主管机关依第十条、第三十六条或第三十八条所为之命令者，处新台币六万元以上一百五十万元以下罚镣，并得连续处罚。

第五十九条　企业经营者有第三十七条规定之情形者，主管机关除依该条及第三十六条之规定处置外，并得对其处新台币十五万元以上一百五十万元以下罚镣。

第六十条　企业经营者违反本法规定情节重大，报经中央主管机关或消费者保护委员会核准者，得命停止营业或勒令歇业。

第六十一条　依本法应予处罚者，其它法律有较重处罚之规定时，从其规定；涉及刑事责任者，并应即移送侦查。

第六十二条　本法所定之罚镣，由直辖市或县（市）主管机关处罚，经限期缴纳后，逾期仍未缴纳者，移送法院强制执行。

第七章　附　　则

第六十三条　本法施行细则，由行政院定之。
第六十四条　本法自公布日施行。

参考文献

著作类:

[1] 李昌麒,许月明. 消费者保护法(第三版)[M]. 北京:法律出版社,2012.

[2] 吴景明. 消费者权益保护法(第二版)[M]. 北京:中国政法大学出版社,2007.

[3] 吴景明. 你必须知道的最新消费者权益保护法 100 个热点问题[M]. 北京:中国法制出版社,2014.

[4] 李适时. 中华人民共和国消费者权益保护法释义[M]. 北京:法律出版社,2013.

[5] 工商行政管理法律理解与适用丛书编委会. 消费者权益保护法律理解与适用[M]. 北京:工商出版社,2000.

[6] 刘静. 产品责任论[M]. 北京:中国政法大学出版社,2000.

[7] 张为华. 美国消费者保护法[M]. 北京:中国法制出版社,2000.

[8] 谢次昌,等. 消费者保护法通论[M]. 北京:法律出版社,1994.

[9] 贾东明. 中华人民共和国消费者权益保护法解读[M]. 北京:中国法制出版社,2013.11.

[10] 江伟. 民事诉讼法[M]. 北京:高等教育出版社,北京大学出版社,2004.

[11] 孔慧. 案例导读:消费者权益保护法及配套规定适用与解析[M]. 北京:法律出版社,2014.

[12] 全国人大常委会法制工作委员会民法室编. 消费者权益保护法立法背景与观点全集[M]. 北京:法律出版社,2013.

[13] 王胜明,郝赤勇. 中华人民共和国人民调解法释义[M]. 北京:法律出版社,2010.9.

期刊类:

[1] 王毓莹. 论消费者权益保护法的适用范围[J]. 法律适用,2013(2).

[2] [日] 小高刚. 保护消费者的行政法[J]. 江波尔译,世界法学,1986(6).

[3] 郭潆. 我国民间消费者组织的独立性问题研究——以消费者协会为例[J]. 法制与社会,2009(9).

[4] 邓伟平. 论澳门的仲裁法律制度[J]. 当代港澳,2001(2).

[5] 郭威. 大陆和香港特别行政区消费者保护法比较研究[J]. 安阳工学院学报,2006(11).

[6] 蔡从燕. 英国民事司法改革架构 ADR 及其借鉴意义[J]. 福建政法管理干部学院学报,2003.4(2).

[7] 张敏,赵元勤. 对英美 ADR 实践的法哲思考[J]. 法治论丛,2003(11).

[8] 孙颖. 论消费者纠纷的解决机制[J]. 法学评论,2008(3).

[9] 田春苗. 我国消费者权益保护现状及其完善[J]. 甘肃联合大学学报(社会科学版),2008(1).

[10] 江伟,常伟彬. 论消费者纠纷专门仲裁机制的构建[J]. 河北法学,2007(11).

［11］邓新军. 完善我国消费者权益保护制度的探讨［J］. 价格月刊，2006（10）.

［12］杨辉. 消费者权益保护存在的问题及立法完善［J］. 世界标准化与质量管理，2006（4）.

［13］宋萍，党鸿钧. 试述经营者安全保障义务［J］. 法制与社会，2011.7.

［14］戴国勇. 浅谈消费者权益保护法中经营者的法定义务［J］. 黑龙江史志，2011（13）.

［15］应飞虎. 权利倾斜配置研究［J］. 中国社会科学，2006.3.

［16］胡元聪.“消费者权益保护法”的价值论［J］. 理论与改革，2005（1）.

［17］乔欣、王克楠. 司法 ADR 与我国纠纷解决机制之完善［J］. 法制日报，2000 年 6 月 10 日。

学位论文：

［1］李闰哲. 消费者保护法律制度比较研究［D］. 西南政法大学，2007.

［2］杨虹. 消费者权益保护法律理念与制度构建研究［D］. 黑龙江大学，2008.

［3］张严方. 消费者保护法研究［D］. 中国社会科学院，2002.